ସବୁ ସମୟର ସନେଟ୍

ସବୁ ସମୟର ସନେଟ୍

ସଂକଳନ ଓ ସଂପାଦନା:

ସଂଜିତା ମିଶ୍ର

BLACK EAGLE BOOKS
2021

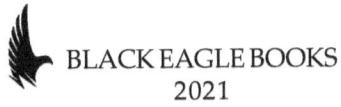

BLACK EAGLE BOOKS
USA address:
7464 Wisdom Lane
Dublin, OH 43016

India address:
E/312, Trident Galaxy, Kalinga Nagar,
Bhubaneswar-751003, Odisha, India

E-mail: info@blackeaglebooks.org
Website: www.blackeaglebooks.org

First International Edition Published by
BLACK EAGLE BOOKS, 2021

SABU SAMAYARA SONNET
Edited by **Sanjita Mishra**

Copyright of poems by individual poets
Copyright of "Abataranika" by Sanjita Mishra

All rights reserved. No part of this publication may be reproduced, stored in a retrieval system, or transmitted, in any form or by any means, electronic, mechanical, photocopying, recording or otherwise without the prior permission of the publisher.

Cover & Interior Design: Ezy's Publication

ISBN- 978-1-64560-166-1 (Paperback)

Printed in United States of America

ସୂଚିପତ୍ର

ଅବତରଣିକା	୦୭
ଭକ୍ତକବି ମଧୁସୂଦନ ରାଓ	୪୯
ସାଧୁଚରଣ ରାୟ	୫୨
ବ୍ୟାସକବି ଫକୀରମୋହନ ସେନାପତି	୫୫
ସ୍ୱଭାବକବି ଗଙ୍ଗାଧର ମେହେର	୫୮
ପଲ୍ଲୀକବି ନନ୍ଦକିଶୋର ବଳ	୬୧
କବିଶେଖର ଚିନ୍ତାମଣି ମହାନ୍ତି	୬୪
ଉତ୍କଳମଣି ଗୋପବନ୍ଧୁ ଦାସ	୬୭
କାନ୍ତକବି ଲକ୍ଷ୍ମୀକାନ୍ତ ମହାପାତ୍ର	୭୦
ପଦ୍ମଚରଣ ପଟ୍ଟନାୟକ	୭୨
କୁନ୍ତଳା କୁମାରୀ ସାବତ	୭୫
କବି ଗୋଦାବରୀଶ ମହାପାତ୍ର	୭୭
ଅନ୍ନଦା ଶଙ୍କର ରାୟ	୮୦
କାଳିନ୍ଦୀଚରଣ ପାଣିଗ୍ରାହୀ	୮୩
ବୈକୁଣ୍ଠନାଥ ପଟ୍ଟନାୟକ	୮୫
ପଦ୍ମଶ୍ରୀ ରାଧାମୋହନ ଗଡ଼ନାୟକ	୯୦
ପଦ୍ମଶ୍ରୀ ମାୟାଧର ମାନସିଂହ	୯୩
ପଦ୍ମଶ୍ରୀ ସଚ୍ଚିଦାନନ୍ଦ ରାଉତରାୟ	୯୮
ନରସିଂହ ଦେଓ	୧୦୧
ଅନୁପମ ସିଂହଦେଓ	୧୦୩
ସୁଧାଂଶୁ ଶେଖର ରାୟ	୧୦୫
କୃଷ୍ଣମୋହନ ପଟ୍ଟନାୟକ	୧୦୭

କୃଷ୍ଣଚନ୍ଦ୍ର ତ୍ରିପାଠୀ	୧୦୯
କୁଞ୍ଜବିହାରୀ ଦାଶ	୧୧୨
ଗୁରୁପ୍ରସାଦ ମହାନ୍ତି	୧୧୫
ରମାକାନ୍ତ ରଥ	୧୧୮
ବିଭୁଦତ୍ତ ମିଶ୍ର	୧୧୯
ଚିତ୍ତାମଣି ବେହେରା	୧୨୨
ଜାନକୀବଲ୍ଲଭ ମହାନ୍ତି	୧୨୫
ବ୍ରହ୍ମୋତ୍ରୀ ମହାନ୍ତି	୧୨୭
ସୌଭାଗ୍ୟ କୁମାର ମିଶ୍ର	୧୩୦
ବିବେକ ଜେନା	୧୩୩
କମଳାକାନ୍ତ ଲେଙ୍କା	୧୩୬
ନୃସିଂହ କୁମାର ରଥ	୧୩୭
ପରେଶ ଚନ୍ଦ୍ର ରାଉତ	୧୪୦
ଦେବଦାସ ଛୋଟରାୟ	୧୪୨
ପ୍ରହରାଜ ସତ୍ୟନାରାୟଣ ନନ୍ଦ	୧୪୫
ବନବିହାରୀ ପଣ୍ଡା	୧୪୮
ବନଜ ଦେବୀ	୧୫୧
ଗିରିଜାକୁମାର ବଳିୟାର ସିଂହ	୧୫୪
ସୁରେଶ ପରିଡ଼ା	୧୫୯
ବୀଣାପାଣି ପଣ୍ଡା	୧୬୧
ସତ୍ୟ ପଟ୍ଟନାୟକ	୧୬୩
ଜ୍ଞାନୀ ଦେବାଶିଷ ମିଶ୍ର	୧୬୬
ସୌମ୍ୟ ସାରସ୍ୱତ ଦାଶ	୧୬୯
ସୂର୍ଯ୍ୟସ୍ନାତ ତ୍ରିପାଠୀ	୧୭୨
ଲେଖକ ପରିଚୟ	୧୭୫

ଅବତରଣିକା

ଅନେକଥର ଶୁଣିଛି। ପଢ଼ିଛି ମଧ୍ୟ କେତେବାର।

"ସୁଖ କହିବି କି ଦୁଃଖ କହିବି। ଯାହା ଅଙ୍ଗେ ନିଭାଇଛି ତାହା କହିବି।"

ଅଙ୍ଗେନିଭା କଥା ଭାରି ଆପଣାର ଲାଗେ। ମନକୁ ଛୁଏଁ। ସୁଖର ସରସୀରେ ଧୋଇଧାଇ ହେଇଥାଏ, ପୁଣି ଦୁଃଖର ଦହରେ ଦହଗଞ୍ଜ ହୋଇଥାଏ। ସୁଖ-ଦୁଃଖ, ହରସ-ବିରସ, ଆନନ୍ଦ-ନିରାନନ୍ଦ, ତୋଷ-ଅବସୋସ ଏସବୁର ରଙ୍ଗର ଛଟାରେ ସେଇ ଅଙ୍ଗେନିଭା କଥାଟାହିଁ ନିଆରା କଥା, ନିରାଟ କଥା। 'ସବୁ ସମୟର ସନେଟ୍' ଏଇ ସଂକଳନଟି କରିବାକୁ ଯାଇ ମୋ ପରିକା ପଥୁକିଟିଏ ଓଡିଆକବିତାର ପୁଷ୍ପବୀଥିକା ଦେଇ ଚାଲିବାକୁ ଲାଗିଲା। ଏବର ସମୟ ଭାରି ଅଜବ ସମୟ। ବଣକୁ ନ ଗଲେ ବି କୋଳି ଖାଇହେବ। ସମୁଦ୍ରରେ ନ ବୁଡିଲେ ବି ମୁକ୍ତା ସାଉଁଟିହେବ। ହେଲେ ଖାଇବା ନୁହେଁ ଖୁଆଇବା, ପିନ୍ଧିବା ନୁହେଁ ପିନ୍ଧେଇବା ଯେତେବେଳେ ଦାୟିତ୍ୱ ହେଇଯିବ, ସେତେବେଳେ ତ ବଣକୁ ଯିବାକୁ ହିଁ ପଡ଼ିବ। ଅତଏବ କଞ୍ଚା-ପାଚିଲା, ଖଟାମିଠା, ସୁଆଦିଆ-ଅସୁଆଦିଆ ଦେଖି ବାଛିବାଛି ଆଣିବାକୁ ହେବ। ଭାଷାଜନନୀଙ୍କ ପାଦପଦ୍ମରେ ନିବେଦିତ ହେବ ଯେଉଁ ମୁକ୍ତାମାଳ ତାହା ସଯତ୍ନରେ, ସନ୍ତର୍ପଣରେ, ସଭକ୍ତିରେ ତ କରାହେବ। ଅତଏବ ଏହି ଅବତରଣିକା ସେହି ବାଟଚଲା ଅନୁଭୂତିମାଳାର କିଛି ଆଳିମାଳିକା। 'ସବୁ ସମୟର ସନେଟ୍'ର ଭୂମି-ଭୂମିକା। ଏକବିଂଶଶତାବ୍ଦୀର ଦୁଇଟି ଦଶକ ଶେଷ ହୋଇସାରିଛି। ତୃତୀୟଦଶକର ପ୍ରଥମପାଦରେ ଠିଆ ହୋଇ ଓଡିଆସନେଟ୍‌ର ଆଦିପର୍ବ ଆଡ଼ିକି ଅନିଷା କଲାବେଳକୁ ଦଲକାଏ ମଳୟପବନ ଭକ୍ତକବି ମଧୁସୂଦନ ରାଓଙ୍କ ବସନ୍ତଗାଥା (୧୯୦୨)ର ବାସ ଘେରି କରି ଚତୁଃପାର୍ଶ୍ୱରେ ଖେଳେଇହୋଇଯାଏ। 'ବସନ୍ତଗାଥା'ର ଏଇ ବାସନ୍ତିକ ସ୍ପର୍ଶରୁ ଓଡ଼ିଆସନେଟ୍‌ର ସ୍ରବ ଆରମ୍ଭ ହୋଇଛି ନା ତା ପୂର୍ବରୁ ମଧ୍ୟ ଥିଲା ? ସର୍ବପ୍ରଥମେ ଏଇ ପ୍ରଶ୍ନଟି ଛୁଇଁଲା ଏଇ ସନେଟ୍-ସାଉଁଟାଳିର ମଉନମାନସକୁ।

ଲୋକକାହାଣୀରେ କଥା ସଇଲେ ଫୁଲଗଛ ମରିଯାଏ। ମାଳୀର ଅମନଯୋଗରୁ ଗାଈ ଖାଇଯାଏ ଫୁଲଗଛକୁ। ହେଲେ ଆମ ଓଡ଼ିଆସାହିତ୍ୟର ଇତିହାସରେ ସେମିତି ହୁଏନା। ଫୁଲଗଛ ବଂଚିଯାଏ। ଭାଷା ବଂଚେ। ଜାତି ବଂଚେ। ଗାଈ ଖାଇବା ପୂର୍ବରୁ କାହାଣୀ ଆରମ୍ଭ ହୁଏ। ଯେଉଁ କାହାଣୀକୁ ଆମ ଇତିହାସର ଭାଷାରେ, ସମାଲୋଚନାର ଭାଷାରେ ଆମେ କହୁ ନବଜାଗରଣ ଯୁଗ ବା ରେନେସାଁ। ଆଧୁନିକ ଶିକ୍ଷା ଓ ଶିକ୍ଷାୟତନର ବିକାଶ ଫଳରେ ଓଡିଶାରେ ଯେଉଁ ନୂତନ-ଶିକ୍ଷିତ ମଧ୍ୟବିତ୍ତଶ୍ରେଣୀ ମୁଣ୍ଡଟେକି ଉଠିଥିଲେ ସେମାନେ ହିଁ ଓଡ଼ିଆସାହିତ୍ୟରେ ନବଜାଗରଣ ଯୁଗର ବାର୍ତ୍ତାବହ ଥିଲେ। ଖ୍ରୀ.୧୮୭୧ରୁ ୧୮୯୫ ମଧ୍ୟରେ ଯେଉଁ ସାହିତ୍ୟ ଗଢ଼ି ଉଠିଥିଲା, ତାହା ଆଜି ଆଧୁନିକଯୁଗ ବା ରାଧାନାଥଯୁଗ ବା ନବଜାଗରଣଯୁଗର ସ୍ୱୀକୃତି ଲାଭ କରିଛି। ଏହି ନବଜାଗରଣଯୁଗର ଦୁଇଟି ପର୍ଯ୍ୟାୟ ସମ ଆମସନେଟ୍‌ର ଜନ୍ମ ଓ ବିକାଶର ମଧ୍ୟ ଦୁଇଟି ପର୍ଯ୍ୟାୟ ରହିଛି। ଯଥା -

- ଆଧୁନିକସାହିତ୍ୟର ବିକାଶର ପ୍ରଥମପର୍ଯ୍ୟାୟରେ ଓଡ଼ିଆସନେଟ୍ (୧୮୭୧-୧୮୯୫)
- ଆଧୁନିକସାହିତ୍ୟର ବିକାଶର ଦ୍ୱିତୀୟପର୍ଯ୍ୟାୟରେ ଓଡ଼ିଆସନେଟ୍ (୧୮୯୬-୧୯୨୦)

ଆଧୁନିକସାହିତ୍ୟ-ବିକାଶର ପ୍ରଥମପର୍ଯ୍ୟାୟରେ ବଙ୍ଗଳା ଓ ଓଡ଼ିଆସନେଟ୍ (ଖ୍ରୀ୧୮୭୧-ଖ୍ରୀ୧୮୯୫)

ଆଧୁନିକସାହିତ୍ୟ ବିକାଶର ପ୍ରଥମପର୍ଯ୍ୟାୟରେ ଓଡ଼ିଆସନେଟ୍ ବିଷୟରେ ସୂଚନାପ୍ରଦାନ ପରିପ୍ରେକ୍ଷୀରେ କବିବର ରାଧାନାଥଙ୍କ ପ୍ରସଙ୍ଗ ଉଲ୍ଲେଖ କରିବା ଏକାନ୍ତ ଆବଶ୍ୟକ ମନେହୁଏ। କାରଣ କବିବର ରାଧାନାଥଙ୍କ 'କବିତାବଳୀ' (୧ମ ଭାଗ) - ୧୮୬୮ ମସିହାରେ ଏବଂ 'କବିତାବଳୀ' (୨ୟ ଭାଗ) ୧୮୭୨ରେ ମସିହାରେ ପ୍ରକାଶିତ ହୁଏ। ବଙ୍ଗଳା ଭାଷାରେ ରଚିତ ଏହି ପ୍ରଥମ କବିତା ସଂକଳନଟିରେ ଏକାବନଗୋଟି ସନେଟ୍ ସ୍ଥାନ ପାଇଥିବାବେଳେ, ଦ୍ୱିତୀୟ ଭାଗରେ ମଧ୍ୟ କେତୋଟି ସନେଟ୍ ସ୍ଥାନ ପାଇଥିଲା। ସମାଲୋଚକ ନରେନ୍ଦ୍ରନାଥ ମିଶ୍ରଙ୍କ ତଥ୍ୟାନୁଯାୟୀ, "ଆଧୁନିକ ଭାରତୀୟ କବିମାନଙ୍କ ମଧ୍ୟରେ ବଙ୍ଗକବି ମାଇକେଲ ମଧୁସୂଦନ ପ୍ରଥମେ ୧୮୬୦ ଖ୍ରୀଷ୍ଟାବ୍ଦରେ ବଙ୍ଗଭାଷାରେ ସନେଟ୍ ରଚନା କରିଥିଲେ। ଭକ୍ତକବିଙ୍କ ବସନ୍ତଗାଥା ପ୍ରକାଶର ପ୍ରାୟ ଚାଳିଶବର୍ଷ ପୂର୍ବରୁ ତାଙ୍କର ଚତୁର୍ଦ୍ଦଶପାଦୀ କବିତାବଳୀ ୧୮୬୬ ଖ୍ରୀଷ୍ଟାବ୍ଦରେ ପ୍ରକାଶିତ ହୋଇଥିଲା। ଇତାଲୀୟ ଭାଷାରେ ଅଭିଜ୍ଞ ଥିବାରୁ ଇତାଲୀୟ ସନେଟ୍ ସହିତ ସେ ସୁପରିଚିତ ଥିଲେ। ୧୮୬୫ରେ ମାତୃଭୂମିର ପ୍ରିୟ କୋଳରୁ ବହୁ ଦୂରରେ ଫ୍ରାନ୍ସର ଭର୍ସେଲିସ୍ ନଗରୀର ପ୍ରବାସ ଜୀବନରେ ପେତ୍ରାର୍କଙ୍କ

ସନେଟ୍ ବହୁ ଧ୍ୟାନର ସହିତ ଅଧ୍ୟୟନ କରି ସେହି ରୀତିରେ ବଙ୍ଗଭାଷାରେ ସନେଟ୍ ରଚନା କରିଥିଲେ। କଳା ଓ ଶିଳ୍ପସୌନ୍ଦର୍ଯ୍ୟ ଦୃଷ୍ଟିରୁ ଇଂରେଜର ମିଶ୍ରରୀତି ସନେଟ୍‌କୁ ସେ ନିକୃଷ୍ଟ ମଣୁଥିଲେ। ତେଣୁ ଇତାଲୀୟ ସନେଟ୍ ତାଙ୍କର ଆଦର୍ଶ ଥିଲା।" (ପୃ. ୨୩୪ - ଆଧୁନିକ ଓଡ଼ିଆ କାବ୍ୟଧାରା।

୧୮୬୬ ମସିହାକୁ ଯଦି ଭାରତୀୟ ସନେଟ୍‌ର ଆବିର୍ଭାବଲଗ୍ନ ରୂପେ ଗ୍ରହଣ କରାଯାଏ ତେବେ ମାତ୍ର ଦୁଇଟି ବର୍ଷ ପରେ କବିବରଙ୍କ କବିତାବଳୀ (୧ମ ଭାଗ)ରେ ଯେଉଁ ଏକାବନଗୋଟି ସନେଟ୍ ସ୍ଥାନ ପାଇଥିଲା ତାହା ଉତ୍କଳଭୂମି ନିମନ୍ତେ ମଧ୍ୟ ଗୌରବର ପ୍ରସଙ୍ଗ। 'ବାଗ୍‌ଦେବୀ', 'କଳ୍ପନାଦେବୀ', 'କବିବର ମଧୁସୂଦନ ଦତ୍ତ', 'କବିବର ଭାରତଚନ୍ଦ୍ର', 'କବିବର ରଙ୍ଗଲାଲ ବନ୍ଦ୍ୟୋପାଧ୍ୟାୟ', 'କୋଟି ବ୍ରହ୍ମାଣ୍ଡସୁନ୍ଦରୀ' ଆଦି ରାଧାନାଥୀୟ ଲେଖନୀନିଃସୃତ ସନେଟ୍‌ର ରୂପାବଲୋକନ ଏ ଅଧମ ପଥିକ ପାଇଁ ସ୍ୱପ୍ନ। ସେଇ ଦେଖି ନ ପାରିବାର ଦୁଃଖ, ଛୁଇଁ ନ ପାରିବାର ବାମନପଣ ହିଁ ଏଇ ଅବତରଣିକାର ଅନ୍ତଃସ୍ୱର। ଆମ ସମାଲୋଚନା-ସାହିତ୍ୟର ଅନ୍ୟତମ କର୍ଣ୍ଣଧାର ନଟବର ସାମନ୍ତରାୟ ମହୋଦୟ କିନ୍ତୁ 'ଆଧୁନିକ ଓଡ଼ିଆସାହିତ୍ୟର ଭିତ୍ତିଭୂମି' ଗ୍ରନ୍ଥରେ 'ବାଗ୍‌ଦେବୀ' ଓ 'କଳ୍ପନାଦେବୀ' ସନେଟ୍‌ର କିୟଦଂଶ ସାଙ୍ଗକୁ 'କବିବର ମଧୁସୂଦନ ଦତ୍ତ' ସନେଟ୍‌ଟି ସଂପୂର୍ଣ୍ଣ ଭାବେ ସ୍ଥାନିତ କରିଛନ୍ତି। ଭାରତୀୟ ସନେଟ୍‌ର ଆଦିପର୍ଯ୍ୟାୟରେ ଆମ କବିବରଙ୍କ କୃତିତ୍ୱ ଅନ୍ତତଃ 'ସବୁ ସମୟର ସନେଟ୍' ପୃଷ୍ଠାରେ ରହିଯାଉ, ଏତିକି ଇଚ୍ଛା ନେଇ ନିମ୍ନ ଉଦ୍ଧୃତାଂଶଟିକୁ ନଟବର ସାମନ୍ତରାୟଙ୍କ ଗ୍ରନ୍ଥରୁ ଉଦ୍ଧାର କରୁଛି।

"ସୁରେନ୍ଦ୍ର ବିଜୟୀ ଶୂର-ଭୁଜଗ-ବନ୍ଧନେ
ବାଁଧି ରାମେ, ରାମାନୁଜେ ବାହୁଡ଼ିଲା ଜବେ
କାନ୍ଦିଲ ରାଘବଚମୂ, ସହସା ଗଗନେ
ଉଡ଼ିଲା ପୟୋଦରାଜି, ଭୈରବ ଆରବେ
କଲ୍ଲୋଳିଲା ଜଳନିଧି-ବିନତା ନନ୍ଦନେ
(ହେମାଙ୍ଗ ଖଗେନ୍ଦ୍ର) ହେରି ଚମକିଲା ସବେ,
ଖୁଲିଲ ସତ୍ୱରେ ପାଶ, ତୋମାର ତେମତି
ସୁହାସିନୀ ବଙ୍ଗଭାଷା! କୋମଲ ଚରନେ
ଛିଲ ଯେ ନିଗଡ଼ ଏବେ ମଧୁର ଯତନେ
ଘୁଚିଲ କବୀନ୍ଦ୍ର ମଧୁ ଯଥା ଖଗପତି।
ନୂତନ କୁସୁମମାଲୀ ଗାନ୍ଥି ସୁକୌଶଲେ
ଭୁଷିଲା ବରାଙ୍ଗ, ମଧୁ, ତୋର ଲୋ ସୁନ୍ଦରି!

'ସୁଭାବ, ତାରକା-ଫୁଲେ ନୀଳାମ୍ବର ତଳେ
ଫୁଟାୟେ ଭୂଷନ ଯଥା ଯାମିନୀ କବଳୀ।"

(ପୃ.୨୨ - ଆଧୁନିକ ଓଡ଼ିଆସାହିତ୍ୟର ଭିତ୍ତିଭୂମି - ପ୍ରଥମ ପ୍ରକାଶ - ୧୯୬୪, ଜାନୁୟାରୀ, ପ୍ରକାଶକ - ଫ୍ରେଣ୍ଡସ୍ ପବ୍ଲିଶର୍ସ, କଟକ-୨)

ସମାଲୋଚକ ସାମନ୍ତରାୟ ମହୋଦୟ ଓଡ଼ିଆସାହିତ୍ୟର ଆଧୁନିକ ଯୁଗର ପ୍ରଥମ ପର୍ଯ୍ୟାୟକୁ ବାଲେଶ୍ୱର ଯୁଗ କହିବା ଉଚିତ ମଣିଛନ୍ତି କାରଣ ଆଧୁନିକ ବଙ୍ଗଳା ସାହିତ୍ୟରୁ ରସ ସଂଗହ କରି ସ୍ୱତନ୍ତ୍ର ସାହିତ୍ୟ ସୃଷ୍ଟି କରିବାରେ ଏଇ ସହର ହିଁ ଗ୍ରହଣ କରିଥିଲା ରଙ୍ଗମଞ୍ଚର ଭୂମିକା। ବର୍ତ୍ତମାନ ପ୍ରଥମଓଡ଼ିଆସନେଟ୍ କେବେ ପ୍ରକାଶିତ ହୋଇଥିଲା ତାହା ଉଲ୍ଲେଖ କରିବା ପ୍ରାସଙ୍ଗିକ ବୋଧ ହୁଏ। ଏ କ୍ଷେତ୍ରରେ ବି ପ୍ରଥମ ଆବିଷ୍କାରକ ହେଉଛନ୍ତି ପ୍ରଖ୍ୟାତ ସମାଲୋଚକ ନଟବର ସାମନ୍ତରାୟ ମହୋଦୟ। 'ଓଡିଆ ସାହିତ୍ୟର ଇତିହାସ' (୧୮୦୩-୧୯୨୦) ଗ୍ରନ୍ଥରେ ମଧୁସୂଦନଙ୍କ ଅନନ୍ୟତ୍ୱ ପ୍ରତିପାଦିତ କରିବାକୁ ଯାଇ ସେ ଲେଖିଛନ୍ତି, "ବାଲେଶ୍ୱର ଜିଲ୍ଲା ଦେହୁଡଦା ନିବାସୀ ରୁଦ୍ରନାରାୟଣ ପଟ୍ଟନାୟକ 'ରାମ' (୧୧୬) ନାମକ ଏକ ଚତୁର୍ଦ୍ଦଶପାଦୀ କବିତା (ସନେଟ୍) ଓ ଅମିତ୍ରାକ୍ଷର ଛନ୍ଦର 'ଅଙ୍ଗଦବିଜୟ କାବ୍ୟ' (୧୧୭) ଲେଖିଥଲେ ହେଁ ଆଧୁନିକ ସାହିତ୍ୟର ଏଇ ଉଭୟ ଆଙ୍ଗିକ - ସନେଟ୍ ଓ ଅମିତ୍ରାକ୍ଷର ଛନ୍ଦ - ଯଥାକ୍ରମେ ମଧୁସୂଦନ ଓ ରାଧାନାଥଙ୍କ ଦ୍ୱାରା ଏ ସାହିତ୍ୟରେ ସୁପ୍ରତିଷ୍ଠିତ ହୋଇପାରିଥିଲେ।" (ପୃ.୩୬୧ - ପ୍ରଥମପ୍ରକାଶ-୧୯୬୪ ପ୍ରକାଶକ - ଶ୍ରୀ ପ୍ରଫୁଲ୍ଲ କୁମାର ଧଳ, ଶ୍ରୀ ହୃଦାନନ୍ଦ ଭୋଳ - ଲାବଣ୍ୟଭବନ, ଭୁବନେଶ୍ୱର-୨) ଅଷ୍ଟମ ପରିଚ୍ଛେଦ ଅନ୍ତର୍ଗତ ଏହି (୧୧୬) ପ୍ରାନ୍ତଟୀକା ସ୍ଥାନରେ ଲେଖାଯାଇଛି ସଂ.ବା (ତା.୦୪.୧୧.୮୦) ଅର୍ଥାତ୍ ବାଲେଶ୍ୱର ସମ୍ବାଦବାହିକାରେ ଏହି ସନେଟ୍‌ଟି ପ୍ରକାଶିତ ହୋଇଥିଲା। ପୁନଶ୍ଚ 'ଆଧୁନିକ ଓଡିଆସାହିତ୍ୟର ଭିତ୍ତିଭୂମି' ପୁସ୍ତକର ନବମ ପରିଚ୍ଛେଦରେ ଓଡିଆ ସାହିତ୍ୟରେ ଅମିତ୍ରାକ୍ଷର ଛନ୍ଦର ପ୍ରଥମ ପ୍ରବର୍ତ୍ତନ ସଂପର୍କରେ ସୂଚନା ଦେବାକୁ ଯାଇ ଶ୍ରୀ ରୁଦ୍ରନାରାୟଣ ପଟ୍ଟନାୟକଙ୍କର ଅସୀମ ସାହସିକତାକୁ ଅନ୍ତରର ସମ୍ମାନ ଜଣାଇଛନ୍ତି। ପରବର୍ତ୍ତୀ ଗବେଷକ ଶ୍ରୀକ୍ଷେତ୍ରବାସୀ ନାୟକ ମଧ ପୂର୍ବସୂରିଙ୍କ ମତ ଗ୍ରହଣ କରିଛନ୍ତି ଏବଂ ଓଡ଼ିଆସନେଟର ଜନକ ରୂପେ ମଧୁସୂଦନଙ୍କୁ ହିଁ ବରଣ କରାଯିବ ଏହା ସୂଚିତ କରି ରୁଦ୍ରନାରାୟଣଙ୍କର ରଚନା କିପରି ଏକ ଦୁର୍ବଳ କାବ୍ୟପ୍ରଚେଷ୍ଟା ତାହା ସ୍ୱୀକାର କରିଛନ୍ତି। କିନ୍ତୁ ଦୁଃଖର ବିଷୟ ହେଉଛି, ମୁଦ୍ରଣଜନିତ ତ୍ରୁଟି ହେତୁ ପ୍ରଥମସଂସ୍କରଣ (୧୯୭୭)ରୁ ହିଁ 'ଆଧୁନିକ ଓଡ଼ିଆ କାବ୍ୟସାହିତ୍ୟରେ ପାଶ୍ଚାତ୍ୟ ପ୍ରଭାବ ୧୮୦୩-୧୯୨୦' ପରି ଏକ ମୂଲ୍ୟବାନ ଗ୍ରନ୍ଥରେ ଏହି ପ୍ରଥମ ସନେଟ୍‌ର ସମୟକାଳ ତା.୧୬.୧୧.୧୮୭୨ ପ୍ରମାଦଟି ରହିଯାଇଛି। ଏହି ଗ୍ରନ୍ଥର

ପ୍ରାନ୍ତଟୀକାରେ ଗବେଷକ ସନେଟ୍‌ଟିକୁ ନଟବର ସାମନ୍ତରାୟଙ୍କ 'ଆଧୁନିକ ଓଡ଼ିଆ ସାହିତ୍ୟର ଭିତ୍ତିଭୂମି' (୧୯୬୪)ର ପୃ.୧୬୩ରୁ ଉଦ୍ଧୃତ କରିଛନ୍ତି ବୋଲି ଉଲ୍ଲେଖ କରିଛନ୍ତି । ସୃଜନିକା ଡିଜିଟାଲ୍ ଲାଇବ୍ରେରୀ ସୌଜନ୍ୟରୁ 'ରାମ' ସନେଟ୍ ତା.୦୪.୧୧.୧୮୮୦ରିଖରେ 'ବାଲେଶ୍ୱର ସମ୍ବାଦବାହିକା' ପୃଷ୍ଠାରେ ପ୍ରକାଶିତ ହୋଇଥିବା ଜାଣିବା ପରେ ଏହି ଅବତରଣିକାରେ ଦୀର୍ଘ ଶହେଚାଳିଶ ବର୍ଷର ଇତିହାସକୁ ସ୍ଥାନ ଦେବା ନିମନ୍ତେ ପ୍ରୟାସ କରାଯାଇଛି । ଶ୍ରୀ ରୁଦ୍ରନାରାୟଣ ପଟ୍ଟନାୟକଙ୍କର 'ରାମ' ମଧ୍ୟରେ ସନେଟ୍‌ର ସ୍ପନ୍ଦନ ନଥାଇପାରେ, କିନ୍ତୁ ପ୍ରଥମ ପ୍ରବର୍ତ୍ତନକାରଙ୍କ ସେହି ବିଫଳ ଉଦ୍ୟମକୁ ଐତିହ୍ୟ ରୂପେ ଗ୍ରହଣ କରିବା ସମୀଚୀନ ହେବ । ନିମ୍ନରେ ସେହି ଅତୀତନିଧିଟି ଉଦ୍ଧୃତାଂଶ ମଧ୍ୟରେ ପ୍ରଦାନ କରାଗଲା ।

"ସୂର୍ଯ୍ୟବଂଶ ଅବତଂଶ ପିତୃ-ସତ୍ୟଲାଗି
ଚତୁର୍ଦ୍ଦଶ ବର୍ଷ ରାଜ୍ୟ ଆଦି ସୁଖ ଲାଗି,
ନିବିଡ ବିପିନେ ବାସ, ଜଟା ଜୀନ ଧରି
ସ୍ମରିଲେ ସେ ଦୁଃଖ, ଯାଏ ହୃଦୟ ବିଦାରି ।
କାହିଁ ରାଜ୍ୟପ୍ରାପ୍ତି, କାହିଁ ଅରଣ୍ୟନିବାସ,
ସ୍ଖଳିତହସ୍ତରୁ ଯେହ୍ନେ ଉତ୍ତୋଳିତ ଗ୍ରାସ
କାହିଁ ମହାରାଜ୍ଞୀ କାହିଁ ଦୁଃଖୀ ତାପସିନୀ;
କାହିଁ ବିଳାସିନୀ କାହିଁ ବନବିହାରିଣୀ
ଏସନ ଦୁଃସହ କ୍ଳେଶ କି ଲାଗି ରାଘବ -
ସହିଲେ, ପରମ ସୁଖ କରିଣ ଲାଘବ ।
ପରମ ଦେବତା ପିତା ଏ ମହୀମଣ୍ଡଳେ,
ପିତୃବତ୍ସଳତା ରାମ ପ୍ରକାଶି କୌଶଳେ ।
ପ୍ରୋଥିଣ ସୁଖ୍ୟାତି ସ୍ତମ୍ଭ ଧରଣୀ ପୃଷ୍ଠାରେ
ନିହିଲେ ଆପଣା ନାମ ପୁରାଣାଶ୍ରମରେ ।"

(ବାଲେଶ୍ୱର ସମ୍ବାଦବାହିକା ତା.୦୪.୧୧.୧୮୮୦ - ପୃ.୧୭୬ - ସୌଜନ୍ୟ ସୃଜନିକା)

୧୮୮୦ ମସିହା ପରେ ୧୮୯୫ ମସିହାରେ ପ୍ରକାଶିତ ଗୋପାଳବଲ୍ଲଭ ଦାସଙ୍କ ବିରଚିତ 'କବିତାମଂଜରୀ' କବିତା ସଂକଳନରେ 'ଉପେନ୍ଦ୍ର ଭଞ୍ଜ', 'ବଣମଲ୍ଲୀ', 'ଗୋଲାପ' ଓ 'ମଧୁକର' ଶୀର୍ଷକରେ ଚାରିଗୋଟି ସନେଟ୍ ସ୍ଥାନିତ । ଯେଉଁ କାରଣରୁ ରାମ ସନେଟ୍‌ଟିକୁ ଆଦ୍ୟ ହେଲେ ହେଁ ଅସଫଳ ମନେ କରାଗଲା, ଠିକ୍ ସେହି କାରଣ ହେତୁ ଗୋପାଳବଲ୍ଲଭଙ୍କ ରଚନାକୁ ମଧ୍ୟ ଅଗ୍ରାହ୍ୟ କରାଯାଇପାରେ ।

ତେବେ ଦୀର୍ଘ ପନ୍ଦରବର୍ଷ ମଧ୍ୟରେ ଆଉ କେହି କଅଣ ସନେଟ୍ ଲେଖିବା ପାଇଁ ଉଦ୍ୟମ କରି ନଥିଲେ ? ଏମିତି ଏକ ପ୍ରଶ୍ନ ଏଇ ସନେଟ୍‌ବୀଥି ଦେଇ ଅତୀତକୁ ଅନ୍ୱେଷଣ କରୁଥିବା ଯେ କେହି ଯାତ୍ରୀର ମନୋଭୂମିକୁ ଅବଶ୍ୟ ସ୍ପର୍ଶ କରିବ। ୧୮୮୭ ମସିହାରେ ଭୂପତିନାଥ ବସୁଙ୍କ ସଂପାଦନରେ ନବସମ୍ବାଦ ନାମକ ଯେଉଁ ସାପ୍ତାହିକ ସମ୍ବାଦପତ୍ରଟି ପ୍ରକାଶିତ ହେଉଥିଲା, ତା'ର ତିନୋଟି ସଂଖ୍ୟା ଅର୍ଥାତ୍ ତା.୨୦.୦୨.୧୮୮୭ରିଖ, ତା.୧୯.୦୫.୧୮୮୭ରିଖ ଓ ତା.୧୩.୧୦.୧୮୮୭ରିଖରେ ତିନିଗୋଟି ଦୁର୍ବଳ ଶ୍ରେଣୀୟ ଚତୁର୍ଦ୍ଦଶପାଦୀ କବିତା ଦୃଷ୍ଟିଗୋଚର ହୁଏ। ଏହି ରଚନାତ୍ରୟରେ କିନ୍ତୁ କୌଣସି ଲେଖକଲେଖିକାଙ୍କର ନାମୋଲ୍ଲେଖ କରାଯାଇ ନାହିଁ। ଏଥିରୁ ଦୁଇଟି ସଙ୍ଗୀତ ବ୍ରାହ୍ମଧର୍ମର ମହତ୍ତ୍ୱ ପ୍ରଖ୍ୟାପକ ହୋଇଥିବାରୁ ଏହି ସନେଟ୍‌ତ୍ରୟର ଲେଖକ ରୂପେ ସାଧୁଚରଣ ରାୟଙ୍କୁ ଗ୍ରହଣ କରାଯାଇପାରେ। କାରଣ ଏସବୁ ବ୍ରାହ୍ମଧର୍ମ ପ୍ରଚାର ଉଦ୍ଦେଶ୍ୟରେ ରଚିତ ଏବଂ ଏହି ସମ୍ବାଦପତ୍ରର ପ୍ରକାଶକ ଥିଲେ ମଧ୍ୟ ଶ୍ରୀ ସାଧୁଚରଣ ରାୟ। ଅତଏବ ରୁଦ୍ରନାରାୟଣ ପଟ୍ଟନାୟକଙ୍କ ଠାରୁ ଭକ୍ତକବି ମଧୁସୂଦନଙ୍କ ମଧ୍ୟରେ ଯେଉଁ ଦୁଇ ଦଶକର ବ୍ୟବଧାନ ରହିଛି ତନ୍ମଧ୍ୟରେ ଓଡ଼ିଆସନେଟ୍ ରଚିତ ହୋଇଛି। ସେସବୁର ଯଥାର୍ଥ ଅନ୍ୱେଷଣ ହୋଇନାହିଁ। ୧୮୮୮ ମସିହାରେ ପ୍ରକାଶିତ ସାଧୁଚରଣଙ୍କ 'ପ୍ରୀତିକୁସୁମ' ନାମକ କବିତା ସଂକଳନଟି ଦେଖିବା ମୋ ଦ୍ୱାରା ସମ୍ଭବ ହୋଇନାହିଁ। କିନ୍ତୁ ୧୮୯୬ରେ ପ୍ରକାଶିତ 'ଭାବନା' କବିତା ସଂକଳନଟିରେ ନଅଗୋଟି ସନେଟ୍ ସ୍ଥାନିତ। 'ନୀହାର', 'କର୍ଣ୍ଣେଲିୟା', 'ମାତା', 'ସିନ୍ଧୁ', 'ବିଦ୍ରୋହୀମନପ୍ରତି', 'ଲଜ୍ଜାବତୀଲତା (୧) ଓ (୨)', 'ମିଥ୍ୟା', 'ଶିକ୍ଷି' ଓ 'ଶ୍ରୀମାନ୍ ରମେଶଚନ୍ଦ୍ର 'C.S.C.I.E' ଶୀର୍ଷକ ନଅଟି ସନେଟ୍ ମଧ୍ୟରୁ କେତୋଟିରେ ସତ୍-ସନେଟ୍‌ର ଭାବାଦର୍ଶ ପ୍ରତିଫଳିତ। ଖ୍ରୀଷ୍ଟପୂର୍ବ ଦ୍ୱିତୀୟଶତାବ୍ଦୀର ରୋମୀୟ ମହିଳା – କର୍ଣ୍ଣେଲିୟାଙ୍କର ବ୍ୟକ୍ତିତ୍ୱର ଉଜ୍ଜ୍ୱଳତମ ଦିଗର ପ୍ରତିପାଦନ ନିମନ୍ତେ ମଧ୍ୟ କବି ପ୍ରୟାସୀ ହୋଇଛନ୍ତି। କୌଣସି ଧାତୁନିର୍ମିତ ଅଳଙ୍କାର ନାରୀର ଆଭୂଷଣ ନୁହେଁ, ବରଂ ମାତୃତ୍ୱର ଗୌରବ ତଥା ମହତ୍ତ୍ୱରକ୍ଷା ହିଁ ଉପଯୁକ୍ତ ଅଳଙ୍କାର। ବ୍ରାହ୍ମଧର୍ମାବଲମ୍ବୀ କବି ରାୟଙ୍କର ଚତୁର୍ଦ୍ଦଶପାଦୀ କବିତା ମଧ୍ୟରେ ଆଧ୍ୟାତ୍ମିକ ଦର୍ଶନର ମନ୍ଦ୍ରଧ୍ୱନି ନିନାଦିତ। ଆଲୋଚ୍ୟ ସଂକଳନରେ ଶ୍ରୀ ସାଧୁଚରଣ ରାୟଙ୍କର ତିନୋଟି ସନେଟ୍ ସ୍ଥାନିତ ହୋଇଥିଲେ ହେଁ କବି ମଧୁସୂଦନଙ୍କୁ ଆଦ୍ୟଉଚ୍ଚାରକ ରୂପେ ଗ୍ରହଣ କରାଯାଇଛି। କାରଣ ଇତିହାସକୁ ଇତସ୍ତତଃ କରିବା ଏହି ସାଉଁଟାଳିର ଉଦ୍ଦେଶ୍ୟ ନୁହେଁ। ୧୯୦୨ରେ ପ୍ରକାଶିତ 'ବସନ୍ତଗାଥା' କବିତା ସଂକଳନର 'କାଳିଦାସ', 'ନରନାରୀ' ସନେଟ୍‌ଦ୍ୱୟ ୧୮୯୭ ମସିହାରେ ଉତ୍କଳସାହିତ୍ୟ ପୃଷ୍ଠାରେ ପ୍ରକାଶିତ ହୋଇଥିଲା। ମଧୁସୂଦନଙ୍କ ରଚିତ ଅନ୍ୟ

ସନେଟ୍‌ଗୁଡିକର ପ୍ରକାଶନକାଳ ସଂପର୍କରେ ଅବଗତ ନ ହୋଇ ପ୍ରଚଳିତ ଇତିହାସକୁ ପରିବର୍ତ୍ତିତ କରିବା ଦୋଷାବହ ନିଶ୍ଚୟ। ପରିଶେଷରେ ଏହି ନିର୍ଯ୍ୟାସରେ ଉପନୀତ ହେବା ଯେ ଭକ୍ତକବିଙ୍କ ଚତୁର୍ଦ୍ଦଶପାଦୀ କବିତାସଂକଳନ 'ବସନ୍ତଗାଥା' ପୂର୍ବରୁ ଶ୍ରୀ ରୁଦ୍ରନାରାୟଣ ପଟ୍ଟନାୟକ, ଶ୍ରୀ ଗୋପାଳବଲ୍ଲଭ ଦାସ ଏବଂ ଶ୍ରୀ ସାଧୁଚରଣ ରାୟ ପ୍ରମୁଖ ଏହି ନୂତନ ଆଙ୍ଗିକଟିକୁ ଆପଣେଇ ନେବା ପାଇଁ ଯତ୍ନଶୀଳ ପ୍ରୟାସ କରିଥିଲେ।

ଆଧୁନିକସାହିତ୍ୟର ବିକାଶକାଳୀନ ଦ୍ୱିତୀୟ ପର୍ଯ୍ୟାୟରେ ଓଡିଆସନେଟ୍ (ଖ୍ରୀ୧୮୯୬-ଖ୍ରୀ୧୯୨୦)

ଏହି ଦ୍ୱିତୀୟପର୍ଯ୍ୟାୟରେ ଭକ୍ତକବି ମଧୁସୂଦନ ରାଓ, ଫକୀରମୋହନ ସେନାପତି, ଗଙ୍ଗାଧର ମେହେର, ନନ୍ଦକିଶୋର ବଳ, କବିଶେଖର ଚିନ୍ତାମଣି ମହାନ୍ତିଙ୍କୁ ଅନ୍ତର୍ଭୁକ୍ତ କରାଯାଇଛି।

'ବସନ୍ତଗାଥା' (୧୯୦୨) ସନେଟ୍ ସଂକଳନରେ ସର୍ବମୋଟ ସତେଇଶଗୋଟି ସନେଟ୍ ସ୍ଥାନିତ। ତନ୍ମଧ୍ୟରୁ ତିନୋଟି ସନେଟ୍ ଯଥା 'କୌଣସି ପରଲୋକବାସିନୀପ୍ରତି', 'ଯୌବନର ସ୍ୱପ୍ନ' ଏବଂ 'ଏକାମ୍ରକାନନ' ତିନୋଟି ସନେଟ୍‌ଗୁଚ୍ଛର ସମାହାର ହୋଇଥିବାବେଳେ 'ନବବର୍ଷ', 'ଶ୍ରୀପଞ୍ଚମୀ', 'ଜରାଆକ୍ରମଣ', 'ଶବ୍ଦଧ୍ୱନି, 'ପତିତାରମଣୀ', 'ନରନାରୀ', 'ପରମପ୍ରମାଣ' ଆଦି ସାତଗୋଟି ସନେଟ୍ ଦ୍ୱିସ୍ତବକଯୁକ୍ତ। ବିଷୟବସ୍ତୁ ଦୃଷ୍ଟିରୁ ଏହି ସନେଟ୍‌ଗୁଡିକୁ ସମାଲୋଚକ ନରେନ୍ଦ୍ରନାଥ ମିଶ୍ର ସାତଭାଗରେ ବିଭାଗୀକୃତ କରିଛନ୍ତି ଯଥା - ଆତ୍ମପରିଚୟ, ତତ୍ତ୍ୱଚିନ୍ତା, ଦର୍ଶନଦୃଷ୍ଟି, କବିପ୍ରଶସ୍ତି, ବ୍ୟକ୍ତିପୂଜା, ଦେଶପ୍ରେମ ଓ ପ୍ରକୃତି ଚିତ୍ର। 'ବସନ୍ତଗାଥା' ସଂକଳନ ବ୍ୟତୀତ 'ବିବିଧ କବିତା' ସଂକଳନରେ 'ନବବର୍ଷ' ଓ 'ସଂସାରଧର୍ମ' ଶୀର୍ଷକରେ ଦୁଇଗୋଟି ଦୁଇସ୍ତବକବିଶିଷ୍ଟ ସନେଟ୍ ରହିଛି। ପୁନଶ୍ଚ ଏଠାରେ ଉଲ୍ଲେଖ କରିବା ଆବଶ୍ୟକ ଯେ 'ନବବର୍ଷ' ଶୀର୍ଷକରେ କବି ଦୁଇଗୋଟି ଦ୍ୱିସ୍ତବକିତ ସନେଟ୍ ରଚନା କରିଥିଲେ ହେଁ, ଦୁଇଟିର ଭାବକକ୍ଷ ଭିନ୍ନଧର୍ମୀ। 'ଉତ୍କଳଗାଥା' କବିତା ସଂକଳନରେ 'ଉତ୍କଳଜନନୀ ପ୍ରତି' ଏବଂ 'ନବଯୁଗ' ଶିରୋନାମାରେ ଦୁଇଗୋଟି ତ୍ରିସ୍ତବକ ଯୁକ୍ତ ସନେଟ୍ ସ୍ଥାନିତ। 'ମଧୁସୂଦନ ଗ୍ରନ୍ଥାବଳୀ'ରେ ଅସମ୍ପୂର୍ଣ୍ଣ କବିତା ଶୀର୍ଷକରେ ଯେଉଁ ଚାରୋଟି କବିତା ରହିଛି ତନ୍ମଧ୍ୟରୁ ରାଧାନାଥଙ୍କ ବିୟୋଗରେ ରଚିତ ତ୍ରିସ୍ତବକଯୁକ୍ତ ସନେଟ୍‌ଗୁଚ୍ଛ ଏବଂ 'ବ୍ରହ୍ମାଣ୍ଡ ବିବର୍ତ୍ତଗାଥା' ମଧ୍ୟ ସନେଟ୍‌ଧର୍ମୀ। ଅତଏବ ସଂଖ୍ୟାତ୍ମକ ଦୃଷ୍ଟିରୁ ବିଚାର କଲେ ଭକ୍ତକବିଙ୍କ ସନେଟ୍ ସଂଖ୍ୟା ପ୍ରଚୁର ନ ହେଲେ ହେଁ ଗୁଣାତ୍ମକ ଦୃଷ୍ଟିରୁ ଏହାର ମୂଲ୍ୟ ଅତୁଳ୍ୟ।

ଭକ୍ତକବି ବ୍ୟକ୍ତିଗତ ପ୍ରେମଚେତନାର ଅଭିବ୍ୟକ୍ତି ନିମନ୍ତେ ଅଭିପ୍ରେତ ଇତାଲୀୟ ସନେଟ୍ ରୀତିକୁ ଗ୍ରହଣ ନ କରି ବିଷୟବସ୍ତୁ ଚୟନ କ୍ଷେତ୍ରରେ ଯେଉଁ ସ୍ୱାତନ୍ତ୍ର ପ୍ରଦର୍ଶନ କରିଛନ୍ତି, ତାହା ପରବର୍ତ୍ତୀ ରଚନାକାରମାନଙ୍କୁ ସନେଟ୍‌ର ଭାବବଳୟକୁ ସଂପ୍ରସାରିତ କରିବା ନିମନ୍ତେ ଉପଯୁକ୍ତ ପ୍ରେରଣା ପ୍ରଦାନ କରିପାରିଛି।

କବି ଫକୀରମୋହନ ସେନାପତିଙ୍କର 'ଅବସର ବାସରେ' କବିତା ସଂକଳନଟି (୧୯୦୮) ମସିହାରେ ପ୍ରକାଶିତ ହୁଏ। ଏହାର ଦ୍ୱିତୀୟ ସଂସ୍କରଣ ପ୍ରକାଶିତ ହୁଏ ୧୯୧୪ ମସିହାରେ। ଯେଉଁଥିରେ ସର୍ବମୋଟ ୧୯୫ଟି କବିତା ସ୍ଥାନିତ। ତନ୍ମଧ୍ୟରୁ ୪୧ ଗୋଟି କବିତା ଚତୁର୍ଦ୍ଦଶପାଦଯୁକ୍ତ। ଏହାର ପ୍ରତ୍ୟେକ ପାଦ ଚଉଦ ଅକ୍ଷର ବିଶିଷ୍ଟ ଏବଂ ମିତ୍ରାକ୍ଷର ମେଳଯୁକ୍ତ। ପୁନଶ୍ଚ ଫକୀରମୋହନ ତନ୍ମଧ୍ୟରୁ ତେଇଶଗୋଟି ଚତଦର୍ଦ୍ଦଶପାଦୀ କବିତାକୁ ବିଭିନ୍ନ ରାଗରେ ରଚନା କରିଛନ୍ତି। ଯଥା - ରାଗମଙ୍ଗଳ, ଆଶାବରୀ, ଚକ୍ରକେଳି, ସଙ୍ଗମତୀଆରୀ, କଳସା, ପିଲୁ-ଯତ୍, ଭୈରବ ଝୁଲା ଇତ୍ୟାଦି। ତନ୍ମଧ୍ୟରୁ ମଙ୍ଗଳରାଗର ବ୍ୟବହାର ସର୍ବାଧିକ। ଏହି ଚତୁର୍ଦ୍ଦଶପାଦଯୁକ୍ତ କ୍ଷୁଦ୍ରଗୀତିକାଗୁଡ଼ିକ ବିଷୟଗତ ବୈଚିତ୍ର୍ୟ ଦୃଷ୍ଟିରୁ ଉଲ୍ଲେଖନୀୟ ହେଲେ ହେଁ ସନେଟ୍‌ର ଶିଳ୍ପରୀତି ଦୃଷ୍ଟିରୁ ଦୁର୍ବଳ। 'ପୂଜାଫୁଲ' କବିତା ସଂକଳନରେ 'ଜୀର୍ଣ୍ଣପଲ୍ଲବର ଆଶୀର୍ବାଦ', 'ତୁମ୍ଭ ପଦେ ସ୍ଥାନ', 'ଶେଷଦିନ' ଓ 'ପ୍ରଜାପତି' ଶୀର୍ଷକରେ କେତୋଟି ସନେଟ୍ ସ୍ଥାନିତ ହୋଇଥିବାବେଳେ 'ଧୂଳି' କବିତା ସଂକଳନରେ 'ଧୂଳି', 'ଈଶ୍ୱର କାହାନ୍ତି', 'କାଠଯୋଡ଼ିବନ୍ଧ', 'କିଏ ମୋ ଈଶ୍ୱର', 'ଉଦାସୀ', 'ଜୀବନ ରଙ୍ଗାଳୟ', 'ବିଦେଶିନୀ ବାଳିକାର ଛାୟାଚିତ୍ର', 'ରାତ୍ର', 'ସ୍ୱାର୍ଥପର', 'ଗ୍ରୀଷ୍ମ', 'ଯାଏ ରହେ', 'ମାନବାତ୍ମା ଅବିନାଶୀ', 'ସମ୍ବଳ', 'ଚରମଚିନ୍ତା', 'ଶକୁନି', 'ମନ୍ଥରା', 'ବିଷ୍ଣୁ ଚତୁର୍ଭୁଜ', 'ମାନବଧର୍ମ', 'ପ୍ରେମ', 'ଦୁଃଖ' ଓ 'ବୁଦ୍ଧର ଭାବନା' ଆଦି ଚତୁର୍ଦ୍ଦଶପାଦୀ କବିତା ସ୍ଥାନିତ। 'ଧୂଳି' କବିତାଟି ପେଟ୍ରାର୍କଙ୍କର ରୀତ୍ୟାନୁସରଣରେ ଅଷ୍ଟକ ଓ ଷଷ୍ଟକ ବିଭାଜନ ଅନୁଯାୟୀ ରଚିତ। ଐଶୀଭକ୍ତି, ପ୍ରକୃତିପ୍ରୀତି, ଐତିହ୍ୟବୋଧ, ଜୀବନ ସଂପର୍କରେ ତାତ୍ତ୍ୱିକ ଅନୁଚିନ୍ତା ତଥା ବ୍ୟକ୍ତିଗତ ଜୀବନର ଖେଦ ଇତ୍ୟାଦି ବ୍ୟାସକବିଙ୍କ ସନେଟ୍ ରଚନାଗୁଡ଼ିକର ବିଷୟବସ୍ତୁ ରୂପେ ଗୃହୀତ। କବି ଫକୀରମୋହନ ବ୍ୟକ୍ତିଗତ ଜୀବନରେ ପତ୍ନୀବିୟୋଗଜନିତ ବିଷାଦରେ ଜର୍ଜରିତ ହୋଇ କେତୋଟି ପ୍ରଣୟାନୁଭୂତିମୂଳକ ବିୟୋଗାନ୍ତକ କବିତା ରଚନା କରିଥିବାବେଳେ ସନେଟ୍ ଗୁଡ଼ିକରେ କିନ୍ତୁ ବ୍ୟକ୍ତିକ ଅନୁଭୂତି ପ୍ରକାଶ କରିନାହାଁନ୍ତି।

ଆଲୋଚ୍ୟକାଳର ଅନ୍ୟତମ ସନେଟ୍‌କାର ହେଉଛନ୍ତି ସ୍ୱଭାବକବି ଗଙ୍ଗାଧର ମେହେର। ଭାରତୀକୁସୁମବନ ମଧ୍ୟରେ ପ୍ରବେଶ କରି, ବେଦବ୍ୟାସ ଓ କାଳିଦାସଙ୍କ

ନିର୍ମିତ ସାଂସ୍କୃତିକ ସରଣୀରେ ପାଦ ଦେଇ ଅନୁପମ ତପୋବନଟିଏ ନିର୍ମାଣ କରିଥିବା ଏହି ପାବନପୁରୁଷଙ୍କ 'ଅର୍ଘ୍ୟଥାଳୀ' (୧୯୧୮) କବିତାସଂକଳନରେ 'ସମଲାଈ ଦେବୀଙ୍କ ପ୍ରତି', 'ଖଦ୍ୟୋତର ଖେଦ', 'ସୂର୍ଯ୍ୟପ୍ରତି ଦୀପ', 'ଜ୍ୟେଷ୍ଠ ଜାତିର ଅପକର୍ମର ପରିଣାମ', 'ଗର୍ବ', 'ସ୍ୱର୍ଗୀୟ କବିବର ରାଧାନାଥ ରାୟ', 'ଗୌରୀଶଙ୍କର ବା ଏଭେରେଷ୍ଟ', 'ପ୍ରଧାନପାଟ', 'ବୁଢ଼ାରାଜା', 'ପାପକ୍ଷୟ ଘାଟ', 'ବାଳପାଦପ' ଆଦି ସନେଟ୍ ଦେଖିବାକୁ ମିଳେ। 'କବିତାମାଳା' ସଂକଳନରେ ସ୍ଥାନିତ 'ସ୍ୱର୍ଗତ ଧନଞ୍ଜୟ ସିଂହ' ଗୋଟିଏ ଚତୁର୍ଦ୍ଦଶପାଦୀ କବିତା ଯାହାର ପ୍ରକାଶନ କାଳ ୧୯୧୬ ମସିହାରେ। କବି ଗଙ୍ଗାଧର ମାତ୍ର ଦ୍ୱାଦଶ ସଂଖ୍ୟକ ସନେଟ୍ ରଚନା କରିଥିଲେ ହେଁ ତନ୍ମଧ୍ୟରୁ କେତୋଟି ସନେଟ୍‌ରେ ସ୍ୱୀୟ ପ୍ରତିଭାର ଦ୍ୟୁତି ପ୍ରଦାନ କରିବାକୁ ସକ୍ଷମ ହୋଇଛନ୍ତି।

ଆଲୋଚ୍ୟ ସମୟକାଳର ଅନ୍ୟତମ ସଫଳ ସନେଟ୍ ପ୍ରଣେତା ହେଉଛନ୍ତି ପଲ୍ଲୀକବି ନନ୍ଦକିଶୋର ବଳ। କବିଙ୍କର 'ନିର୍ଝରଣୀ' (୧୯୦୦) କବିତା ସଂକଳନରେ 'ବାଲ୍ୟସ୍ମୃତି', 'ସରସ୍ୱତୀ-ଆବାହନ' ଓ 'ନିର୍ଝରିଣୀ' ଶୀର୍ଷକ କବିତାଗୁଡିକ ଚତୁର୍ଦ୍ଦଶପାଦୀ କବିତା। ପରବର୍ତ୍ତୀ କବିତା ସଂକଳନ 'ବସନ୍ତକୋକିଳ' (୧୯୦୧)ରେ 'ସଫଳସ୍ୱପ୍ନ', 'ସ୍ରୋତସଙ୍ଗମ', 'ମଧୁଶଯ୍ୟା', 'ନୟନର ଭାଷା', 'ମାନସୀମୂର୍ତ୍ତି', 'ସ୍ମୃତି', 'ଉତ୍କଳଭାରତୀ', 'ସୀତା', 'ପାର୍ବତୀ', 'ଦମୟନ୍ତୀ', 'ଶକୁନ୍ତଳା', 'ଯୁଗ୍ମଚିତ୍ର' (୧ ଓ ୨), 'ସୁଲକ୍ଷଣା ଦେବୀ', 'ଉତ୍କଳକବି ରାଧାନାଥ ରାୟ ବାହାଦୁର' (୧, ୨ ଓ ୩), 'ଜନନୀଙ୍କ ସ୍ମୃତି' (୧ ଓ ୨) 'ଭଗିନୀଙ୍କ ଉପହାର', 'ବିଷାଦିନୀ', 'ଉତ୍କଳଲକ୍ଷ୍ମୀ' ଓ 'ବସନ୍ତକୋକିଳ' (୧ ଓ ୨) ଏହିପରି ସର୍ବମୋଟ ଊଣେଇଶଗୋଟି ସନେଟ୍ ସ୍ଥାନିତ ଯେଉଁଥିରୁ ତିନୋଟି ଗୁଚ୍ଛ-ସନେଟ୍। କବି ନନ୍ଦକିଶୋର ପ୍ରଥମଥର ନିମନ୍ତେ ବ୍ୟକ୍ତିଗତ ଜୀବନର ପ୍ରଣୟାନୁଭୂତିକୁ ସନେଟ୍‌ର ବିଷୟବସ୍ତୁ କରିବା ସଙ୍ଗେ ସଙ୍ଗେ ଇଂରାଜୀ କବିମାନଙ୍କର କବିତାର ପଙ୍‌କ୍ତିକୁ ସନେଟ୍‌ର ଅଗ୍ରଭାଗରେ ଏପିଗ୍ରାଫ୍ ଭାବେ ବ୍ୟବହାର କରନ୍ତି। ଉଦାହରଣସ୍ୱରୂପ 'ମଧୁଶଯ୍ୟା' ସନେଟ୍‌ର ପ୍ରାରମ୍ଭରେ "O heartfelt raptures bliss beyond compare" (R. Burns) ଏବଂ "O blessed bond of board and bed" Shakespeare ଦୁଇଟିଯାକ ଉଦ୍ଧୃତାଂଶ ବ୍ୟବହୃତ। ସେହିପରି 'ସ୍ମୃତି' ସନେଟ୍‌ରେ ଟେନିସନ୍‌ଙ୍କ "Tears idle tears, I know not what they mean, x x x" ର ସଂପୂର୍ଣ୍ଣ ଗୋଟିଏ ପଦ ଉଦ୍ଧାର କରାଯାଇଛି। ଏହି ପଦଟିର ଅନ୍ତର୍ନିହିତ ସ୍ୱର 'ସ୍ମୃତି' ସନେଟ୍‌ର ଅନ୍ତଃସ୍ୱର। 'Tears, idle tears' ଏହି କବିତାର ପ୍ରଥମପଦରେ ଇଂରାଜୀ କବି ଟେନିସନ୍ କୁହନ୍ତି,

"Tears, idle tears, I know not what they mean
Tears from the depth of some divine dispair.
Rise in the heart and gather to the eyes,
In looking on the happy Autumn-fields,"
And thinking of the days that are no more.

ଶରତର ପ୍ରକୃତିକୁ ଅବଲୋକନ କରିବା ସମୟରେ କବି ବିତିଯାଇଥିବା ଦିନକୁ ମନେପକାଇ ଲୋତକାପ୍ଳୁତ ହୋଇଛନ୍ତି। ଏହି ଭାବକୁ 'ସ୍ମୃତି' ସନେଟ୍‌ର ସଂପୁଟ ମଧ୍ୟରେ ସାଇତି ଧରିଛନ୍ତି ନନ୍ଦକିଶୋର ଏବଂ ଲେଖିଛନ୍ତି,

"ନିର୍ଜନେ ବୁଲୁଥିଲି ମୁଁ ଗହନକାନନେ, କ
ଖେଳୁଥିଲା ତରୁ ତଳେ ଛାୟା ମନେମନେ। କ
ଝରଝର ଝରୁଥିଲା ନିର୍ଝରୁ ଝରଣା, ଖ
ଦିବ୍ୟଲୋକ ସମବନ ଯାଉଥିଲା ଜଣା। କ
କୋକିଳ ପଞ୍ଚମେ ଦୂରେ କରୁଥିଲା ସ୍ୱନ, କ
ପୂର୍ବସ୍ମୃତି ବିଜଡିତ ହେଲା ମୋର ମନ। କ
ରକ୍ତପଦ୍ମ ଫୁଟିଥିଲା ବନସରୋବରେ, ଖ
ରଥାଙ୍ଗମିଥୁନ ରମୁଥିଲେ ତା ତଟରେ। ଖ
କଳସ୍ୱନେ ଗିରିନଦୀ ଯାଉଥିଲା ବହି, କ
ଲତାପୁଷ୍ପେ କମ୍ପୁଥିଲେ କ୍ଷଣେ ରହିରହି। କ
ହଳଦିବସନ୍ତ-ଶୁକ-ଶାରିକା-ଭରତ ଖ
ସ୍ୱନେ ବନପ୍ରାଣ ହେଉଥିଲାକ ଉସତ। ଖ
ଏମନ୍ତ ପ୍ରକୃତି-ଛବି ଦେଖି କିପାଁ ମନ କ
ଅତୀତସ୍ମୃତିରେ ଆହା ହୋଇଲା ବିଷଣ୍ଣ। କ (ପୃଷ୍ଠା-:୧୮୬-ନନ୍ଦକିଶୋର ଗ୍ରନ୍ଥାବଳୀ)

ପ୍ରତିଟି ଧାଡ଼ିରେ ଚତୁର୍ଦ୍ଦଶଅକ୍ଷର, ଚତୁର୍ଦ୍ଦଶପାଦ, ତିନୋଟି ଚତୁଃପାଦୀ ଓ ଗୋଟିଏ ଦୁଇପାଦୀ, ପ୍ରାନ୍ତକ୍ଷରମିଳନାଦି ସମସ୍ତ ଶୈଳ୍ପିକ ଶୃଙ୍ଖଳା ସହ ଉଚ୍ଚଭାବସଂପଦ ଏବଂ ଯୁଗ୍ମପଦରେ ଗ୍ରନ୍ଥିଉନ୍ମୋଚନାଦି ସମସ୍ତ ସୂତ୍ର ଏହି ସନେଟ୍‌ରେ ସ୍ଥାନିତ। ଆଲୋଚ୍ୟ ସଂକଳନସ୍ଥ 'ଜନନୀଙ୍କ ସ୍ମୃତି' ସନେଟ୍‌ରେ W Comper ଙ୍କର "faithful remembrance of one dear, O welcome guest, though unexpected here" ର 'ଭଗିନୀଙ୍କ ଉପହାର' ସନେଟ୍‌ରେ "they sin who tell us love can die" (Southey) ଏବଂ 'ବିଷାଦିନୀ' ସନେଟ୍‌ରେ "Like a high-born maiden/ In a palace tower/ Soothing her love-laden/ Heart in secret hour/ with music sweet as love,/ which overflows the bower." (Shelly) ଆଦି ପାଦ ଏବଂ ପଦଗୁଡ଼ିକୁ ବ୍ୟବହାର କରିଛନ୍ତି । ଅତଏବ ଏହିପରି ସନେଟ୍‌ର ଅଗ୍ରଭାଗରେ ଇଂରାଜୀ ଉଦ୍ଧୃତାଂଶକୁ କବିତାଲିପିକା କାବ୍ୟାଣୁ ରୂପେ ବ୍ୟବହାର କରି, ସେହି ଭାବସଂପଦକୁ ସନେଟ୍‌ରେ ବ୍ୟବହାର କରିବାର କୌଶଳଟି ପ୍ରଥମଥର ନିମନ୍ତେ ନନ୍ଦକିଶୋର ହିଁ ପ୍ରୟୋଗ କରିଛନ୍ତି ।

ଏତଦ୍‌ବ୍ୟତୀତ ଆଲୋଚ୍ୟ ସଂକଳନରେ ଆଉ ଏକ ପ୍ରକାର ନୂତନତ୍ୱ ମଧ୍ୟ ପରିଦୃଶ୍ୟ ହୁଏ । 'ଉତ୍କଳଭାରତୀ', 'ସୀତା', 'ପାର୍ବତୀ', 'ଦମୟନ୍ତୀ', 'ଶକୁନ୍ତଳା' ଏହି ପାଞ୍ଚଗୋଟି ସନେଟ୍ ପୃଥକ ପୃଥକ ମନେ ହେଲେ ହେଁ ଏହାକୁ ସନେଟ୍‌ଗୁଚ୍ଛ କୁହାଯାଇପାରିବ । କାରଣ 'ଉତ୍କଳଭାରତୀ' ସନେଟ୍‌ରେ କବି ମାଆ ସରସ୍ୱତୀଙ୍କ ଶ୍ରୀଛାମୁରେ ଏହି ଚାରିଜଣ ପୌରାଣିକ ନାରୀଚରିତ୍ରଙ୍କର ସ୍ମୃତିସଜଳ, ବିରହବିଧୁର, ପ୍ରଣୟପିଆସୀ ହୃଦୟର ବ୍ୟାକୁଳତାକୁ ଅନୁଭବ କରି ସେମାନଙ୍କ ନିକଟକୁ ନେଇଯିବା ନିମନ୍ତେ ଆକୁଳ ଅନୁରୋଧ କରିଛନ୍ତି । ପୌରାଣିକ ନାରୀଚରିତ୍ରର ନବମୂଲ୍ୟାୟନ କ୍ଷେତ୍ରରେ ଏହି ସନେଟ୍ ଚତୁଷ୍ଟୟର ଭୂମିକା ରହିଛି, କିନ୍ତୁ ଏହାର ମିଥ୍‌ର ବ୍ୟବହାର ନୁହେଁ ।

ପରବର୍ତ୍ତୀ କବିତା-ସଂକଳନ 'ତରଙ୍ଗିଣୀ' (୧୯୨୬)ରେ 'ଅନାବିଳ ସ୍ନେହ', 'ସଂଶୟେ', 'କବିତା ପ୍ରତି', ଆଦି ସ୍ୱଳ୍ପ କେତୋଟି ସନେଟ୍ ପରିଦୃଶ୍ୟ ହୁଏ ।

'ଚାରୁଚିତ୍ର' କବିତା-ସଂକଳନ ଓ 'ବସନ୍ତଗାଥା'ର ପ୍ରକାଶନକାଳ ୧୯୦୨ ମସିହା । 'ଚାରୁଚିତ୍ର'ରେ 'ନିଶୀଥ' ଶୀର୍ଷକରେ ଦୁଇଗୋଟି ସନେଟ୍, 'ବାଳବିଧବା', 'ବୃଦ୍ଧବିବାହ', 'ଓଡ଼ିଆ ରାଜାଙ୍କ ନିକଟରେ ଓଡ଼ିଆର ଗୁହାରି', 'ସମାଜ' ଶୀର୍ଷକରେ ମାତ୍ର ପାଞ୍ଚଗୋଟି ସନେଟ୍ ସ୍ଥାନିତ ହୋଇଥିଲେ ହେଁ ସାମାଜିକ ସମସ୍ୟା ଏବଂ ସାଂପ୍ରତିକ ଘଟଣାକୁ ରୂପାୟିତ କରିବାର ନୂଆ ଧାରାଟି ସ୍ଥାନିତ । 'ଜନ୍ମଭୂମି' (୧ମ ଭାଗ) ୧୯୦୩ରେ କୌଣସି ସନେଟ୍ ପ୍ରକାଶିତ ହୋଇନାହିଁ । କିନ୍ତୁ 'ଜନ୍ମଭୂମି-୨ୟ ଭାଗ ୧୯୦୮)'ରେ 'ଶ୍ରୀଧରସ୍ୱାମୀ', ସିଦ୍ଧାନ୍ତଦର୍ପଣପ୍ରଣେତା ମହାମହୋପାଧ୍ୟାୟ ସାମନ୍ତ ଶ୍ରୀ ଚନ୍ଦ୍ରଶେଖର ସିଂହ'ରେ ଦୁଇଟି ସ୍ତବକ, 'କବି ଶ୍ରୀଯୁକ୍ତ ଫକୀରମୋହନ ସେନାପତିଙ୍କ ପ୍ରତି' ଓ 'ବକ୍ତା ଶ୍ରୀଯୁକ୍ତ ବିଶ୍ୱନାଥ କର' ଆଦି ସନେଟ୍ ମାଧ୍ୟମରେ କବି ବ୍ୟକ୍ତିପ୍ରତିଭାର ଜୟଗାନ କରିଛନ୍ତି । ବ୍ୟକ୍ତିତ୍ୱ-ଅର୍ଚ୍ଚନାର ଏହି ଅନନ୍ୟ ଶୈଳୀଟି ଅବଶ୍ୟ ସର୍ବପ୍ରଥମେ ମଧୁସୂଦନ ହିଁ ଆରମ୍ଭ କରିଥିଲେ । ପରବର୍ତ୍ତୀ ସନେଟ୍‌କାରମାନେ ତାହା ସାଦରେ ଗ୍ରହଣ କରିଛନ୍ତି । ଜନ୍ମଭୂମିର ତୃତୀୟ ଭାଗରେ

'ନାରୀକବି କୁନ୍ତଳାକୁମାରୀ' ଶୀର୍ଷକରେ ଗୋଟିଏ ସନେଟ୍ ସ୍ଥାନିତ। 'ବସନ୍ତକୋକିଳ'ରେ ନାରୀକବି ସୁଲକ୍ଷଣା ଦେବୀ ଏବଂ ଜନ୍ମଭୂମି (୩ୟ ଭାଗ)ରେ ଉତ୍କଳଭାରତୀ କୁନ୍ତଳାକୁମାରୀ ନେଇ ଚତୁର୍ଦ୍ଦଶପାଦୀ କବିତା ରଚନା କରି ନାରୀଲେଖନୀ ପ୍ରତି କବି ନନ୍ଦକିଶୋର ସଶ୍ରଦ୍ଧ ସମ୍ମାନ ପ୍ରଦର୍ଶନ କରିଛନ୍ତି।

ପରବର୍ତ୍ତୀ କବିତାସଂକଳନ 'ନିର୍ମାଲ୍ୟ' (୧୯୦୩) ମହାରାଜ ଶ୍ରୀରାମଚନ୍ଦ୍ର ଭଞ୍ଜଦେବଙ୍କ ଉଦ୍ଦେଶ୍ୟରେ ଉତ୍ସର୍ଗୀକୃତ। ତେଣୁ ଉତ୍ସର୍ଗପତ୍ର ପରେ 'ମହାରାଜ ଶ୍ରୀରାମଚନ୍ଦ୍ର ଭଞ୍ଜଦେବ' ଶୀର୍ଷକ ସନେଟ୍‌ଟି ସ୍ଥାନିତ। ଏତଦ୍‌ବ୍ୟତୀତ ଆଲୋଚ୍ୟ ସଂକଳନରେ 'କ୍ରମୋନ୍ନତି', 'ମୋ ଦେବତା', 'ପ୍ରକୃତି ଓ ଆତ୍ମା', 'ସ୍ୱର୍ଗଦୂତ', 'ଦାନ ଓ ଭିକ୍ଷା', 'ଯୌବନମଧ୍ୟାହ୍ନ', 'କର୍ମ ଓ ବିଳାସ', 'ସୁଖ ଓ କର୍ମ', 'ପ୍ରଣୟ ଓ କର୍ତ୍ତବ୍ୟ', 'ଗୀତ ଓ ସେବା', 'ଆଦର୍ଶଗୀତ' ଶୀର୍ଷକରେ ଏଗାରଗୋଟି ଚତୁର୍ଦ୍ଦଶପାଦୀ କବିତା ସ୍ଥାନିତ ଯେଉଁଥିରେ ଦାର୍ଶନିକ ଦୃଷ୍ଟିଭଙ୍ଗୀର ଦ୍ୟୁତି ଉଦ୍‌ଭାସିତ।

'ପ୍ରଭାତସଙ୍ଗୀତ' ସଂକଳନସ୍ଥ 'ଭାବକୁସୁମ', 'ଚନ୍ଦ୍ର, ତାରା ଓ ଖଦ୍ୟୋତ' 'ଶତ୍ରୁମିତ୍ର', 'ଅକର୍ମାର ଆତ୍ମଗର୍ବ', 'ଏକ କାର୍ଯ୍ୟର ଭିନ୍ନଫଳ', 'ଗ୍ରୀଷ୍ମ ଓ ବର୍ଷା', 'ନର ଓ ବ୍ୟାଘ୍ର', 'ନର ଓ ନାରୀ', 'ଆଲୋକ ଓ ଅନ୍ଧାର', 'ଛୁଞ୍ଚ ଓ ଚଲୁଣୀ', 'ପ୍ରକୃତି ଓ ସମାଜ' (୧, ୨ ଓ ୩) ଏହିପରି ଭିନ୍ନ ଭାବଧର୍ମୀ ତଥା ଶିଳ୍ପକୌଶଳଯୁକ୍ତ ସନେଟ୍ ଦେଖିବାକୁ ମିଳେ। ତନ୍ମଧ୍ୟରୁ 'ନର ଓ ନାରୀ' କବିତାଟି ପ୍ରଶ୍ନୋତ୍ତରଶୈଳୀରେ ରଚିତ। ସନେଟ୍‌ର ସୂକ୍ଷ୍ମତତ୍ତ୍ୱ ଦୃଷ୍ଟିରୁ ଏହି ରଚନାଟି ଦୁର୍ବଳ ହୋଇପାରେ, କିନ୍ତୁ ଓଡ଼ିଆ ବାମାବାଦୀ ସୃଜନବୈଭବ ଦୃଷ୍ଟିରୁ ଏହି ଚତଦର୍ଦ୍ଦଶପାଦୀ କବିତାଟି ଅତ୍ୟନ୍ତ ମୂଲ୍ୟବାନ। ନିମ୍ନ ଉଦ୍ଧୃତାଂଶ ମଧ୍ୟରୁ ଏହାର ସ୍ୱାତନ୍ତ୍ର୍ୟ ଲକ୍ଷ୍ୟ କରାଯାଇପାରିବ।

"ନର-ଆଗୋ ନାରି! ଅଟ ତୁମ୍ଭେ ଅତୀବ ଅଜ୍ଞାନୀ,
ନାରୀ-ତୁମ୍ଭ ଅତ୍ୟାଚାର ଫଳ ନୁହଁ କଣ ଜ୍ଞାନି?
ନର-ନାରୀ ତୁମ୍ଭ ମଧ୍ୟେ ବହୁ ଅଛନ୍ତି ଅସତୀ,
ନାରୀ-କିଏ ତାହା କରାଇଲା ଆହେ ଯତି-ଜାତି?"

(ପୃ.୫୩୩ - ନନ୍ଦକିଶୋର ଗ୍ରନ୍ଥାବଳୀ)

'ସଂଧ୍ୟାସଂଗୀତ' କବିତା ସଂକଳନରେ 'ଶାନ୍ତିବାରି', 'ଆଶୀର୍ବାଦ', 'କବିର ପ୍ରାର୍ଥନା' ଶୀର୍ଷକରେ ତିନୋଟି ସନେଟ୍ ସ୍ଥାନିତ ଯେଉଁଥିରୁ 'ଶାନ୍ତିବାରି'ର କଳାଗତ ମୂଲ୍ୟ ପ୍ରଶଂସନୀୟ। 'ଅନ୍ୟାନ୍ୟ କବିତା' ଶୀର୍ଷକରେ ଗ୍ରନ୍ଥାବଳୀରେ ଯେଉଁ କବିତାବଳୀ ଗୁଡିକ ସ୍ଥାନିତ ତନ୍ମଧ୍ୟରୁ 'ସ୍ୱର୍ଗଧାମ' (୧ ଓ ୨), 'ଲୌହ ଓ ବୃକ୍ଷ', 'ଶରତ୍‌ଶୋଭା' ଆଦି ସନେଟ୍‌ଧର୍ମୀ ରଚନା।

ଉପରୋକ୍ତ ସୂଚନାରୁ ଏହା ସ୍ପଷ୍ଟ ହୁଏ ଯେ ଭକ୍ତକବି ମଧୁସୂଦନଙ୍କ ପରେ ଉଭୟ ସଂଖ୍ୟାତ୍ମକ ତଥା ଗୁଣାତ୍ମକ ଦୃଷ୍ଟିରୁ ପଲ୍ଲିକବି ନନ୍ଦକିଶୋରଙ୍କୁ ଜଣେ ସଫଳ ସନେଟ୍‌କାର ରୂପେ ଗ୍ରହଣ କରାଯାଇପାରିବ।

ଆଲୋଚ୍ୟ ସମୟଖଣ୍ଡର ଅନ୍ୟତମ କବି ଚିନ୍ତାମଣି ମହାନ୍ତିଙ୍କର ସନେଟ୍ ସଂଖ୍ୟା ଦୃଷ୍ଟିରୁ ସର୍ବାଧିକ। ତାଙ୍କର ସର୍ବମୋଟ ପ୍ରକାଶିତ ସନେଟ୍‌ର ସଂଖ୍ୟା ଶହେ ଦୁଇ। ସନେଟ୍‌ର ସୂକ୍ଷ୍ମତ୍ୱ ଅଧିକାଂଶ ରଚନାରେ ଅନୁପସ୍ଥିତ ହେଲେ ହେଁ ବିଷୟବୈଚିତ୍ର୍ୟ ଅଭିନନ୍ଦନୀୟ କାରଣ 'ଆଛୁଫୁଲ', 'ଗୁଡକଙ୍କ', 'କଂସାରିଲତା', 'ମରୁଆ' ଆଦି ଉଦ୍‌ଭିଦବର୍ଗ, 'ପଢାଶୁକ', 'ତୀର୍ଥକପି', 'ମୀନ', 'ବାଦୁଡ଼ି', 'ଖଦ୍ୟୋତ' ସମ ପଶୁପକ୍ଷୀ 'ଅବଧାନ', 'ମାଟିବଂଶ ଓଝା' ପରି ଶିକ୍ଷାପ୍ରଦାତା ଗୋଷ୍ଠୀ, 'ବେହେଲା' ପରି ସଙ୍ଗୀତ ଯନ୍ତ୍ର ଏବଂ 'ବିଲକୋଣେ ଉଈହୁଙ୍କା' ପରି ପ୍ରାକୃତିକ ଦୃଶ୍ୟକୁ ସନେଟ୍‌ର ବିଷୟବସ୍ତୁ କରିଛନ୍ତି। ଓଡ଼ିଆ କବିତାର ସବୁଜଅଧ୍ୟୟନକାଳରେ କବିଶେଖର ଚିନ୍ତାମଣି ମରକତମଣି ସମ ପ୍ରତିଭାତ ହେବେ। 'ଗୁଡକଙ୍କ' ସମୁଦ୍ରକୂଳର ବାଲିରେ ଜାତ ଏକପ୍ରକାର ତୃଣ ଓ ତାର ଗୋଲାକୃତି ଫଳ। କବିବର ରାଧାନାଥ 'ଚନ୍ଦ୍ରଭାଗା' କାବ୍ୟରେ ଗୁଡକଙ୍କ ଏବଂ କାଇଁସାରିଲତା ଉଭୟଙ୍କୁ ଆଶ୍ରୟ ଦେଇଛନ୍ତି ଯଥା -

"କାଇଁସାରିଲତା-ଶ୍ୟାମଳ/
ବାଲିସ୍ତୂପର ଛାୟା...."।

ଏବଂ

"ଗୁଡକଙ୍କ ଘେନି କନ୍ଦୁକ-କ୍ରୀଡା କରେ ସମୀର।"

(ରାଧାନାଥ ଗ୍ରନ୍ଥାବଳୀ - ପୃ.୪୮)

କବିଶେଖରଙ୍କ ଗୁଡକଙ୍କ ସନେଟ୍‌ର କିୟଦଂଶ ଦୃଷ୍ଟାନ୍ତ ରୂପେ ଗ୍ରହଣୀୟ।

"ଗୁଡକଙ୍କ ପଛେ ଧାଏଁ ବେଳାରେ ବାଳକ,
ମନ ପଛେ ପଛେ ଯଥା ଧାଏଁ ମୁଁ କାଳକ।
ସଚଳ ଏ ତୃଣଫୁଲ ଶୋଭା ଅପରୂପ,
ବେଳା-ପାରବାରେ ଖରେ ଋଲେ କି ସୁଲୁପ।"

(ପୃ.୧୦୮୨ - ଚିନ୍ତାମଣି ଗ୍ରନ୍ଥାବଳୀ - କବିତା ବିଭାଗ)

'ତୀର୍ଥବାରି' କବିତାସଂକଳନରେ କବିଙ୍କର ସର୍ବାଧିକ ଛତିଶଗୋଟି ସନେଟ୍ ସ୍ଥାନିତ। କବି ଚିନ୍ତାମଣିଙ୍କ ସନେଟ୍ ବିଷୟଗତ ବୈଚିତ୍ର୍ୟ ଦୃଷ୍ଟିରୁ ସ୍ୱତନ୍ତ୍ର ଆଲୋଚନାର ଅପେକ୍ଷା ରଖେ। ଓଡ଼ିଆସନେଟ୍‌ର ଆଦିଯୁଗର ଦ୍ୱିତୀୟପର୍ଯ୍ୟାୟରେ ଏହି ପାଞ୍ଚଜଣ କବିଙ୍କର ସନେଟ୍ ରଚନା ଆମ କବିତାଧାରାର ଇତିହାସକୁ ପରିପୁଷ୍ଟ

କରିଥିବାବେଳେ ସନେଟ୍ ରଚନାଧାରାକୁ ଶୃଙ୍ଖଳିତ କରିପାରିଛି କି ନାହିଁ ତାହା ଅବଶ୍ୟ ଅଧିକତର ଅନୁଶୀଳନର ଅପେକ୍ଷା ରଖେ।

ତେବେ ଏଇଠି ଗୋଟିଏ ପ୍ରଶ୍ନ ଉଠେ। ମୂଳ ଇତାଲୀୟ ରଚନାରେ ସନେଟ୍ ଥିଲା ବ୍ୟକ୍ତିଗତ ପ୍ରଣୟାନୁଭୂତିର ପ୍ରକାଶକ। ପ୍ରାରମ୍ଭରୁ ଓଡିଆସନେଟ୍ ମଧ୍ୟରେ ଯେଉଁ ବିଷୟବସ୍ତୁଗତ ବୈଚିତ୍ର୍ୟ ଦେଖିବାକୁ ମିଳିଲା ତାହା ଉତ୍କଳୀୟକବିମାନଙ୍କର ନିଜସ୍ୱ ଦୃଷ୍ଟିଭଙ୍ଗୀ ନା ଏହା ପଶ୍ଚାତ୍‌ରେ ଇଂରାଜୀ ସନେଟ୍‌ର ଅବଦାନ ଅଛି। **'Literary forms, trends and movements'** ଗ୍ରନ୍ଥର ମତାନୁଯାୟୀ ଉତ୍ତର-ଏଲିଜାବେଥାନ୍ ଯୁଗର କବି ମିଲଟନ୍ ମାତ୍ର ତେଇଶଗୋଟି ସନେଟ୍ ରଚନା କରିଥିଲେ ହେଁ ସେ ସନେଟ୍ ରଚନାର ପରିସରକୁ ପ୍ରଶସ୍ତ କରିବାର ନବୀନ ଦୃଷ୍ଟିଭଙ୍ଗୀ ପ୍ରଦାନ କରିବାକୁ ସମର୍ଥ ହୋଇଥିଲେ। ସମସାମୟିକ ରାଜନୀତିକ ପରିସ୍ଥିତି, ଧାର୍ମିକ ଦୃଷ୍ଟିଭଙ୍ଗୀ ପ୍ରଭାବଶାଳୀ ବ୍ୟକ୍ତିବିଶେଷ, ନାରୀତ୍ୱ ଏପରିକି ସ୍ୱାମୀ-ସ୍ତ୍ରୀଙ୍କର ସଂପର୍କକୁ ନେଇ ତାଙ୍କର ଏକାନ୍ତ ବ୍ୟକ୍ତିଗତ ଅନୁରକ୍ତ ବିଚାରଧାରାକୁ ସେ ସନେଟ୍ ମାଧ୍ୟମରେ ପ୍ରକାଶ କରିଥିଲେ। ସେ ମଧ୍ୟ ପେତ୍ରାର୍କଙ୍କ ସମ ଅଷ୍ଟକ ଓ ଷଷ୍ଠକ ବିଭାଜନକୁ ଗ୍ରହଣ କରି ସେଥିରେ ବିବିଧ ବୈଚିତ୍ର୍ୟ ଆଣିଥିଲେ। ଓଡ଼ିଆସନେଟ୍ ପ୍ରଣେତାମାନେ ସେକସ୍‌ପିଅରଙ୍କ ରଚନାରୀତି ସହ ମିଲଟନ୍‌ଙ୍କର ବିଷୟବୈଚିତ୍ର୍ୟକୁ ଗ୍ରହଣ କରି ଏହି ବିଦେଶୀ ଶୈଳୀଟିକୁ ଉତ୍କଳୀୟ ପରଂପରାରେ ପ୍ରତିପାଳିତ କରିବା ନିମନ୍ତେ ପ୍ରଶଂସନୀୟ ପ୍ରଯତ୍ନ କରିଛନ୍ତି।

ଆଲୋଚ୍ୟ ସମୟକାଳ ମଧ୍ୟରେ ସତ୍ୟବାଦୀ ସାହିତ୍ୟଯୁଗର ପ୍ରମୁଖ ପ୍ରାଜ୍ଞପୁରୁଷ ଉତ୍କଳମଣି ଗୋପବଂଧୁ, କବି ପଦ୍ମଚରଣ ପଟ୍ଟନାୟକ, କବି ବ୍ରଜମୋହନ ପଂଡା, କବି ବାଳକୃଷ୍ଣ ଷଡ଼ଙ୍ଗୀ ଏବଂ କବି ନାରାୟଣ ମୋହନ ଦେ ସନେଟ୍ ରଚନା କରିଛନ୍ତି। ଉତ୍କଳମଣି ଗୋପବଂଧୁଙ୍କର 'ଅବକାଶଚିନ୍ତା' କବିତାସଂକଳନର ପ୍ରଥମ ସଂସ୍କରଣ ୧୮୯୯ ମସିହାରେ ପ୍ରକାଶିତ ହୋଇଥିଲା। ୧୯ ପୃଷ୍ଠାର ଏହି କ୍ଷୁଦ୍ର ସଂକଳନଟି ମଧ୍ୟରେ ଯେଉଁ ନଅଗୋଟି କବିତା ସ୍ଥାନ ପାଇଥିଲା ତନ୍ମଧ୍ୟରୁ 'ମୋ ନାନୀ' ଗୋଟିଏ ସନେଟ୍। ୧୯୧୨ ମସିହାର ଦ୍ୱିତୀୟସଂକଳନରୁ ଅଧିକ ୩୦ ଗୋଟି କବିତା ସ୍ଥାନିତ ହୋଇଛି ନା ତାହା ପରବର୍ତ୍ତୀକାଳୀନ ତାହା ଏହି ସନେଟ୍ ସାଉଁଟାଳିଟି ଦ୍ୱାରା ଅନୁସନ୍ଧାନ କରାଯାଇନାହିଁ। 'ଅବକାଶ ଚିନ୍ତା'ରେ 'କାମ', 'ମୋ ନାନୀ', 'ଛବିଶ ବର୍ଷ ପ୍ରବେଶ', 'ଏକ ଅସରା ବର୍ଷାର ଅବ୍ୟବହିତ ପରେ ନରାଜ ଦର୍ଶନ' ଓ 'ବିଦାୟ ଗୀତିକା' ଏହିପରି ପାଞ୍ଚଗୋଟି ସନେଟ୍ ସ୍ଥାନିତ। କବିର ତାରୁଣ୍ୟ ଓ ଋଷିର କାରୁଣ୍ୟ ସମନ୍ୱୟରେ ଗଢ଼ା ଉତ୍କଳମଣିଙ୍କ କବିସତ୍ତା। ସଂଖ୍ୟାରେ ଗୌଣ ହେଲେ ହେଁ ତାଙ୍କର କବିତ୍ୱକୁ ଅଣଦେଖା କରାଯାଇନପାରେ।

ଗଭୀର ଗ୍ଲାନିର ସହ ସ୍ୱୀକାର କରିବାକୁ ହେଉଛି ଯେ କବି ପଦ୍ମଚରଣ ପଟ୍ଟନାୟକଙ୍କ ସମସ୍ତ ରଚନା ମଧ୍ୟରୁ ସନେଟ୍‌ର ରୂପାବଲୋକନ କରିବା ଏହି ଦୀନା ପଥୁକି ଦ୍ୱାରା ସମ୍ଭବପର ହୋଇନାହିଁ। କବି ପଦ୍ମଚରଣଙ୍କର 'ପଦ୍ମପାଖୁଡ଼ା' କବିତାସଂକଳନରେ 'ମୋ ଅଭିମାନ', 'ନାମକରଣ', 'ଯୁଗ୍ମଚିତ୍ର', 'ପାଷାଣୀ' ଆଦି କବିତାଗୁଡ଼ିକ ଚତୁର୍ଦ୍ଦଶପାଦ ମଧ୍ୟରେ ମିତ୍ରାକ୍ଷର ମେଳରେ ରଚିତ କବିତା ଏବଂ ପାଶ୍ଚାତ୍ୟ ସାହିତ୍ୟରୁ ସନେଟ୍-ଆଦର୍ଶ ସଂପର୍କରେ ସାଧାରଣ ପରିଚୟ ପାଇ କବି ଆପଣା ଢଙ୍ଗରେ ତାହା ପ୍ରକାଶ କରିଛନ୍ତି ବୋଲି ଗବେଷକ କ୍ଷେତ୍ରବାସୀ ନାୟକ, 'ଆଧୁନିକ ଓଡ଼ିଆ କାବ୍ୟସାହିତ୍ୟରେ ପାଶ୍ଚାତ୍ୟ ପ୍ରଭାବ (୧୮୦୩-୧୯୨୦)' ଗ୍ରନ୍ଥରେ ସୂଚିତ କରିଛନ୍ତି। 'ଉତ୍କଳସାହିତ୍ୟ' ପୃଷ୍ଠାରୁ 'ନାମକରଣ' (୧୯୧୬-୧୭ ମସିହା), 'ପାଷାଣୀ' (୧୯୧୨-୧୩ ମସିହା), 'ମୋ ଅଭିମାନ' (୧୯୧୭-୧୮ ମସିହା), 'ରୂପସୀ' (୧୯୧୯-୨୦), 'ବିଜୟିନୀ' (୧୯୧୯-୨୦), 'ପ୍ରୀତି-ସ୍ମୃତି' (୧୯୧୯-୨୦) 'ଯୁଗ୍ମଚିତ୍ର' (୧୯୨୦-୨୧) ଆଦି ସନେଟ୍‌ଗୁଡ଼ିକୁ ପଢ଼ିବାର ସୁଯୋଗ ପ୍ରାପ୍ତ ହୋଇଛି। ଉପରୋକ୍ତ ସନେଟ୍‌ଗୁଡ଼ିକ ୧୯୨୦ ପୂର୍ବବର୍ତ୍ତୀ ହୋଇଥିବାରୁ ତାଙ୍କୁ ପ୍ରଥମ ପର୍ଯ୍ୟାୟରେ ରଖାଯାଇଛି।

କବି ବ୍ରଜମୋହନ ପଣ୍ଡା ୧୯୧୦ ରୁ ୧୯୧୪ ମସିହା ମଧ୍ୟରେ ଯେଉଁ ସନେଟ୍‌ଗୁଡ଼ିକ ରଚନା କରିଥିଲେ, ତାହା 'ଯୌବନଗାଥା'ରେ ପ୍ରକାଶିତ ହୋଇଥିଲା। ଏହି କବିତା ସଂକଳନରେ 'ବାଲ୍ମୀକି', 'ଶ୍ମଶାନତୁଳସୀ', 'ଧୁତୁରା', 'ଚୁମ୍ବନ', 'ପ୍ରଭାତେ', 'ଦିନାନ୍ତେ' ଏହିପରି ଅନେକ ସନେଟ୍ ସ୍ଥାନ ପାଇଥିଲା ଯେଉଁଥିରେ ବ୍ୟକ୍ତି, ସ୍ଥାନ ଓ ପ୍ରକୃତିର ମାହାତ୍ମ୍ୟ ଅନୁରଣିତ। ଗବେଷକ କ୍ଷେତ୍ରବାସୀ ନାୟକ ତାଙ୍କ ରଚିତ ଗବେଷଣାଗ୍ରନ୍ଥ 'ଆଧୁନିକ ଓଡ଼ିଆ କାବ୍ୟସାହିତ୍ୟରେ ପାଶ୍ଚାତ୍ୟ ପ୍ରଭାବ' (୧୮୦୩-୧୯୨୦)ରେ ଏହା ସୂଚିତ କରିଥିଲେ ହେଁ ସେହି ସଂକଳନଟି ଦେଖିବାର ସୁଯୋଗରୁ ମୁଁ ଏଯାବତ ବଂଚିତା। ୧୯୧୭ ମସିହାରେ ଗୀତିକବି ବାଳକୃଷ୍ଣ ଷଡ଼ଙ୍ଗୀ 'ମୁକୁର' ଶିରୋନାମାରେ ଗୋଟିଏ ସନେଟ୍ ସଂକଳନ ମଧ୍ୟ ପ୍ରକାଶ କରିଥିଲେ। କବି ନାରାୟଣ ମୋହନ ଦେ, ମଦନମୋହନ ପଟ୍ଟନାୟକଙ୍କୁ ମଧ୍ୟ ଏହି ଆଦିପର୍ଯ୍ୟାୟର ସନେଟ୍‌ପ୍ରଣେତା ରୂପେ ଗ୍ରହଣ କରାଯାଇପାରିବ।

ଉପରୋକ୍ତ ଅଧ୍ୟୟନରୁ ଏହି ସିଦ୍ଧାନ୍ତରେ ଉପନୀତ ହେବା ଯେ ଓଡିଆ ସନେଟ୍‌ର ଆଦିପର୍ଯ୍ୟାୟ ଆଦୌ ନୈରାଶ୍ୟଜନକ ନୁହେଁ। ଅବଶ୍ୟ ଏଯାବତ ଓଡିଆସନେଟ୍‌ର କ୍ରମବିକାଶକୁ ନେଇ ସମୁଚିତ ଅଧ୍ୟୟନ କରାଯାଇପାରି ନାହିଁ। ଆମର ଅଧ୍ୟୟନ ତଥା ଅନ୍ୱେଷଣ ଆହୁରି ପ୍ରଗାଢ ଏବଂ ଏକନିଷ୍ଠ ହେବା ପରେ ହିଁ ଯାଇ ଶେଷକଥା କୁହାଯାଇପାରିବ। ବସନ୍ତଗାଥା (୧୯୦୨) ପ୍ରକାଶିତ ହେବାର

କିଞ୍ଚିତ ପୂର୍ବରୁ 'ବସନ୍ତକୋକିଳ' (୧୯୦୧) ପ୍ରକାଶିତ ହୋଇଛି, ଯେଉଁଥିରେ ନନ୍ଦକିଶୋର ବିବିଧ ବୈଚିତ୍ର୍ୟ ପ୍ରତିପାଦିତ କରିଛନ୍ତି। ଓଡ଼ିଆସନେଟ୍‌ର ଆଦିପର୍ଯ୍ୟାୟକୁ ନେଇ ମୋର ସୀମିତ ଅଧ୍ୟୟନଗତ ଦୃଷ୍ଟିଭଙ୍ଗୀକୁ ଏଠାରେ ବିଶ୍ରାମ ଦେଇ ପରବର୍ତ୍ତୀ ପର୍ଯ୍ୟାୟକୁ ପାଦ ବଢ଼ାଇବା ସମୀଚୀନ ବୋଧ ହୁଏ।

● ଓଡ଼ିଆସନେଟ୍‌ର ଦ୍ୱିତୀୟପର୍ଯ୍ୟାୟ (ଖ୍ରୀ୧୯୨୦ ରୁ ଖ୍ରୀ୧୯୪୫)

ଏହି ପର୍ଯ୍ୟାୟରେ କବି ଲକ୍ଷ୍ମୀକାନ୍ତ ମହାପାତ୍ର, କୁନ୍ତଳା କୁମାରୀ ସାବତ, ଗୋଦାବରୀଶ ମହାପାତ୍ର, କୃଷ୍ଣମୋହନ ପଟ୍ଟନାୟକଙ୍କ ସମେତ ସବୁଜଗୋଷ୍ଠୀର କବିମାନଙ୍କର ସନେଟ୍ ରଚନା ପ୍ରସଙ୍ଗ ବିଚାରକୁ ନେବା ଉଚିତ ହେବ।

କାନ୍ତକବି ଲକ୍ଷ୍ମୀକାନ୍ତ ମହାପାତ୍ରଙ୍କର 'କଲ୍ଲୋଳ' (୧୯୨୫) କବିତା ସଂକଳନରେ 'ସାନ୍ତ୍ୱନା' ଓ 'ମାନସୀପ୍ରତିମା' ଏହିପରି ଦୁଇଟି ସୁ-ସନେଟ୍ ଦେଖିବାକୁ ମିଳେ। ତନ୍ମଧ୍ୟରୁ 'ମାନସୀପ୍ରତିମା'ର ପ୍ରକାଶନକାଳ (୧୯୧୧-୧୨ ମସିହା) ପଞ୍ଚଦଶ ଭାଗ ଉତ୍କଳସାହିତ୍ୟ ପୃଷ୍ଠାରେ ହୋଇଥିଲା।

ଉତ୍କଳଭାରତୀ କୁନ୍ତଳାକୁମାରୀଙ୍କର 'କହି ନପାରିବି' ଶୀର୍ଷକରେ 'ଅଞ୍ଜଳି' (୧୯୨୨) ସଂକଳନରେ ଗୋଟିଏ ସନେଟ୍ ସ୍ଥାନିତ। ପ୍ରତିଭାମୟୀ କୁନ୍ତଳାଙ୍କର 'ଅଞ୍ଜଳି' ସଂକଳନସ୍ଥ 'ଅବସାଦେ', 'ମିଛେ', 'ତଟନୀ ତରଙ୍ଗ', 'ସ୍ୱପନ', 'କିଂପା' ଆଦି ଗୀତିକବିତାଗୁଡ଼ିକ ମଧ୍ୟରେ ସତ୍‌ସନେଟ୍‌ର ସୂକ୍ଷ୍ମସତ୍ତା ନିହିତ। ହୁଏତ ସନେଟ୍ କହିଲେ ଚତୁର୍ଦ୍ଦଶପାଦ ସହ ପ୍ରତ୍ୟେକ ପାଦରେ ଚତୁର୍ଦ୍ଦଶ ଅକ୍ଷରର ଶୃଙ୍ଖଳାକୁ ଗ୍ରହଣ କରାଯାଉଥିବାରୁ କବି ସାବତ ଏଗୁଡ଼ିକୁ ସନେଟ୍ ଭାବେ ନାମିତ କରିନାହାଁନ୍ତି। ସନେଟ୍‌ର ପରିଭାଷା ତଥା ବୈଶିଷ୍ଟ୍ୟ ସଂପର୍କରେ ସୂଚନା ଦେବାକୁ ଯାଇ ସମାଲୋଚକ ପ୍ରଫେସର ନରେନ୍ଦ୍ରନାଥ ମିଶ୍ର ଜଣେ ବଙ୍ଗୀୟ ଲେଖକଙ୍କ ମତାଧାରରେ ଏହି ରଚନାଶୈଳୀର ଦ୍ୱୈତଭୂମିକାକୁ 'ଆସକ୍ତି-ମୁକ୍ତିଲୀଳା' କହିଥାନ୍ତି। ଅର୍ଥାତ୍ ଅଷ୍ଟକ ଷଷ୍ଟକର ବିଭାଜନ ହେଉ ବା ଦ୍ୱାଦଶପାଦ ଓ ଦ୍ୱିପାଦଯୁକ୍ତ ହେଉ ପ୍ରଥମାଂଶରେ ଆଶଙ୍କା ରହିଲେ ଶେଷାଂଶରେ ଆଶା ରହିବ ପୁନଶ୍ଚ ଠିକ୍ ବିପରୀତ ମଧ୍ୟ ଘଟିପାରିବ। ଅର୍ଥାତ୍ ପ୍ରଥମାଂଶ ଯଦି ଆନନ୍ଦମୟ ହୋଇଛି ଶେଷ ଦୁଇପାଦରେ ରହିବ ବିଷାଦ। ଅତଏବ ସନେଟ୍ ହେଉଛି ମୁକ୍ତ-ଅମୁକ୍ତ, ଆନନ୍ଦ-ନିରାନନ୍ଦ, ଅଧୀର ଅନ୍ୱେଷା-ଅସୀମ ସନ୍ତୋଷ ଏପରି ବହୁ ବିପରୀତମୁଖୀ ଭାବାବେଗର ଏକ ସତତ ଲୀଳାକ୍ଷେତ୍ର। 'ସବୁ ସମୟର ସନେଟ୍' ସଂକଳନରେ ଏହି ବୈଶିଷ୍ଟ୍ୟକୁ ଗୁରୁତ୍ୱ ପ୍ରଦାନ କରି 'ତଟିନୀତରଙ୍ଗ' କବିତାଟିକୁ ସନେଟ୍ ରୂପେ ପରିବେଷଣ କରିବାର ବିନମ୍ର ପ୍ରୟାସ କରାଯାଇଛି।

କବି ଗୋଦାବରୀଶ ମହାପାତ୍ରଙ୍କ ସାମଗ୍ରିକ କୃତି ମଧ୍ୟରେ ସନେଟ୍‌ର ରୂପଦ୍ୟୁତି ଅବଲୋକନ କରିବା ସମ୍ଭବପର ନ ହେଲେ ହେଁ 'ଯେ ଫୁଲ ଫୁଟିଥିଲା' କବିତା ସଂକଳନରେ 'କାହିଁ ସେ', 'ସ୍ତବ', 'ପିତାମାତା', 'ସ୍ମୃତି' ଆଦି ସନେଟ୍‌ଗୁଡ଼ିକ ତାଙ୍କର କୈଶୋର ବୟସର ରଚନା। ଏସବୁ ସନେଟ୍‌ର ରଚନାକାଳ ୧୯୨୦ ମସିହା ପୂର୍ବରୁ ହୋଇଥିଲେ ହେଁ ପ୍ରକାଶନକାଳ ୧୯୬୮ ମସିହା। ଆଲୋଚ୍ୟ ସଂକଳନ ନିମନ୍ତେ ମୁଖ୍ୟତଃ 'ରୂପରେଖା' (୧୯୩୪) ସଂକଳନଟିକୁ ଗ୍ରହଣ କରାଯାଇଛି। ଏହି କ୍ଷୁଦ୍ରପୁସ୍ତିକାଟି ଗୋଦାବରୀଶ ରଚନାବଳୀର ତୃତୀୟ ଖଣ୍ଡରେ ସ୍ଥାନିତ। ଏହି କ୍ଷୁଦ୍ର ପୁସ୍ତିକାଟି ଗୋଦାବରୀଶଙ୍କ କବିପ୍ରତିଭାର ଭାବୋଚ୍ଛ୍ୱାସମୟ ପ୍ରବାହର ଗତିମୟୀ ଧାରା। ଏହାର ଅଧିକାଂଶ କବିତା ସନେଟ୍‌ଧର୍ମୀ। କେତୋଟି ମଧ୍ୟ ସନେଟ୍-ସ୍ତବକର ସମାହାର ଯଥା - 'ଚୁମ୍ବନ ପରଶେ ହେବ ମୃତ୍ୟୁ ଆଚ୍ଛାଦନ (୧ରୁ ୫), ସ୍ୱପ୍ନଛାୟା (୧ରୁ ୩), 'ପତିତା' (୧ରୁ ୬), 'ବିଧବା', (୧ରୁ ୪), 'ପଲ୍ଲୀପଥେ' (୧ରୁ ୨), 'କୁଟୀର' (୧ରୁ ୪), 'ଯିବା ବାହି ତରୀ' (୧ରୁ ୨) ଇତ୍ୟାଦି। 'ରୂପରେଖା', 'ଆଜି ଏ ପ୍ରଭାତେ', ଆଦି ରଚନାଗୁଡ଼ିକ ମଧ୍ୟରେ ସନେଟ୍‌ର ସୂକ୍ଷ୍ମସତ୍ତା ଅବଶ୍ୟ ଅନୁଭବ୍ୟ। ତାଙ୍କର 'ନାରୀ' ସନେଟ୍‌ଟି ହେଉଛି ଏକ ବ୍ୟତିକ୍ରମ- ଯେଉଁଠି କବିପ୍ରାଣ ନିଜ ନିଭୃତ ସତ୍ତାର ସୁକୁମାର ଅବବୋଧ ପ୍ରକାଶରେ କୁଣ୍ଠିତ ହୋଇନାହାନ୍ତି- ଯାହା ତାଙ୍କ ଚିରାଚରିତ କାବ୍ୟଦୃଷ୍ଟିଠାରୁ ପୂର୍ଣ୍ଣତଃ ପୃଥକ୍।

ସବୁଜଗୋଷ୍ଠୀର ରୂପକାରମାନଙ୍କ ମଧ୍ୟରେ କବି ବୈକୁଣ୍ଠନାଥ ପଟ୍ଟନାୟକ ଓଡ଼ିଆସନେଟ୍‌ର ଗତିଧାରାରେ ପରିବର୍ତ୍ତନ ଆଣିପାରିଥିବା ଜଣେ ଶକ୍ତିଶାଳୀ ସନେଟ୍‌କାର ରୂପେ ପରିଚିତ। ତେବେ ପ୍ରଶ୍ନ ଉଠେ କବି ବୈକୁଣ୍ଠନାଥ ଏକାକୀ ସନେଟ୍ ଲେଖୁଥିଲେ ନା ତାଙ୍କର ସତୀର୍ଥମାନେ ମଧ୍ୟ ସନେଟ୍ ରଚନା କରିଛନ୍ତି। ୧୯୩୧ ମସିହାରେ ସବୁଜ ସାହିତ୍ୟ ସମିତି ତରଫରୁ 'ସବୁଜ କବିତା' ଶୀର୍ଷକରେ ସ୍ମରଣୀୟ କବିତା ସଂକଳନଟି ପ୍ରକାଶିତ ହୁଏ। ଏହି ସଂକଳନରେ ସ୍ଥାନିତ ଅନ୍ନଦାଶଙ୍କର ରାୟଙ୍କର 'କମଳବିଳାସୀର ବିଦାୟ' ଦଶଗୋଟି ସନେଟ୍‌ର ଏକ ସ୍ତବମୟ ନମୁନା; ସେହିପରି ହରିହର ମହାପାତ୍ରଙ୍କର 'ଯାଅ ଯାତ୍ରୀ' ଏବଂ ଶରତଚନ୍ଦ୍ର ମୁଖାର୍ଜିଙ୍କର 'ଅଭିସାରିକା' ମଧ୍ୟ ସାର୍ଥକ ସନେଟ୍। କବି କାଳିନ୍ଦୀଚରଣ ପାଣିଗ୍ରାହୀଙ୍କର 'ମୋ କବିତା' ସଂକଳନଟି ୧୯୫୯ରେ ପ୍ରକାଶିତ ହୋଇଛି ଯାହା ପୂର୍ବପ୍ରକାଶିତ କବିତାସମୂହର ଏକ ନିର୍ବାଚିତ ସଂକଳନ। ଯେଉଁଥିରେ 'ପ୍ରକୃତି-ପୁରୁଷ' ଶୀର୍ଷକରେ ଦୁଇଗୋଟି ସନେଟ୍ ଏବଂ 'ସେହି ମୁଁ ନିଜେ' ଶୀର୍ଷକରେ ଗୋଟିଏ ସନେଟ୍ ରହିଛି। 'ସେହି ମୁଁ ନିଜେ'ର ପ୍ରକାଶନକାଳ ତା.୨୧.୦୫.୧୯୪୯ ମସିହା। କାଳିନ୍ଦୀଚରଣ ସନେଟ୍ ରଚୟିତା

ନୁହଁନ୍ତି, କିନ୍ତୁ ଏହି ଶକ୍ତିଶାଳୀ କବିଙ୍କର ସନେଟ୍ ରଚନା-ସାମର୍ଥ୍ୟର ସୂଚନା ସଂପର୍କରେ ଅବଗତ ହୋଇ ତାଙ୍କୁ ଆଲୋଚ୍ୟ ସଂକଳନରେ ସ୍ଥାନିତ କରାଯାଇଛି ।

ସବୁଜଗୋଷ୍ଠୀର କବିମାନଙ୍କ ମଧ୍ୟରେ କବି ବୈକୁଣ୍ଠନାଥ ପଟ୍ଟନାୟକ ଓଡ଼ିଆ ସନେଟ୍‌ର ବିବର୍ତ୍ତନ ତଥା ସଂପ୍ରସାରଣ କ୍ଷେତ୍ରରେ ଉଲ୍ଲେଖଯୋଗ୍ୟ ଭୂମିକା ଗ୍ରହଣ କରନ୍ତି । 'ଅରୁଣଶ୍ରୀ' କବିତା ସଂକଳନସ୍ଥ 'ବିଲ୍ୱମଙ୍ଗଳ', (୧ମ ଓ ୨ୟ), 'ଭବିଷ୍ୟପ୍ରିୟା' (୧ମ ଓ ୨ୟ), ଆରତି (୧ମ ଓ ୨ୟ), 'ଉପାସନା' (୧ମ, ୨ୟ, ୩ୟ ଓ ୪ର୍ଥ), 'ମୀରାବାଈ' (୧ମ ଓ ୨ୟ), 'କବିଯୌବନ' (୧ମରୁ ୮ମ), 'ମୃତ୍ୟୁଦର୍ଶନ' (୧ମରୁ ୭ମ), 'ପତିତାର ଆଶୀର୍ବାଦ' (୧ମରୁ ୬ଷ୍ଠ), 'ସମାଧିସ୍ତମ୍ଭ', 'ଚିଲିକାରେ ପକ୍ଷୀବଧକୁ ଲକ୍ଷ୍ୟ କରି' (୧ରୁ ୪ର୍ଥ), 'ସୃଷ୍ଟି', 'ଆତ୍ମପ୍ରକାଶ', 'ଅବିଶ୍ୱାସ', 'ନାରୀଶକ୍ତି', 'କବିବଂଧୁ' (୧ମରୁ ୩ୟ), 'ନିର୍ବାଣ ଆନନ୍ଦ' (୧ମରୁ ୨ୟ) ଆଦି ସନେଟ୍‌ଗୁଡିକ ଉତ୍କଳସାହିତ୍ୟ ପୃଷ୍ଠାରେ (୧୯୨୪-୨୫ରୁ ୧୯୩୪-୩୫) ମସିହା ମଧ୍ୟରେ ପ୍ରକାଶିତ । ଉତ୍କଳସାହିତ୍ୟର ତେତିଶ ଭାଗ ଅର୍ଥାତ୍ ୧୯୨୯-୩୦ ମସିହାର ସପ୍ତମ ସଂଖ୍ୟାରେ 'ଚତୁର୍ଦ୍ଦଶପଦୀ' ଏହି ଶୀର୍ଷକରେ କବି ବୈକୁଣ୍ଠନାଥ 'ବନ୍ଦନା', 'ପ୍ରିୟତମ', 'ଭଗବାନ', 'ଭାଗ୍ୟ', 'ଜ୍ଞାନର ବ୍ୟର୍ଥତା', 'ଆତ୍ମସମର୍ପଣ', 'ଚିରସଖା' ଓ 'ପୂର୍ଣ୍ଣତା' ଏହି ଶିରୋନାମାରେ ଆଠଗୋଟି କବିତା ରଚନା କରନ୍ତି ଯେଉଁ କବିତାଗୁଡ଼ିକରେ କେବଳ ଦୁଇପାଦରେ ଏକପଦ ହୁଏ ଏବଂ ସର୍ବମୋଟ ପଦସଂଖ୍ୟା ହେଉଛି ସାତ । ଏହି ଆଠଗୋଟି କବିତାର ପରିଶେଷରେ 'ଚତୁର୍ଦ୍ଦଶପଦୀ' ସଂପର୍କରେ ସୂଚନା ଦେଇ କବି କୁହନ୍ତି, "ଚତୁର୍ଦ୍ଦଶପଦୀ **sonnet** ନୁହେଁ । **Sonnet technique** ବାଦ ଦେଲେ ମଧ୍ୟ ଚତୁର୍ଦ୍ଦଶପଦୀ ଯେ ସୂକ୍ଷ୍ମଚିନ୍ତା ଓ ଭାବଧାରାର ସହାୟକ- ଏ କଥା କେହି ଅସ୍ୱୀକାର କରିବେ ନାହିଁ । ଏହାର ପ୍ରମାଣ ବଙ୍ଗ ଓ ଉତ୍କଳ ସାହିତ୍ୟର କେତେଗୁଡ଼ିଏ ପରିବର୍ତ୍ତିତ **(Acclamatized)** ସନେଟ୍ । ଭାବ ଓ ଚିନ୍ତାର ବିକାର ନ ଘଟିଲେ **Techniquies** ର ହାନିରେ ବିଶେଷ କିଛି କ୍ଷତି ହୁଏ ବୋଲି ମୋର ମନେହୁଏ ନାହିଁ । x x (ରଚୟିତା) ।" (ପୃ.୪୩ - ବୈକୁଣ୍ଠନାଥ ଗ୍ରନ୍ଥାବଳୀ) ଏଯାବତ ସନେଟ୍ ସଂପର୍କରେ ତଥା ଉତ୍କଳୀୟ ସନେଟ୍‌କାରମାନଙ୍କର ସ୍ୱକୀୟ ପ୍ରଦର୍ଶନର ସମର୍ଥନରେ କିଛି କୁହାଯାଇନଥିଲା । କବି ଯେଉଁ ଇଂରାଜୀ ଶବ୍ଦଟିର ବ୍ୟବହାର କରିଛନ୍ତି ତାର ପ୍ରକୃତ ଓଡ଼ିଆ ରୂପ ହେଉଛି ନୂତନ ପରିସ୍ଥିତ ଏବଂ ଜଳବାୟୁରେ ଚଳିବା ପାଇଁ ଚେଷ୍ଟା କରିବା । ଅତଏବ ଗୋଟିଏ ବିଦେଶୀ ବିଧାନ ଉତ୍କଳୀୟ କବିମାନଙ୍କ ହସ୍ତରେ ବିବର୍ତ୍ତିତ ହୋଇପାରିବ । ଶୃଙ୍ଖଳାରେ ସାମାନ୍ୟତମ ବିଶୃଙ୍ଖଳା ଗ୍ରହଣୀୟ । ଆମ କବିମାନେ ଅଷ୍ଟକ-ଷଷ୍ଟକ ବିଭାଜନକୁ ଓଲଟାଇ ଦେଇ

ଷଷ୍ଟକ-ଅଷ୍ଟକ କରି ଦେଇଛନ୍ତି। ସେପରି କୌଶଳକୁ ଆମେ ସନେଟ୍ କହିପାରିବା। ଚତୁର୍ଦ୍ଦଶପାଦ ଥିବ, କିନ୍ତୁ ସୂକ୍ଷ୍ମତ୍ୱ ହେଉଛି ଏହାର ଆତ୍ମା। ସନେଟ୍ ପ୍ରତ୍ୟକ୍ଷଭାଷୀ ନୁହେଁ। ଦ୍ୱୈତାନୁଭୂତିର ଦ୍ୱନ୍ଦ, ସଂଘର୍ଷ ଓ ଅନୁପୂରକତ୍ୱ ସାଙ୍ଗକୁ ମୁକୁଳିବାର ଉପାୟ ମଧ୍ୟ ଏହା ନିର୍ଣ୍ଣିତ କରିବା ବିଧେୟ।

'କାବ୍ୟସଞ୍ଚୟନ' ସଂକଳନଟି କବି ବୈକୁଣ୍ଠନାଥଙ୍କ କବିତ୍ୱର ତଥା ସନେଟ୍‌ସତ୍ତାର ଆକଳନ ନିମନ୍ତେ ଅତ୍ୟନ୍ତ ଗୁରୁତ୍ୱପୂର୍ଣ୍ଣ ଦସ୍ତାବିଜ୍। ଏହାର ତୃତୀୟ ପରିବର୍ଦ୍ଧିତ ସଂସ୍କରଣ ୧୯୫୮ ମସିହାରେ ପ୍ରକାଶିତ ହୋଇଥିଲେ ହେଁ କବିତାଗୁଡ଼ିକର ରଚନାକାଳ ୧୯୨୫ରୁ ଆରମ୍ଭ ହୋଇଛି। ଗ୍ରନ୍ଥାବଳୀରେ ସ୍ଥାନିତ 'କାବ୍ୟସଞ୍ଚୟନ' ଏବଂ ପୁସ୍ତକାକାରରେ ପ୍ରକାଶିତ 'କାବ୍ୟସଞ୍ଚୟନ' ମଧ୍ୟରେ କିଞ୍ଚିତ ଫରକ ମଧ୍ୟ ରହିଛି। ଏହି ଅବତରଣିକାରେ ଉଭୟ ଗ୍ରନ୍ଥାବଳୀ ଏବଂ ୧୯୫୮ରେ ପ୍ରକାଶିତ ସଂକଳନକୁ ଗ୍ରହଣ କରାଯାଇଛି। 'ଗୋପବାଳକର ପ୍ରୀତିଅନୁଭୂତି', 'ଗୋପବାଳାର ଅଭିଯୋଗ' ସନେଟ୍‌ଦ୍ୱୟର ରଚନାକାଳ ୧୯୨୫ ମସିହା। 'ମୂକଭଗବାନ' (୧ ଓ ୨), 'ଭାରତଭିକ୍ଷୁ' (୧ରୁ ୪), 'ଖଣ୍ଡିତା', 'କାରବାସ-ସ୍ୱପ୍ନ' (୧ରୁ ୯), 'ବୈଧବ୍ୟ' (୧ରୁ ୬), 'ରମ୍ୟା ରଲାଁ' (୧ ଓ ୨), 'ପ୍ରଣୟର ଆଦ୍ୟ ଅନୁନୟ' (୧ରୁ ୪), 'ବନ୍ୟାବିପ୍ଳବ' (୧ରୁ ୬) 'ରୂପହୀନା' (୧ରୁ ୪), 'ଅଗସ୍ତ୍ୟ' (୧ ଓ ୨), 'ଦେବଦୂତ' (୧ରୁ ୬), 'ପ୍ରଣୟର ଆଦିଶଙ୍କା' (୧ରୁ ୪), 'ଯଶାକାଙ୍‌କ୍ଷା' (୧ ଓ ୨), 'କବିପ୍ରିୟାପ୍ରତି' (୧ ଓ ୨), ଯାଚଞ୍ଚା (୧ରୁ ୩) 'ରୂପାଭିମାନିନୀ' (୧ମରୁ ୩), 'ଯୁଗ୍ମରୂପ', 'ସ୍ମୃତିତର୍ପଣ' (୧ରୁ ୨୫), 'ଦୁର୍ଗରକ୍ଷା' (୧ ଓ ୨) 'ଗର୍ବୀ' (୧ ଓ ୨), 'ରୂପପରିଚୟ', 'ବନ୍ଦୀଅପର୍ଣ୍ଣା' (୧ରୁ ୩), ଦେଶସେବା (୧ ଓ ୨), 'ବାସରଫୁଲ', 'ଜନନୀ' (୧ରୁ ୭), 'ପ୍ରବୁଦ୍ଧ ବିକାର', 'ଭାରତବର୍ଷ', ଆଧୁନିକ ବର୍ବରତା (୧ରୁ ୩), 'ବେଶରଚନା', 'ମାଟିର ଉପହାସ', 'ର-ଦେବତା', 'ତରୁଣ ଶକ୍ତି', 'ଶୃଗାଳତନ୍ତ୍ର' ଆଦି ସନେଟ୍‌ଗୁଡ଼ିକ 'କାବ୍ୟସଞ୍ଚୟନ' ସଂକଳନରେ ସ୍ଥାନ ପାଇନି। ଗ୍ରନ୍ଥାବଳୀରେ କେତେକ କୃତିର ରଚନାକାଳ ପ୍ରଦତ୍ତ ହୋଇ ନଥିଲେ ହେଁ ୧୯୨୫ରୁ ୧୯୩୯ ମସିହା ମଧ୍ୟରେ ଏଗୁଡିକ ରଚିତ। ଉପରୋକ୍ତ ସନେଟ୍ ମଧ୍ୟରୁ ପ୍ରାୟ ସମସ୍ତ ସନେଟ୍ ହେଉଛି ଗୁଚ୍ଛ ସନେଟ୍। ଦୁଇଟି ସ୍ତବକରୁ ଆରମ୍ଭ କରି 'ସ୍ମୃତିତର୍ପଣ'ରେ ତାହା ପଚିଶ ପର୍ଯ୍ୟନ୍ତ ପରିବର୍ଦ୍ଧିତ ହୋଇଛି। ଇଂରାଜୀ ଭାଷାରେ ସନେଟ୍‌ର ଏହି ରୂପକୁ 'Sonnet sqeuence' କୁହାଯାଇଥାଏ। ଏପରି ସନେଟ୍‌ମାଳାକୁ ଆନୁକ୍ରମିକ ସନେଟ୍‌ଗୁଚ୍ଛ ମଧ୍ୟ କୁହାଯାଇପାରିବ।

କବି ବୈକୁଣ୍ଠନାଥ ସ୍ୱକୀୟ କବିତ୍ୱଶକ୍ତି ବଳରେ ସନେଟ୍‌ର ଭାବବଳୟକୁ

ସଂପ୍ରସାରିତ କରିଛନ୍ତି। ବନ୍ୟାର ବିଭୀଷିକାଠାରୁ ଆରମ୍ଭ କରି ସ୍ୱତନ୍ତ୍ର ଉତ୍କଳପ୍ରଦେଶର ପ୍ରଥମ ପ୍ରଭାତର ଅନୁଚିନ୍ତାଦି ମଧ୍ୟ ସନେଟ୍ ମାଧ୍ୟମରେ ପ୍ରକାଶ କରିଛନ୍ତି। ଗୋପବାଳାର ଅନୁଭୂତି ହେଉ, ବୈଧବ୍ୟର ବିଧୁରବ୍ୟାଥା ହେଉ ଏସବୁ ଭାବାନୁଭବକୁ କବି ଚତୁର୍ଦ୍ଦଶପାଦର ଶୃଙ୍ଖଳା ମଧ୍ୟରେ ପ୍ରକାଶ କରିଛନ୍ତି। ବ୍ୟକ୍ତିକ ପ୍ରଣାୟାନୁଭୂତି, ଶୋକାନୁଭୂତି ଏବଂ ଦେଶ-ବିଦେଶର କବି, ମନୀଷୀ ତଥା ଶିଳ୍ପୀକୁଳଙ୍କ ପ୍ରତି ଆବେଗାନୁଭୂତି ଆଦି ସମସ୍ତ ଭାବରାଜିକୁ ନୈର୍ବ୍ୟକ୍ତିକ ପର୍ଯ୍ୟାୟ ପର୍ଯ୍ୟନ୍ତ ଉତ୍ତୋଳିତ କରି ଆପଣାର ସୂକ୍ଷ୍ମ ତଥା ବିଦଗ୍ଧ ଦର୍ଶନ ପ୍ରଦାନ କରିବାରେ କବି ବହୁଳାଂଶରେ ସମର୍ଥ ହୋଇପାରିଛନ୍ତି। ୧୯୩୬ ମସିହା ଏପ୍ରିଲ୍ ପହିଲାରେ ସ୍ୱତନ୍ତ୍ର ଉତ୍କଳ ପ୍ରଦେଶ ଗଠନ ଅବସରରେ ଯେଉଁ ସ୍ମାରକୋତ୍ସବ ପାଳିତ ହୋଇଥିଲା ସେହି କୋଳାହଳମୟ ଉତ୍ସବର ଅନ୍ତଃସାରଶୂନ୍ୟତାକୁ ଉପଲକ୍ଷ୍ୟ କରି କବି ରଚନା କରନ୍ତି, 'ଦୁର୍ଗରକ୍ଷା' ଶୀର୍ଷକରେ ଦୁଇଟି ସନେଟ୍। 'ଦୁର୍ଗରକ୍ଷା' ଦୁଇଟି ସ୍ତବକ ବିଶିଷ୍ଟ। ଏହାର ପ୍ରାରମ୍ଭରେ କବି କୁହନ୍ତି,

"କେବଳ କି କୋଳାହଳ? କୋଳାହଳେ ଗୌରବପ୍ରକାଶ?
ବିରାଟ ଏ ଜାତିପ୍ରାଣେ ଯେସନେ ଏ ତୀବ୍ର ଉପହାସ!
ତୀବ୍ର ବ୍ୟଙ୍ଗ! ରଙ୍ଗ, ରସ, ବାହୁସ୍ଫୋଟ, ଅତୀତ ଉଦ୍ଧାର -
କାଳ ନିଷ୍ଠୁର ପରଖୁ ଲଭିବ କି ଏସନେ ନିସ୍ତାର?
ପ୍ରାଣହୀନ ହୀନବୀର୍ଯ୍ୟ ନାହିଁ ଯାର ତିଳେ ଆତ୍ମବୋଧ,
ଅଲକ୍ଷ୍ୟେ ସଞ୍ଚିତ ଭାଗ୍ୟେ ଅଲଙ୍ଘ୍ୟ କାଳର ପ୍ରତିଶୋଧ!

xxx।"

(ପୃ.୪୮ - ବୈକୁଣ୍ଠନାଥ ଗ୍ରନ୍ଥାବଳୀ - ୧ମ ଭାଗ)

ପୌରୁଷର ନିଷ୍ଠା, ଆତ୍ମବୋଧ, ଦମ୍ଭ ଏସବୁ ଅର୍ଜନ ନକରି କୋଳାହଳ କରିବା ଦ୍ୱାରା ଏ ଜାତିର ଦୁର୍ଗ ରକ୍ଷା କରାଯାଇପାରିବ ନାହିଁ। ଭବିଷ୍ୟଦ୍ରଷ୍ଟା କବି ଉତ୍କଳଦିବସର ପ୍ରଥମ ପ୍ରଭାତରେ ଯେଉଁ ଆଶଙ୍କା କରିଥିଲେ ତାହା ଆଜି ସତ୍ୟ ପ୍ରମାଣିତ ହୋଇଛି।

ଫରାସୀ ଦାର୍ଶନିକ 'ରମ୍ୟା ରଲାଁ' ଏବଂ ରୁଷ୍ ଦେଶର ସ୍ୱନାମଧନ୍ୟ ସାହିତ୍ୟିକ ଗର୍କୀଙ୍କ ସମେତ ପାରଳଖେମୁଣ୍ଡିର ସ୍ୱର୍ଗତ ଅନ୍ଧଗାୟକଙ୍କ ସ୍ମୃତିରେ 'ବନ୍ଦୀଅପର୍ଣ୍ଣା' ଶୀର୍ଷକରେ ତ୍ରିସ୍ତବକଯୁକ୍ତ ସନେଟ୍ ରଚନା କରିଛନ୍ତି। ବାଗ୍ମୀ ବିଶ୍ୱନାଥ କରଙ୍କ ଦେହାବସାନ ପରେ କବି ଯେଉଁ ପଚିଶଗୋଟି ଆନୁକ୍ରମିକ ସନେଟ୍‌ଗୁଚ୍ଛ ରଚନା କରିଛନ୍ତି ତାହା ଦର୍ଶନରେ ନଶ୍ୱର ନିର୍ଯ୍ୟାସରେ ଯେତିକି ନିର୍ଲିପ୍ତ, ବଂଧୁବିୟୋଗର ଅନୁରକ୍ତ ବନ୍ଧନରେ ସେତିକି

ଜର୍ଜରିତ। 'ଆସକ୍ତି-ମୁକ୍ତିଲୀଳା'ର ଅନ୍ତରଙ୍ଗ ଆଶ୍ଲେଷ 'ସ୍ମୃତିତର୍ପଣ' ସନେଟ୍‌ଗୁଚ୍ଛର ବୈଭବମୟ ବିଶେଷତ୍ୱ। ଆସକ୍ତ୍ୟାଂଶରୁ କିଂଚିତ୍ ନିମ୍ନରେ ଦୃଷ୍ଟାନ୍ତ ରୂପେ ଗ୍ରହଣୀୟ।

"xxx
ଜାଗ୍ରତ ସକଳେ ଶୁଭ୍ର ଆଲୋକ-ଆହ୍ୱାନେ!
ଜାଗିଛ ମୁଁ ସୁଗଭୀର ବ୍ୟଥା ବହି ପ୍ରାଣେ!
ଭ୍ରମଇ ପ୍ରଭାତ ଶାନ୍ତ ତଟିନୀପୁଳିନେ
ନିଃସଙ୍ଗେ ଏକାକୀ! ବନ୍ଧୁ, ମନେପଡେ ଦିନେ?
ଭ୍ରମୁଥିଲୁ ବେନିଜନେ ଏଥି ଲଘୁମନେ,
ବାର୍ଦ୍ଧକ୍ୟ ତରୁଣ ଅନ୍ତରର ପ୍ରୀତିଧନେ!
ଆଜି ତୁମେ ନାହିଁ! ତିଳେ ନୁହଇ ବିଶ୍ୱାସ
ଅଜ୍ଞାତେ ଝରଇ ଅଶ୍ରୁ ଦୀର୍ଘ ଭଗ୍ନଶ୍ୱାସ!"

(ପୃ.୪୭୧ - ବୈ.ଗ୍ର - ପ୍ରଥମଭାଗ)

୧୯୩୯ ମସିହା ଜୁଲାଇ ମାସରେ ନିଜର ପୁତ୍ରସନ୍ତାନ-ବିୟୋଗଜନିତ ବ୍ୟକ୍ତିଗତ ଖେଦରେ ମର୍ମାହତ ହୋଇ କବି 'ମୃତ୍ତିକାଦର୍ଶନ' ଶୀର୍ଷକରେ ଯେଉଁ ସଇଁତିରିଶଗୋଟି ସନେଟ୍‌ର ଆନୁକ୍ରମିକ ଗୁଚ୍ଛଟି ରଚନା କରିଛନ୍ତି, ତାହା ଓଡ଼ିଆ କବିତାଧାରାର ବିରଳ ସଂପତ୍ତି। ମହାଶୂନ୍ୟର ଶୂନ୍ୟତାକୁ ସ୍ୱୀକାର କରି କବି କୁହନ୍ତି, "ପୁନର୍ଜନ୍ମ ଏକ କାଳ୍ପନିକ ବିଶ୍ୱାସ। ଏ ସୃଷ୍ଟିରେ ସବୁ ମାଟିରୁ ଉଦ୍‌ଭବ ହୋଇ ମାଟିରେ ମିଶେ। ମୃତ୍ୟୁ, ଯନ୍ତ୍ରଣା ଓ ରୋଗର ଦୈନନ୍ଦିନ ଦୁର୍ବିପାକ ମଧ୍ୟରେ ଈଶ୍ୱରଙ୍କ ସ୍ଥିତିର ସତ୍ତା ନିର୍ଦ୍ଦେଶ କରିବା ଏକ କଠିନ ବ୍ୟାପାର। ପ୍ରକୃତି ନିଷ୍ଠୁରା। ଦୁର୍ବଳର ଏ ସଂସାରରେ ସ୍ଥାନ ନାହିଁ। ମୃତ୍ୟୁ ହିଁ ତାର ଏକାନ୍ତ ପରିଣତି। ଏ ମାୟିକ ଜଗତରେ ଯେତେ ଦୃଶ୍ୟ ଆମ୍ଭମାନଙ୍କର ଗୋଚରୀଭୂତ ହୁଏ, ତାହା କେବଳ ମହାଶୂନ୍ୟ ଆକାଶରେ ବିଭିନ୍ନ ରାଗରଞ୍ଜିତ ମେଘମାଳାର କ୍ରୀଡ଼ା ମାତ୍ର। ଜନ୍ମ ଓ ମରଣକୁ ତୁଚ୍ଛ କରି ମହାଶୂନ୍ୟ ବିରାଜମାନ। ସେହି ମହାଶୂନ୍ୟ ତଳେ ପୁତ୍ର ବିଧୁରା ଜନନୀ ପୁଣି ପ୍ରଣୟିନୀ ହୁଏ। ନିଜର ମୃତ ସନ୍ତାନ କଥା ଭୁଲିଯାଏ।' (କାବ୍ୟସଞ୍ଚୟନ-୧୯୫୩-ପୃଷ୍ଠବଂଧ) ରହସ୍ୟବାଦୀ କବି ବୈକୁଣ୍ଠନାଥ 'ବାସରଗୃହ', 'ପଥଛାୟା', 'ପାନ୍ଥଶାଳା' ଆଦି ସନେଟ୍‌ର ସରସସ୍ରଷ୍ଟା। ଜଣେ ସନେଟ୍ ନିର୍ମାତା ରୂପେ କବି ବୈକୁଣ୍ଠନାଥଙ୍କର ଆକଳନ ଏଯାବତ୍ କରାଯାଇପାରି ନାହିଁ। ଓଡ଼ିଆକବିତାର ଇତିହାସରେ କବିଙ୍କର କାବ୍ୟିକ ଯାତ୍ରା ଯେତିକି ମହତ୍ତ୍ୱପୂର୍ଣ୍ଣ, ଓଡ଼ିଆସନେଟ୍‌ଧାରାରେ ମଧ୍ୟ କବିଙ୍କ ସଂଯୋଗ ସେତିକି ତାତ୍ପର୍ଯ୍ୟପୂର୍ଣ୍ଣ। ସେସବୁର ନିବିଡ଼ ଅଧ୍ୟୟନ ତଥା ରୂପାୟନର କ୍ଷେତ୍ର ଏହା ନୁହେଁ,

ତେବେ ବି ଏହି ଅବତରଣିକା ସେହି ପ୍ରତିଭାବାନ ସ୍ରଷ୍ଟାଙ୍କର ସୃଜନବିଭବ ନିକଟରେ ବିନମ୍ର ପ୍ରଣତି ଜଣାଇ ପରବର୍ତ୍ତୀ ପର୍ଯ୍ୟାୟ ଦିଗକୁ ଅଗ୍ରସର ହେବାର ଆବଶ୍ୟକତା ଅନୁଭବ କରୁଛି। କବିଙ୍କର 'ଉତ୍ତରାୟଣ' (୧୯୬୩) କବିତା ସଂକଳନରେ ସ୍ଥାନିତ ସନେଟ୍ ସଂପର୍କରେ ପରବର୍ତ୍ତୀ ପର୍ଯ୍ୟାୟରେ ଧାରଣା ପ୍ରଦାନ କରାଯିବ।

ଆଲୋଚ୍ୟ ସମୟଖଣ୍ଡର ଆଉଜଣେ ସନେଟ୍‌କାର ହେଉଛନ୍ତି କବି କୃଷ୍ଣମୋହନ ପଟ୍ଟନାୟକ। କବି କୃଷ୍ଣମୋହନଙ୍କର ଦେହାନ୍ତ ଘଟେ ୧୯୪୦ ମସିହାରେ। ତାଙ୍କ ମୃତ୍ୟୁର ଚଉଠେ ଶତକ ପରେ ୧୯୬୬ ମସିହାରେ କୃଷ୍ଣମୋହନ ଗ୍ରନ୍ଥାବଳୀ ପ୍ରକାଶିତ ହୋଇଥିଲା। ଏହି ଗ୍ରନ୍ଥାବଳୀରେ 'ସମ୍ବଲପୁର ପର୍ଯ୍ୟଟନ' ଶୀର୍ଷକରେ 'ବୁଢ଼ାରାଜା' ଓ 'ପ୍ରାଚୀନଦୁର୍ଗ' ନାମରେ ଦୁଇଟି ସନେଟ୍, 'କଲିକତାରେ', 'ଅତୀତର ସୁଖ-ସ୍ମୃତି' ଓ 'କାହିଁ ସେ' ଏହିପରି ପାଞ୍ଚଗୋଟି ସନେଟ୍ ସ୍ଥାନିତ। ଏତଦ୍‌ବ୍ୟତୀତ 'ବିବିଧଗୀତାବଳୀ' ମଧ୍ୟରେ, 'ଜାତୀୟ ସଂଗୀତ', 'ଭଜନ' ଓ ଶିଶୁଗୀତ ପର୍ଯ୍ୟାୟରେ ମଧ୍ୟ କେତୋଟି ଚତର୍ଦଶପାଦୀ କବିତା ଦୃଷ୍ଟିଗୋଚର ହୁଏ। କୃଷ୍ଣମୋହନ ମୁଖ୍ୟତଃ ଗୀତିକବି ହେଲେ ହେଁ ତାଙ୍କର କବିତ୍ୱ ସନେଟ୍‌ର ସୂକ୍ଷ୍ମତ୍ୱ ପ୍ରତିଫଳନ କରିବାରେ ଏକାନ୍ତ ସଫଳ ହୋଇପାରିଛି।

ସମୀକ୍ଷକ ଶ୍ରୀ ଜାନକୀବଲ୍ଲଭ ମହାନ୍ତି ମହୋଦୟ ଓଡ଼ିଆସନେଟ୍‌ର ବିକାଶକ୍ରମର ସଜ୍ଜୀକରଣ କରିବାକୁ ଯାଇ କବି ମାୟାଧର ମାନସିଂହଙ୍କୁ ଦ୍ୱିତୀୟ ବିଶ୍ୱଯୁଦ୍ଧ ପରବର୍ତ୍ତୀକାଳର କବି ରୂପେ ଗ୍ରହଣ କରିଥିଲେ ହେଁ ଏହି ସଂଗ୍ରାହିକା କବି ମାନସିଂହଙ୍କୁ ଉଭୟ ଦ୍ୱିତୀୟ ବିଶ୍ୱଯୁଦ୍ଧ ପୂର୍ବବର୍ତ୍ତୀ ଏବଂ ପରବର୍ତ୍ତୀ ସମୟଧାରାରେ ସ୍ଥାନ ଦେବା ସମୀଚୀନ ବୋଧ କରେ। କାରଣ 'ହେମଶସ୍ୟ' ସର୍ବପ୍ରଥମେ ପ୍ରଗତି ଉତ୍କଳସଂଘ ଆନୁକୂଲ୍ୟରେ ୧୯୩୨ ମସିହାରେ ପ୍ରକାଶିତ ହୋଇଥିଲା। ଏହି ସଂକଳନଟିରେ ଅନ୍ୟାନ୍ୟ କବିତା ସହ ସର୍ବମୋଟ ଚଉଷଠିଗୋଟି ସନେଟ୍ ସ୍ଥାନ ପାଇଛି। କିନ୍ତୁ ଗ୍ରନ୍ଥର ପ୍ରାରମ୍ଭରେ 'ଅନୁରୋଧ' ଶୀର୍ଷକରେ କବି ଲେଖନ୍ତି, "ଚତୁର୍ଦ୍ଦଶ-ପଂକ୍ତିର ଲେଖା ହେଲେ ହେଁ ଏହି କବିତାଗୁଡ଼ିକ ସନେଟ୍ ନୁହେଁ। ରଙ୍ଗକନିଅର ଗୋଲାପର ଭଉଣୀ ପରି ଦେଖାଗଲେ ହେଁ ଗୋଲାପ ବା ଗୋଲାପର ଜ୍ଞାତି ମଧ୍ୟ ନୁହେଁ। ଏ ସେହିପରି। କେବଳ ଛୋଟ ଛୋଟ ଭାବକୁ ପ୍ରକାଶ କରିବା ପାଇଁ ଛୋଟ ଅଥଚ ପରିପୂର୍ଣ୍ଣ ପରିଧିଟିମାନ ଆବଶ୍ୟକ ହେବାରୁ ଏହି ଚତୁର୍ଦ୍ଦଶ-ପଂକ୍ତିକା ବୃତ୍ତର ଆଶ୍ରୟ ନେବାକୁ ହେଲା, ଯେପରି ଆମେ ଛୋଟ ଫୁଲଗଛ ଲାଗି ମାଟିର କୁଣ୍ଡ ଆବଶ୍ୟକ କରୁ।" (ପୃ.୧୦୪ - ମାନସିଂହ ଗ୍ରନ୍ଥାବଳୀ) ଏହି ଦୃଷ୍ଟିରୁ କବି ମାନସିଂହଙ୍କ ମତଦାନରେ ସଂଚିତ ରହିଛି ମହାର୍ଘ ସୂକ୍ଷ୍ମସତ୍ୟପାଠ-ସନେଟୀୟ ସଚ୍ଚରିତ୍ର ଚିତ୍ରଣକୁ ନେଇ। ଅର୍ଥାତ୍

ଚତୁର୍ଦ୍ଦଶ ପଙ୍‌କ୍ତିବିଧାନଜନିତ ଆପାତବାହ୍ୟିକ ଅଂଗରୋପଣ ନୁହେଁ, ଚରିତ୍ରନିଷ୍ଠ ଭାବବ୍ୟକ୍ତିତ୍ୱଜନିତ ଆକୃତିପ୍ରକୃତିମୟ ଏକାନ୍ତ ଆତ୍ମିକ ଅଂଗାଗୀକରଣରେ ଅଛି ସନେଟ୍‌ର ସତ୍ୟଶିବସୁନ୍ଦରଶ୍ରୀ। ଇଂରାଜୀ ସାହିତ୍ୟାବଗାହୀ କବି ମାନସିଂହ ନିଜ କୃତିରାଜି ମଧ୍ୟରେ ସନେଟ୍‌ର ସୂକ୍ଷ୍ମତ୍ୱ ଅନୁଭବ କରି ନାହାଁନ୍ତି। କାରଣ ଇଂରାଜୀ କବି ଡି.ଜି. ରସେଟିଙ୍କ ମତାନୁଯାୟୀ, "ଚତୁର୍ଦ୍ଦଶପାଦୀ ମୁହୂର୍ତ୍ତର ସ୍ମରଣସ୍ତମ୍ଭ।" ("A sonnet is a moment's monument.") ଚଉଦଟି ପାଦରେ ବକ୍ତବ୍ୟର ପରିପ୍ରକାଶ ସନେଟ୍ ନୁହେଁ। ସନେଟ୍ ରଚନାର ମୂଳତତ୍ତ୍ୱଟି ହେଉଛି ଆବେଗଗତ ତଥା ଚେତନାଗତ ଅନ୍ତର୍ଦ୍ଦହନର ସଂକୋଚନ (compression), ବାଷ୍ପମୟ ଅପ୍ରକାଶ୍ୟ ଅନୁଭୂତିରାଜିର ଘନୀଭବନ (condensation) ଏବଂ ତୀବ୍ର ତଥା ବିକ୍ଷିପ୍ତ ଚିନ୍ତାରାଜିର ସମକେନ୍ଦ୍ରିକତା (concentration)। ସତ୍-ସନେଟ୍ ରଚନା ନିମନ୍ତେ ଏହି ତିନୋଟି **'C'** ଯଥା – (compression condensation ଓ concentration)ର ବିଶେଷ ଆବଶ୍ୟକତା ରହିଛି। ମାନସିଂହଙ୍କର ପ୍ରାକ୍ତମାନସ 'ହେମପୁଷ୍ପ' ର ଚଉଷଠିଗୋଟି କବିତାକୁ ଆୟତନର କ୍ଷୁଦ୍ରତ୍ୱ ଏବଂ ଚତୁର୍ଦ୍ଦଶପାଦର ପ୍ରକାଶଭଙ୍ଗୀ ହେତୁ ସନେଟ୍ ରୂପେ ସ୍ୱୀକୃତି ଦେଇ ନଥିଲେ ହେଁ ଓଡ଼ିଆସନେଟ୍ ଧାରାରେ ଏସବୁକୁ ଗ୍ରହଣ କରାଯାଇଛି। କାରଣ ନିୟମର ଖଣ୍ଡାଧାରାରେ ଚାଲିବା ସହଜ ନୁହେଁ। ଯଦି ମାନସିଂହଙ୍କର 'ହେମପୁଷ୍ପ' ର ଏଇ ସ୍ୱର୍ଣ୍ଣାଭ ସନେଟ୍‌ଗୁଡ଼ିକୁ ଆମେ ଆମ ସନେଟ୍ ଭଣ୍ଡାରରେ ସ୍ଥାନ ଦେବା ନାହିଁ, ତେବେ ଫକୀରମୋହନ, ଚିନ୍ତାମଣି ତଥା ଅନ୍ୟ ସନେଟ୍‌କାରମାନଙ୍କର ବହୁ ରଚନାକୁ ମଧ୍ୟ ବାଦ ଦେବାକୁ ପଡ଼ିବ। ତେଣୁ କବି ବୈକୁଣ୍ଠନାଥଙ୍କ ମତାନୁଯାୟୀ ଯେଉଁ କବିମାନେ ପାଶ୍ଚାତ୍ୟ ଶୃଙ୍ଖଳାକୁ ସାମାନ୍ୟ ଅବମାନନା କରି ଉଚ୍ଚଭାବଧାରା ଏବଂ ଚେତନାର ଏକାଗ୍ରତା ରକ୍ଷା କରିପାରିଛନ୍ତି ତାକୁ ସନେଟ୍ ଭାବରେ ଗ୍ରହଣ କରାଯାଇଛି। କବି ମାନସିଂହଙ୍କର 'ହେମପୁଷ୍ପ' (୧୯୪୫) ସଂକଳନସ୍ଥ 'ଉଦାସୀପାନ୍ଥ', 'ପ୍ରତ୍ୟାବୃତ୍ତା' ଓ 'ରୂପସୀର ପୂଜା' ସନେଟ୍‌କୁ ମଧ୍ୟ ଏହି ପର୍ଯ୍ୟାୟରେ ଅନ୍ତର୍ଭୁକ୍ତ କରାଯାଇପାରିବ। ମାନସିଂହଙ୍କର ଅନ୍ୟାନ୍ୟ ସନେଟ୍ କୃତି ସଂପର୍କରେ ପରବର୍ତ୍ତୀ ପର୍ଯ୍ୟାୟରେ ସୂଚନା ଦେବା ପ୍ରାସଙ୍ଗିକ ମନେହୁଏ।

କବି ମାନସିଂହଙ୍କ ପରି କବି ରାଧାମୋହନ ଗଡ଼ନାୟକଙ୍କୁ ମଧ୍ୟ ଆମେ ଉଭୟ ଦ୍ୱିତୀୟ ବିଶ୍ୱଯୁଦ୍ଧ ପୂର୍ବବର୍ତ୍ତୀ ଏବଂ ପରବର୍ତ୍ତୀ ସନେଟ୍ ରଚୟିତା ରୂପେ ଗ୍ରହଣ କରିପାରିବା। କାରଣ ତାଙ୍କର 'କାବ୍ୟନାୟିକା' (୧୯୪୫) ସଂକଳନସ୍ଥ କବିତାଗୁଡ଼ିକର ରଚନାକାଳ ୧୯୩୫ରୁ ୧୯୪୪ ମସିହା। ଆଲୋଚ୍ୟ ସଂକଳନସ୍ଥ 'ଜୈତ୍ରୀ' ପର୍ଯ୍ୟାୟରେ 'ସଜାଅନା ସଜନି ଗୋ!', 'ଅଶ୍ରୁ-ସାଧନ', 'ଛଉନାଚ', 'ଦରିଦ୍ର', 'ପ୍ରଧାନପାଟ', 'ଜୟଦେବ',

'କବିସୂର୍ଯ୍ୟ', 'ଘାସଫୁଲ', 'ସରସୀ-ପଥେ' ଏହିପରି ନଅଟି ସନେଟ୍ ସ୍ଥାନିତ ଏବଂ ପ୍ରାକ୍ତନୀ ପର୍ଯ୍ୟାୟରେ ରହିଛି 'ପିଙ୍ଗଳାର ଅଭିସାର' ଶୀର୍ଷକରେ ଚାରିଗୋଟି ସ୍ତବକର ଏକ ଆନୁକ୍ରମିକ ସନେଟ୍‌ଗୁଚ୍ଛ। ଏହାର ରଚନାକାଳ ମଧ୍ୟ ୧୯୩୪ ମସିହା, ଯାହା ସହକାର ପତ୍ରିକାର ଚତୁର୍ଦ୍ଦଶ ସଂଖ୍ୟାରେ ପ୍ରକାଶିତ ହୋଇଥିଲା।

କବି ସଚ୍ଚିଦାନନ୍ଦ ରାଉତରାୟଙ୍କ 'କବିତା-୧୯୮୭'ର ଦ୍ୱିତୀୟଭାଗରେ 'ବାଲ୍ୟରଚନା' ପର୍ଯ୍ୟାୟରେ ୧୯୩୦ରୁ ୧୯୩୭ ମସିହା ମଧ୍ୟରେ ରଚିତ ଏବଂ ବିଭିନ୍ନ ପତ୍ରପତ୍ରିକାରେ ପ୍ରକାଶିତ ୪୭ ଗୋଟି କିଶୋର ବୟସର କବିତା ମଧ୍ୟରେ କେତୋଟି ସନେଟ୍ ମଧ୍ୟ ରହିଛି। 'ସଂସାରପଥେ', 'ଜୀବନବେଣୁ', 'ମାନବ', 'ମାଳା' 'ଜୀବନ-କବିତା' ଆଦି ରଚନାଗୁଡ଼ିକ ଚତୁର୍ଦ୍ଦଶପାଦୀ କବିତା। 'ଦାନ' ସନେଟ୍‌ଟି 'ସହକାର' ପତ୍ରିକାର ବିଂଶତମସଂଖ୍ୟାରୁ ସଂଗ୍ରହ କରାଯାଇଛି, ଯାହାର ରଚନା କାଳ ୧୯୪୦ ମସିହା।

କବି କୁଂଜବିହାରୀ ଦାଶଙ୍କର ପ୍ରଥମ କବିତା ସଂକଳନ 'ପ୍ରଭାତୀ' (୧୯୪୩) ଗୋଟିଏ ସନେଟ୍ ସଂକଳନ। ଏଥିରେ ସର୍ବମୋଟ ୧୨୨ଟି ସନେଟ୍ ସ୍ଥାନିତ। ଏହି ସଂକଳନର ବିଶେଷତ୍ୱ ସଂପର୍କରେ ସୂଚିତ କରି 'ସହକାର' ପତ୍ରିକାର ସଂପାଦକ ଶ୍ରୀ ବାଳକୃଷ୍ଣ କର ମୁଖବନ୍ଧରେ କହନ୍ତି, "x x। ଏଥିରେ ତୂରୀଭେରୀର ଉନ୍ମାଦନା ନାହିଁ, ଅଛି ଶଙ୍ଖର ଶାନ୍ତିମନ୍ତ୍ର; ପାଠକପ୍ରାଣରେ ଭୟ-ବିସ୍ମୟର ରୋମାଞ୍ଚ ଜନ୍ମାଏ ନାହିଁ, ଜନ୍ମାଏ ଭକ୍ତିପ୍ରୀତିର ପୁଲକ।" କିନ୍ତୁ ଏଠାରେ ଉଲ୍ଲେଖ କରିବା ଆବଶ୍ୟକ ଯେ 'କୁଂଜବିହାରୀ ସଂଚୟନ' (୩ୟ ଭାଗ)ରେ ଯେଉଁ 'ପ୍ରଭାତୀ' ସଂଯୋଜିତ ସେଥିରେ ମାତ୍ର ୭୧ଟି ସନେଟ୍ ରହିଛି।

୧୯୨୦ରୁ ୧୯୪୫ ମସିହା ମଧ୍ୟରେ ଆଉକେତେଜଣ ସନେଟ୍‌କାରଙ୍କ ସଂପର୍କରେ ସୂଚନା ଦେବାର ପ୍ରୟୋଜନ ରହିଛି। ୧୯୩୧ ମସିହାରେ 'ରତ୍ନଶତକ' ଶୀର୍ଷକରେ ହିଣ୍ଡୋଳ ଗଡ଼ଜାତ ଅନ୍ତର୍ଗତ ନନ୍ଦପୁର ଶାସନନିବାସୀ କବି ଶ୍ରୀ ଚକ୍ରଧର ଆଚାର୍ଯ୍ୟଙ୍କର ଶହେଟି ଚତୁର୍ଦ୍ଦଶପାଦୀ କବିତା ସଂଯୋଜିତ ସଂକଳନଟିଏ କଟକ ସତ୍ୟବାଦୀ ପ୍ରେସ୍‌ରୁ ପ୍ରକାଶିତ ହୋଇଛି। 'ଓଡ଼ିଆ ବିଭବ' ନାମକ ଡିଜିଟାଲ୍ ଲାଇବ୍ରେରୀରେ ଏହା ଉପଲବ୍ଧ। ଏଥିରେ କବି ସାରଳା ଦାସ, ଜଗନ୍ନାଥ ଦାସଙ୍କଠାରୁ ଆରମ୍ଭ କରି ରାଧାନାଥ, ମଧୁସୂଦନ, ଫକୀରମୋହନଙ୍କ ପରି ସାହିତ୍ୟିକମାନଙ୍କ ସମେତ ସାମନ୍ତ ଚନ୍ଦ୍ରଶେଖର, ରାମଚନ୍ଦ୍ର ଭଞ୍ଜ, ତ୍ରିଭୁବନ ଦେବ, ଆଦି ଉତ୍କଳର ବିଜ୍ଞ-ବୈଜ୍ଞାନିକ ତଥା ରାଜନ୍ୟମଣ୍ଡଳୀଙ୍କ ସମେତ ପୌରାଣିକ ପାତ୍ରପାତ୍ରୀମାନଙ୍କୁ ନେଇ ଚଉଦଧାଡିରେ ସେମାନଙ୍କର ବିଶେଷତ୍ୱ ବ୍ୟକ୍ତ କରାଯାଇଛି। କାଳିଦାସ, ଭବଭୂତିଙ୍କ ପ୍ରତି ମଧ୍ୟ କବି ନିଜର ହୃଦୟର କୃତଜ୍ଞତା ଜଣାଇଛନ୍ତି। 'ସବୁ ସମୟର ସନେଟ'ରେ ଏହି ଗ୍ରନ୍ଥରୁ କୌଣସି ସନେଟ୍‌କୁ ସ୍ଥାନ ଦିଆଯାଇପାରି ନାହିଁ। କାରଣ ଯେଉଁ ଆସକ୍ତି ଓ ମୁକ୍ତି

ଲୀଳାର ଦ୍ୱୈତସତ୍ତା, ସୂକ୍ଷ୍ମତତ୍ତ୍ୱ ପ୍ରସଙ୍ଗ ଗ୍ରହଣ କରାଯାଇଛି ତାହା ଏହି କୃତି-ଗୁଡ଼ିକରେ ନାହିଁ। କିନ୍ତୁ ଅବତରଣିକାରେ ଏହାର ସୂଚନା ଦେବା ଏକାନ୍ତ ପ୍ରାସଙ୍ଗିକ ମନେହୁଏ। ଦୃଷ୍ଟାନ୍ତସ୍ୱରୂପ ଏଠାରେ 'ଗାର୍ଗୀ'ର କିୟଦଂଶ ପ୍ରଦାନ କରାଯାଇଛି। ଚିରକୁମାରୀ ଗାର୍ଗୀଙ୍କୁ ତପସ୍ୟା ତ୍ୟାଗ କରି ମିଥିଳାନଗରକୁ ଯାଇ ଯାଜ୍ଞବଲ୍‌କ୍ୟଙ୍କ ସହ ବେଦାନ୍ତ ବିଚାର କରିବା ନିମନ୍ତେ କବି ନିର୍ଦ୍ଦେଶ ଦେଇଛନ୍ତି।

"xxx
ହେ ଚିରକୁମାରୀ ଗାର୍ଗି,   ସାଧନା ସଫଳ
ହେଲାଣି ନୟନ ମେଲି   ଦେଖ ଚରାଚର
ଅଖଣ୍ଡ ସଚ୍ଚିଦାନନ୍ଦ   ପୂର୍ଣ୍ଣବ୍ରହ୍ମମୟ
ପ୍ରଶାନ୍ତସାଗର ସମ   ପ୍ରଶାନ୍ତ ହୃଦୟ।
ମିଥିଳାନଗରେ, ଗାର୍ଗି   ଜନକ ଭୂପତି
ମଣ୍ଡିଛନ୍ତି ରାଜସଭା   ଘେନି କୁଳପତି।
ଯାଅ ତପସ୍ୱିନୀ ତହିଁ   ଧରି ସଖୀବାର

ଯାଜ୍ଞବଲ୍କ୍ୟ ସଙ୍ଗେ ହେବ ବେଦାନ୍ତ ବିଚାର ॥"

(ପୃ.୬୦ - ରତ୍ନଶତକ)

୧୯୪୫ ଓ ୧୯୪୬ ମସିହାରେ ପ୍ରକାଶିତ ହୋଇଥିବା ଆଉ ଦୁଇଗୋଟି କବିତା-ସଂକଳନ ମଧ୍ୟ 'ଓଡ଼ିଆ ବିଭବ' ସୌଜନ୍ୟରୁ ଅବଲୋକନ କରିବା ସମ୍ଭବ ହେଲା। ୧୯୪୫ ମସିହାରେ ଶ୍ରୀ ଅନୁପ ସିଂହ ଦେବଙ୍କର 'ଊର୍ମି' କବିତା-ସଂକଳନଟି ପ୍ରକାଶିତ ହୁଏ- ଯେଉଁଥିରେ ପଞ୍ଚାବନଗୋଟି କବିତା ମଧ୍ୟରୁ ପଇଁତିରିଶଟି ସନେଟ୍ ସ୍ଥାନିତ। ସେହିପରି ୧୯୪୬ରେ ପ୍ରକାଶିତ କବି ନରସିଂହ ଦେଓଙ୍କ ବିରଚିତ 'ବେଦନା' କବିତା-ସଂକଳନରେ 'ପ୍ରେମ', 'ଗୋପନପୂଜା', 'ପ୍ରୀତି', 'ବରଣ-ମାଳା', 'ପ୍ରିୟା-ଛଳନା', 'ଦେବତା', 'ଘୂର୍ଣ୍ଣନ', 'ମୂଲ୍ୟ' ଆଦି କେତୋଟି ସନେଟ୍ ସ୍ଥାନିତ। ଏତଦ୍‌ବ୍ୟତୀତ ଆଲୋଚ୍ୟ କାଳରେ କବି ଚନ୍ଦ୍ରଶେଖର ମିଶ୍ର ଓ ପ୍ରତାପ ସେନ୍‌ଙ୍କ ସମେତ ଅନ୍ୟ କବିମାନେ ମଧ୍ୟ ସନେଟ୍ ରଚନା କରିଛନ୍ତି।

ଦ୍ୱିତୀୟବିଶ୍ୱଯୁଦ୍ଧ ପରବର୍ତ୍ତୀକାଳୀନ ଓଡ଼ିଆସନେଟ୍ - (ଖ୍ରୀ୧୯୪୫ରୁ ଖ୍ରୀ୧୯୮୦)

ଦ୍ୱିତୀୟ ବିଶ୍ୱଯୁଦ୍ଧ ପରବର୍ତ୍ତୀକାଳୀନ ଓଡ଼ିଆସନେଟ୍‌ର ଗତିଧାରାକୁ ଅନୁଶୀଳନ କରିବା ସମୟରେ କବି ବୈକୁଣ୍ଠନାଥ ପଟ୍ଟନାୟକ, କବି ମାୟାଧର ମାନସିଂହ,

ରାଧାମୋହନ ଗଡ଼ନାୟକ, କୃଷ୍ଣଚନ୍ଦ୍ର ତ୍ରିପାଠୀ, ଚିନ୍ତାମଣି ବେହେରା, ଜାନକୀବଲ୍ଲଭ ମହାନ୍ତି, ବିଭୁଦତ୍ତ ମିଶ୍ର, ସୁଧାଂଶୁ ଶେଖର ରାୟ ପ୍ରମୁଖ କବିମାନଙ୍କର ନାମୋଲ୍ଲେଖ କରାଯାଇପାରିବ। ଏହି କବିମାନେ ପାରଂପରିକ ରୀତିରେ ସନେଟ୍ ରଚନା କରିଥିବା ବେଳେ କବି ଗୁରୁପ୍ରସାଦ ମହାନ୍ତି ଯେଉଁ ନୂତନ ପ୍ରୟୋଗାତ୍ମକ ଶୈଳୀର ଧାରା ସୃଷ୍ଟି କଲେ, ତାହା ଅନୁସରଣ କରି ସମାନ୍ତରାଳ ଭାବେ ଏକ ନୂତନଧାରାର ସନେଟ୍‌କାରମାନଙ୍କର ମଧ୍ୟ ଆବିର୍ଭାବ ଘଟିଲା।

ପାରଂପରିକ ସନେଟ୍‌ଧାରାର କବିବୃନ୍ଦ :

୧୯୬୪ ମସିହାରେ କବି ବୈକୁଣ୍ଠନାଥଙ୍କର 'ଉତ୍ତରାୟଣ' କବିତା ସଂକଳନଟି ପ୍ରକାଶିତ ହୋଇଛି। ଏହି ସଂକଳନରେ 'ଅମ୍ବାପାଲୀର ବୁଦ୍ଧବନ୍ଦନା' ଶୀର୍ଷକରେ ଛଅଗୋଟି ସନେଟ୍‌ର ଏକ ଆନୁକ୍ରମିକଗୁଚ୍ଛ ସଂଯୋଜିତ। ଆଲୋଚ୍ୟ ସଂକଳନସ୍ଥ 'ସନ୍ଥପ୍ରଣତି' ବିଭାଗରେ ତେରଗୋଟି କବିତା ସ୍ଥାନିତ। ତନ୍ମଧ୍ୟରୁ 'ରାଣା ପ୍ରତାପ', 'ସାଧୁଦର୍ଶନ', 'ଗୋପବନ୍ଧୁ' ଆଦି ଚତୁର୍ଦ୍ଦଶପାଦଯୁକ୍ତ। 'ସାଧୁଦର୍ଶନ' ଆଚାର୍ଯ୍ୟ ବିନୋବାଙ୍କ ସ୍ମୃତି ଉଦ୍ଦେଶ୍ୟରେ ରଚିତ ହୋଇଥିବାବେଳେ 'ଗୋପବନ୍ଧୁ'ରେ ଧୂଳିମାଟିର ସନ୍ଥ ଗୋପବଂଧୁ ଚୌଧୁରୀଙ୍କର ସ୍ମୃତିଚାରଣ କରାଯାଇଛି। 'କ୍ଷଣିକା' ପର୍ଯ୍ୟାୟରେ ମଧ୍ୟ 'ଆବାହନ', 'ଆଗାମୀକାଲ କବି', 'ଗ୍ରାମ୍ୟଶୂକରୀ', 'ସ୍ମୃତି-ପୀଡ଼ା', 'ନିନୀ', 'ବ୍ୟାକୁଳ କପୋତ', 'ଅନାମିକା' (କ ଓ ଖ), 'ଜନ୍ମନିୟନ୍ତ୍ରଣ', ଦୀପାବଳୀ', 'ପ୍ରତିଲେଖ' (କ ଓ ଖ), 'ଜୀବନ୍ତ ଗୋଲାପ' (କ ଓ ଖ), 'ମାୟା', 'ରକ୍ତଜବା', 'ପ୍ରତିଶ୍ରୁତି', 'ପାଷାଣ-ହସେ', 'ଭାଗ୍ୟ ଉପହାସ', 'ବସନ୍ତକୋକିଳ', 'ଅଭିମାନୀ ନୀତିଙ୍କ ପ୍ରତି', 'ମୋଚିଘର ଚନ୍ଦ୍ର', 'ପରାଜୟ', 'ଛବିଶ ଜାନୁୟାରୀ', 'ଊଣେଇଶ ଅଠଚାଳିଶ ପହିଲା' (କ ଓ ଖ), 'ଶୂଦ୍ର', 'ବିପଥଗାମିନୀ' (କ ଓ ଖ), 'ତୂରୀବାଦିନୀ', 'କୋଣାର୍କ ସ୍ମୃତି' (କ ଓ ଖ) ଶୀର୍ଷକରେ ଅନ୍ୟାନ୍ୟ କବିତା ସହ ପଚିଶଗୋଟି ଚତୁର୍ଦ୍ଦଶପାଦ କବିତା ସ୍ଥାନ ପାଏ। ସେହିପରି 'ବାସନ୍ତୀ' ପର୍ଯ୍ୟାୟରେ 'ଗଜଲ୍' ଶୀର୍ଷକରେ ଗୋଟିଏ ସନେଟ୍ ପରିଦୃଷ୍ଟ ହୁଏ। 'ତୀର୍ଥଯାତ୍ରୀ' ପର୍ଯ୍ୟାୟରେ - 'ରାଜଗିରି', 'ଗଙ୍ଗା', 'ନାଳନ୍ଦା' (କ ଓ ଖ), 'ବୁଦ୍ଧଶିଷ୍ୟ' (କ ଓ ଖ) ଆଦି ସନେଟ୍ ଦେଖିବାକୁ ମିଳେ। 'ଗଣବାଣୀ' ପର୍ଯ୍ୟାୟରେ 'କବିତା' ଶୀର୍ଷକର ଚାରୋଟି ସ୍ତବକ, 'ଶାନ୍ତିଅଭିଯାନ' ନାମକ ସନେଟ୍ ସମେତ 'ମୂର୍ତ୍ତିକା ଦର୍ଶନ'ର (୩୭ ଗୋଟି) ସନେଟ୍ ଏବଂ 'ଗଣବନ୍ଧୁ ଗାନ୍ଧୀ' ନାମବହନ କରି ଛଅଗୋଟି ଆନୁକ୍ରମିକ ସନେଟ୍ ପ୍ରକାଶିତ। ଏଠାରେ ଉଲ୍ଲେଖ କରିବା ଏକାନ୍ତ ଆବଶ୍ୟକ ଯେ କବି ବୈକୁଣ୍ଠନାଥ ସନେଟ୍‌ର

ବିଷୟବସ୍ତୁଗତ କ୍ରମବିସ୍ତାର କ୍ଷେତ୍ରରେ ପ୍ରମୁଖ ଭୂମିକା ଗ୍ରହଣ କରିଛନ୍ତି। 'କବିତା' ନାମ୍ନୀ ବାଳିକାଟି ୧୯୫୧ ମସିହାରେ କୁଚ୍‌ବେହାର ଠାରେ ଗୋଟିଏ ଅନଶନ ଶୋଭାଯାତ୍ରାର ପ୍ରତିନିଧିତ୍ୱ କରି ପୋଲିସର ଅମାନୁଷିକ ଅତ୍ୟାଚାରରେ ମୃତ୍ୟୁବରଣ କରିଥିଲା। ବଙ୍ଗ ବିଭାଜନ ପରେ ପରେ ପଶ୍ଚିମବଙ୍ଗ ରାଜ୍ୟରେ ଉତ୍କଟ ଖାଦ୍ୟାଭାବ ଦେଖାଦେଇଥିଲା। ୧୯୫୧ ମସିହା ସେପ୍ଟେମ୍ବର ମାସ ୧୦ ତାରିଖରେ ଗୋଟିଏ ଅନଶନ ଶୋଭାଯାତ୍ରାରେ ନେତୃତ୍ୱ ନେଇଥିବା 'କବିତା' ନାମ୍ନୀ କିଶୋରୀର ମୃତ୍ୟୁରେ ମର୍ମାହତ ହୋଇ କବି ଏହି ଚତୁଃସ୍ତବକାବଳୀ ସଂଯୁକ୍ତ ସନେଟ୍‌ଟି ରଚନା କରିଥିଲେ। 'ଶାନ୍ତିଅଭିଯାନ' ମଧ୍ୟ ଦ୍ୱିତୀୟବିଶ୍ୱଯୁଦ୍ଧର ଭୟାବହତା ତଥା ଷ୍ଟାଲିନ୍‌ଙ୍କର ଶାନ୍ତିଅଭିଯାନ ଆଧାରରେ ରଚିତ। ଅତଏବ କବି ବୈକୁଣ୍ଠନାଥ ବିଶ୍ୱଯୁଦ୍ଧ ପରବର୍ତ୍ତୀ କାଳରେ କ୍ରିୟାଶୀଳ ରହି, ତତ୍‌କାଳୀନ ଘଟଣାବଳୀର ସନେଟ୍ ମାଧ୍ୟମରେ ଚିତ୍ରାୟନ କରିଥିଲେ।

କବି ମାନସିଂହଙ୍କର 'ବାପୁତର୍ପଣ' କବିତା ସଂକଳନରେ 'ଦୀପ ନିର୍ବାପିତ', 'ଦିଅ ଛାଡି ତାରେ', 'ଭାରତପୁତ୍ର', 'ଆସିବ ଫେରି ହେ ଶୀଘ୍ର', 'ଯେବେ ହେ ଆସିବ ଫେରି' ଏହିପରି ପାଞ୍ଚଗୋଟି ସନେଟ୍ ସ୍ଥାନିତ। ଗାନ୍ଧିଜୀଙ୍କ ମୃତ୍ୟୁରେ ରଚିତ ଏହି ପାଞ୍ଚଗୋଟି ଶୋକ-ସନେଟ୍ ମଧ୍ୟରେ କବି ବ୍ୟକ୍ତିକ ଖେଦକୁ ସାର୍ବଜନୀନ କରିପାରିଛନ୍ତି। 'ଦୀପ ନିର୍ବାପିତ' ତ୍ରୟୋଦଶ ପାଦ ଅର୍ଥାତ୍ ଭୋଲ୍‌ଟା ବା ଚରମଭାବସଂବାହୀ ପାଦରେ କବି କୁହନ୍ତି,

"ମାନବର ଆଶାଦୀପ ନିର୍ବାପିତ ତୁମ୍ଭର ମରଣେ,
ସେହି ସେ ନୈରାଶ୍ୟ ଫୁଟେ ଧରଣୀର ବ୍ୟାକୁଳ ରୋଦନେ।"

(ପୃ.୧୯୮ - ମାନସିଂହ ଗ୍ରନ୍ଥାବଳୀ-୧ମଖଣ୍ଡ)

'ଅକ୍ଷତ' (୧୯୪୭) କବିତା ସଂକଳନରେ ଅନ୍ୟାନ୍ୟ କବିତା ସହ 'ଅଭିମାନ', 'ଅପଣ୍ୟ ପ୍ରେମ', 'ଏକ ଓ ବହୁ', 'ଅଶ୍ରୁମୁକ୍ତା', 'ଅନଭିଳକ୍ଷିତ', 'ନୂତନ ପୁରାତନ', 'କବି ଗୌରବ' ଓ 'କ୍ଲେଶବହନ'- ଏହିପରି ଆଠଗୋଟି ସନେଟ୍ ରହିଛି। ଏହି ସନେଟ୍‌ଗୁଡ଼ିକ ସଂପର୍କରେ କବି ଯେଉଁ ମତପ୍ରଦାନ କରିଛନ୍ତି, ତାହା ଉଦ୍ଧାର କରିବା ଆବଶ୍ୟକ ମନେହୁଏ। "ଏକ ସାମୟିକ ଭାବାବେଗ ଫଳରେ ଏହି ପୁସ୍ତକର ସନେଟ୍‌ଗୁଡ଼ିକ ରଚିତ ହୋଇପଡ଼ିଥିଲା। ପୁସ୍ତକାକାରରେ ପ୍ରକାଶ କରିବାକୁ ଇଚ୍ଛା ହେବାରୁ ସହଧର୍ମ କେତେକ କବିତା ସେମାନଙ୍କ ସଙ୍ଗେ ଯୋଡ଼ି ଦିଆଯାଇଛି। ପାଠକମାନେ, ସେଗୁଡିକୁ ଅକ୍ଷତ ସଙ୍ଗେ ଦୂର୍ବା, ବଦରୀପତ୍ର ଓ ହରିଦ୍ରାଚୂର୍ଣ୍ଣ ବୋଲି ମନେକରିପାରନ୍ତି।" (ତତ୍ରୈବ-ପୃ.୨୧୧) କବି ମାନସିଂହଙ୍କର ଏହି ଉକ୍ତିରେ ସନେଟ୍‌ର ସରଳ ପରିଭାଷାଟିଏ ଲୁକ୍କାୟିତ। ସନେଟ୍ ଅକ୍ଷତ ସମ ଗୋଟିଏ ଚାଉଳରେ

ଗଢ଼ା। ତାହା ସକ୍ଷୁଦ୍ର ଅଥଚ ସୁନିର୍ମିତ। ଅକ୍ଷତର ଗୋଟିଏ ଦାନା ମଧ୍ୟରେ ଯେପରି ସୂର୍ଯ୍ୟର ତେଜ, ମାଟିର ଓଜଃ ଓ କୃଷକର ଶ୍ରମ ସଂଗୋପିତ ହୋଇରହିଥାଏ, ଠିକ୍ ସେହିପରି ସନେଟ୍‌ର କ୍ଷୁଦ୍ରାବୟବ ମଧ୍ୟରେ ଦର୍ଶନର ଦିବ୍ୟଜ୍ୟୋତି, ହୃଦୟକ୍ଷେତର ମମତା ଏବଂ କବିର ନିର୍ମାଣ ନୈପୁଣ୍ୟ ସଂଗୋପିତ ହୋଇରହିଥାଏ। 'ଅକ୍ଷତ' କବିତା-ସଂକଳନ ପରେ 'ମାଟିବାଣୀ'ରେ ମଧ୍ୟ 'ସ୍ୱଭାବକବି ଗୋପାଳକୃଷ୍ଣ' ଶୀର୍ଷକରେ ଗୋଟିଏ ସନେଟ୍ ସ୍ଥାନିତ।

'ଜୀବନଚିତା' (୧୯୪୭) କବିତା-ସଂକଳନରେ 'ବିଶ୍ୱରୂପ' ଶୀର୍ଷକରେ ଗୋଟିଏ ସନେଟ୍ ସ୍ଥାନ ପାଇଥିବାବେଳେ 'କ୍ରୁଶ' (୧୯୫୬) ହେଉଛି ଏକଶତ ସନେଟ୍‌ର ସମାହାର- ଯେଉଁଥିରେ କବି ଶୋକ-ବିକ୍ଷୁବ୍ଧ, ଅଶ୍ରୁ-ଦଗ୍ଧ ପ୍ରାଣର କାତର ଅନୁଭୂତି ଓ ତତ୍ତ୍ୱଜିଜ୍ଞାସା ଅଭିବ୍ୟକ୍ତ କରିଛନ୍ତି। 'କସ୍ତୁରୀମୃଗ', 'ଗୁପ୍ତପ୍ରଣୟ', 'ସର୍ବତ୍ର ବିରାଟ ଅଛି ଲୁଚି ସଂଗୋପନେ' ଆଦି ଉଚ୍ଚମାନର ସନେଟ୍‌ଗୁଡିକ ମାନସିଂହଙ୍କ ସ୍ରଷ୍ଟାମାନସର ଯଥାର୍ଥ ପ୍ରତିନିଧିତ୍ୱ କରନ୍ତି। ପରବର୍ତ୍ତୀ କବିତାସଂକଳନତ୍ରୟ ଅର୍ଥାତ୍ 'ସିନ୍ଧୁ ଓ ବିନ୍ଦୁ', 'ସ୍ୱରାଜ୍ୟାଶ୍ରମ' ଏବଂ 'ଗୀତ-ରେଣୁ'ରେ ମଧ୍ୟ କେତୋଟି ସନେଟ୍ ଦୃଷ୍ଟିଗୋଚର ହୋଇଥାଏ।

କବି ଗଡ଼ନାୟକଙ୍କର 'ଧୂସର ଭୂମିକା' କବିତା ସଂକଳନଟି ୧୯୬୦ ମସିହାରେ ପ୍ରକାଶିତ ହୁଏ। ଯେଉଁଥିରେ 'ରବୀନ୍ଦ୍ର', 'ସ', 'ଅରବିନ୍ଦ', 'ଆତ୍ମଜ' ଏବଂ ୧୯୬୮ରେ ପ୍ରକାଶିତ 'ବନରାଜିନୀଳା'ରେ 'ବିଦ୍ୟୁତ୍' ଓ 'କରଳା' ଶୀର୍ଷକରେ ଦୁଇଟି ସନେଟ୍ ସ୍ଥାନିତ। କିନ୍ତୁ 'ବିଦ୍ୟୁତ୍' ଓ 'କରକା' ମଧ୍ୟ ମଧ୍ୟ କବିଙ୍କ ଆଦ୍ୟଜୀବନର ରଚନା। 'ଅବାଚୀର ତାରା' (୧୯୮୨)ରେ ପ୍ରକାଶିତ ଯେଉଁଥିରେ 'ମଣିଷ ସୁନ୍ଦର' ଶୀର୍ଷକରେ ଏକ ଭିନ୍ନ ସ୍ୱାଦର ସନେଟ୍ ସ୍ଥାନିତ। ଅତଏବ କବି ଗଡ଼ନାୟକ ବହୁସ୍ରାବୀ ହେଲେ ହେଁ ତାଙ୍କର ସନେଟ୍ ରଚନାସ୍ରବ କ୍ଷୀଣକାୟା ଅଥଚ ପ୍ରଭାବଶାଳୀ।

ଉଭୟ ସ୍ୱାଧୀନତା ପରବର୍ତ୍ତୀ ଏବଂ ପରବର୍ତ୍ତୀ ଓଡ଼ିଆସନେଟ୍ ଧାରାକୁ ପରିପୁଷ୍ଟ କରିଥିବା ଜଣେ ଉଲ୍ଲେଖଯୋଗ୍ୟ କବି ହେଉଛନ୍ତି କବି କୃଷ୍ଣଚନ୍ଦ୍ର ତ୍ରିପାଠୀ। ୧୯୩୭ରୁ ୧୯୫୭ ଏହି ଦୁଇଦଶନ୍ଧି ଧରି ଲିଖିତ ତାଙ୍କର ସନେଟ୍‌ଗୁଡ଼ିକ 'ଆତ୍ମଲିପି' ନାମକ ସଂକଳନରେ ସ୍ଥାନିତ ହୁଏ। ଯେଉଁଥିରେ ୧୦୬ ଗୋଟି ସନେଟ୍ ସଂକଳିତ। କବି ସୁଧାଂଶୁ ଶେଖର ରାୟଙ୍କର 'ଲୁହର ଫସଲ' (୧୯୫୯) ମଧ୍ୟ ଗୋଟିଏ ସନେଟ୍ ସଂକଳନ ଯେଉଁଥିରେ ୧୪୦ଟି କବିତା ସନ୍ନିବିଷ୍ଟ। ପରିତାପର ବିଷୟ ହେଉଛି ଯେ 'ଲୁହର ଫସଲ' କବିତା ସଂକଳନଟି ଅବଲୋକନ କରିବା ସମ୍ଭବପର ହୋଇନାହିଁ ତେଣୁ ପତ୍ରିକା ପୃଷ୍ଠାରୁ କବି ସୁଧାଂଶୁ ଶେଖର ରାୟଙ୍କର ଦୁଇଟି ସନେଟ୍ ଏଥିରେ ସ୍ଥାନିତ କରିବା ନିମନ୍ତେ ପ୍ରଯତ୍ନ କରାଯାଇଛି।

୧୯୬୦ ମସିହାରୁ କବି ବିଭୁଦତ୍ତ ମିଶ୍ରଙ୍କର ସନେଟ୍‌ଗୁଡ଼ିକ ବିଭିନ୍ନ ପତ୍ରପତ୍ରିକା ପୃଷ୍ଠାରେ ଏବଂ ପରବର୍ତ୍ତୀ ସମୟରେ କବିତା ସଂକଳନରେ ସ୍ଥାନିତ ହେବାକୁ ଆରମ୍ଭ କରିଛି। ତାଙ୍କର 'ଉର୍ବଶୀର ଚିଠି' (୧୯୬୧)ରେ ୭୩ ଗୋଟି ସନେଟ୍, 'ହେ ସାରଥି ! ରଥ ରଖ' (୧୯୬୩)ରେ ୬ ଗୋଟି ସନେଟ୍ ଏବଂ ୧୯୬୫ରେ ପ୍ରକାଶିତ 'ଶହେଟି ସନେଟ୍'ରେ ଏକଶତ ସନେଟ୍ ସ୍ଥାନିତ। 'ବିସ୍ମୃତିର ସ୍ମୃତି' (୧୯୮୧)ରେ ୮ ଗୋଟି ଏବଂ 'ସୁପର୍ଣ୍ଣର ସଂଗୀତ' (୧୯୯୦)ରେ ୨୨ ଗୋଟି ସନେଟ୍ ସ୍ଥାନିତ। କବି ବିଭୁଦତ୍ତ ମୁଖ୍ୟତଃ ରୋମାଣ୍ଟିକ୍ ସନେଟ୍ ରଚୟିତା ରୂପେ ପରିଚିତ।

କବି ବନଜ ଦେବୀ ମଧ୍ୟ ୧୯୬୦ ମସିହା ପରବର୍ତ୍ତୀ କାଳରୁ ସନେଟ୍ ରଚନା ଆରମ୍ଭ କରିଛନ୍ତି, କିନ୍ତୁ ଷାଠିଏ ଦଶକରେ ତାଙ୍କର ପ୍ରକାଶିତ ସନେଟ୍‌ର ସଂଖ୍ୟା ମାତ୍ର ଚାରୋଟି ଯଥା - 'ଧୂପ', 'ସରାଗ', 'ହେ ବଂଧୁ ନୂତନ' ଓ 'ସୂର୍ଯ୍ୟ'। ସତୁରି ଦଶକରେ କବିଙ୍କର ଏକମାତ୍ର ସନେଟ୍ 'ଚକ୍ରବାଳ' ସଂଗୃହୀତ। କିନ୍ତୁ ଅଶୀ ଦଶକରେ କବିଙ୍କର ସନେଟ୍ ରଚନା ଧୀରେ ଧୀରେ ଅଭିବୃଦ୍ଧି ଘଟିଛି। କବି ବନଜ ଦେବୀ ସଂଖ୍ୟା ଦୃଷ୍ଟିରୁ ଅଧିକ ସନେଟ୍ ଲେଖି ନଥିଲେ ହେଁ ତାଙ୍କ ସନେଟ୍‌ର ଗୁଣାତ୍ମକ ମୂଲ୍ୟ ଅତ୍ୟନ୍ତ ଗମ୍ଭୀର। ସନେଟ୍‌ର ସମସ୍ତ ସୂକ୍ଷ୍ମସତ୍ତା ପ୍ରତି ସେ ଅତ୍ୟନ୍ତ ସଚେତନ। ତେଣୁ 'ବନଜ ଦେବୀ କବିତାସମଗ୍ର'ରେ ସ୍ଥାନିତ 'ସୁନାରେ ଭରିଛି ନାଆ' ପର୍ଯ୍ୟାୟାନ୍ତର୍ଗତ ସନେଟ୍‌ଗୁଡ଼ିକ ଓଡ଼ିଆ ସନେଟ୍‌ଧାରାର ମାନବୃଦ୍ଧିରେ ଅବଶ୍ୟ ସହାୟକ ହୋଇଛି।

ନୂତନ କବିତା ଓ ଆଧୁନିକ ସନେଟ୍ :

୧୯୫୫ ମସିହାରେ କବି ଗୁରୁପ୍ରସାଦ ମହାନ୍ତିଙ୍କର 'ନୂତନ କବିତା' ସଂକଳନଟି ପ୍ରକାଶିତ ହୁଏ। ଏହି ସଂକଳନରେ ସ୍ଥାନିତ 'ଚଂପାଫୁଲ' ସନେଟ୍ ମାଧ୍ୟମରେ କବି ଗୁରୁପ୍ରସାଦ ସନେଟ୍ ରଚନାର ସମସ୍ତ ପାରଂପରିକ ଧାରାକୁ ଭାଙ୍ଗି ଦିଅନ୍ତି। ଚତୁର୍ଦ୍ଦଶପାଦ ବ୍ୟତୀତ ଆଉ ସମସ୍ତ ଅକ୍ଷରଗତ ତଥା ପ୍ରାନ୍ତମିଳନ ରୀତିଗତ ନିୟମକୁ ଭାଙ୍ଗିଦେଇ ଲୋକକଥାର ଏକ କୋମଳପୁଷ୍ପ ମଧ୍ୟରେ ମାନବସଭ୍ୟତାର ସୁପ୍ରବାହ ମଧ୍ୟରେ ମଣିଷର ଯୌନକାମନାବାସନାର ମଦନାକ୍ତ ରୂପକୁ ଯେପରି ପରିପ୍ରକାଶ କରନ୍ତି ତାହା ବିସ୍ମୟକର ପ୍ରତିଭାର ଜୀବନ୍ତ ନିଦର୍ଶନ ମାତ୍ର। 'କବିତାସମଗ୍ର' ଗ୍ରନ୍ଥର ପ୍ରାରମ୍ଭରେ ପ୍ରକାଶକ ମହୋଦୟ ଯେଉଁ ସୂଚନା ଦିଅନ୍ତି ତାହା ଅବଶ୍ୟ ଗ୍ରହଣୀୟ। "ଗୁରୁପ୍ରସାଦ ସ୍ୱାଧୀନୋତ୍ତର ଓଡିଆକବିତାରେ ଅନନ୍ୟ ପ୍ରତିଭାସମ୍ପନ୍ନ ଯୁଗସ୍ରଷ୍ଟା କବି। ତାଙ୍କର କବିତାର ସଂଖ୍ୟା ସ୍ୱଳ୍ପ, କିନ୍ତୁ ପ୍ରତ୍ୟେକ କବିତା ଗୋଟିଏ ଗୋଟିଏ ଅୟସ୍କାନ୍ତ ମଣି ପରି, ନିଜ ନିଜ ଦୀପ୍ତିରେ ଦୀପ୍ୟମାନ।" ସର୍ବମୋଟ ୬୮ଟି କବିତା ରଚନା

କରି ମଧ୍ୟ ସେ ଯେପରି ଓଡ଼ିଆ କବିତାର ଦିଗ ପରିବର୍ତ୍ତନରେ ନିର୍ଣ୍ଣାୟକ ଭୂମିକା ଗ୍ରହଣ କରିଥିଲେ, ଠିକ୍ ସେହିପରି ସର୍ବମୋଟ ଏଗାରଟି ସନେଟ୍ ରଚନା କରି ସେ ପ୍ରଥମଥର ପାଇଁ ଓଡ଼ିଆ ସନେଟ୍ ରଚନାଧାରାକୁ ମଧ୍ୟ ପରିବର୍ତ୍ତିତ କରିଦେଇପାରିଲେ। ୧୯୭୦ ମସିହାରେ ପ୍ରକାଶିତ 'ସମୁଦ୍ରସ୍ନାନ' ସଂକଳନରେ ସନେଟ୍ ଶୀର୍ଷକରେ ଦଶଗୋଟି କବିତା ସ୍ଥାନିତ। 'ଚଂପାଫୁଲ' ସନେଟ୍‌ର ନବମ ପାଦରେ କବି ଲେଖିଥିଲେ,

" ଚଂପାଫୁଲ ମହକରେ ଏଡେ ସେ ଯେ ଦାରୁଣ କୁହୁକ

xxxxxxxxxxxx।"

ଗୁରୁପ୍ରସାଦଙ୍କ ସନେଟ୍‌ରେ ମଧ୍ୟ ଥିଲା "ଦାରୁଣ କୁହୁକ"। ସନେଟ୍ ମାଧ୍ୟମରେ ତଥା ଆଦିରୂପୀୟ ପ୍ରତୀକ ସାହାଯ୍ୟରେ କୂଳଲଂଘନ କରିଯାଉଥିବା ଆବେଗରୂପୀ ଊର୍ମିମାଳାକୁ ସଂଗୋପିତ କରି ରଖିବାର ଅପୂର୍ବ କଳା।

କବି ଗୁରୁପ୍ରସାଦଙ୍କ ସହ ତଥା ନୂତନ କବିତାଧାରା ପ୍ରତି ସମର୍ପିତ ରହି ପାରଂପରିକ ସନେଟ୍‌ଧାରା ସହ ସମାନ୍ତରାଳ ଭାବରେ ଆଧୁନିକ ସନେଟ୍ ମଧ୍ୟ ଲେଖା ହେବାକୁ ଲାଗିଲା। ପ୍ରତୀକ, ରୂପକଳ୍ପ, ଆର୍କିଟାଇପ୍, ମିଥ୍ ଏସବୁ ସହିତ ସଂଭାଷଶୈଳୀରେ ମୁକ୍ତ ଧାରାର ସନେଟ୍ ରଚିତ ହେଲା। କବି ରମାକାନ୍ତ ରଥଙ୍କ 'ଲଣ୍ଠନ' ଓଡ଼ିଆ ସନେଟ୍‌ଧାରାର ଅନ୍ୟତମ ପ୍ରତୀକାତ୍ମକ ଶଙ୍ଖ। କବି ସୌଭାଗ୍ୟ କୁମାର ମିଶ୍ର, ନୃସିଂହ କୁମାର ରଥ, ବିବେକ ଜେନା, ପରେଶ ରାଉତ, ବ୍ରହ୍ମୋତ୍ରୀ ମହାନ୍ତି, ପ୍ରହରାଜ ସତ୍ୟନାରାୟଣ ନନ୍ଦ ଏବଂ ଦେବଦାସ ଛୋଟରାୟ ପ୍ରମୁଖ ଏଇ ଧାରାଟିକୁ ପରିପୁଷ୍ଟ କରିବାରେ ନିର୍ଣ୍ଣାୟକ ଭୂମିକା ଗ୍ରହଣ କରିଛନ୍ତି। 'ସବୁ ସମୟର ସନେଟ୍' ସଂକଳନରେ ସେମାନଙ୍କର ସନେଟ୍‌ରୁ କେତୋଟିକୁ ସାଇତିଦେବାର ବିନମ୍ର ପ୍ରୟାସ କରାଯାଇଛି।

ଓଡ଼ିଆ ସନେଟ୍‌ର ସାୟଂକାଳ (ଖ୍ରୀ୧୯୮୦ରୁ ଖ୍ରୀ୨୦୦୦)

ଏହି ସମୟକାଳ ମଧ୍ୟରେ ପାରଂପରିକ ସନେଟ୍ ଲେଖାଯାଇଛି। କବି ବିଭୁଦତ୍ତ ମିଶ୍ର, ବନବିହାରୀ ପଂଡା, ବନଜ ଦେବୀ, କବିବର ପରିଡ଼ା ପ୍ରମୁଖ ଗତାନୁଗତିକ ଧାରାରେ ସନେଟ୍ ଲେଖୁଥିଲେ ହେଁ ବନଜଙ୍କ କବିତ୍ୱ ସନେଟ୍‌ର ସତୀତ୍ୱ ରକ୍ଷା ଦିଗରେ ବିଶେଷ ସହାୟକ ହୋଇଛି। ପ୍ରହରାଜ ସତ୍ୟନାରାୟଣ ନନ୍ଦ ନୂତନଧାରାର ସନେଟ୍ ରଚନାରେ ଅନବରତ ନିୟୋଜିତ ଥିଲେ ହେଁ ସନେଟ୍ ପ୍ରତି ପାଠକୀୟ ଆଗ୍ରହ ଆନୟନ କ୍ଷେତ୍ରରେ ବିଶେଷ ଚମତ୍କାରିତା ଦେଖାଇ ପାରିନାହାଁନ୍ତି। ସନେଟ୍ ରଚନାର

ଧାରା କ୍ଷୀଣତର ହୋଇ ପ୍ରବାହିତ ହେଉଥିଲେ ହେଁ ଆଲୋଚ୍ୟ କାଳକୁ ଓଡ଼ିଆ ସନେଟ୍‌ର ସାୟଂକାଳ ରୂପେ ଗ୍ରହଣ କରାଯାଇପାରିବ। କାରଣ ଧୀରେ ଧୀରେ ଆଧୁନିକବାଦର ପ୍ରଭାବ ଫଳରେ ସନେଟ୍‌ରଚନାକୁ ହୁଏତ ସମୀକ୍ଷକବର୍ଗ ଏବଂ ସ୍ୱୟଂ କବିକୁଳ ପରଂପରାର ଘଷରା ପ୍ରବାହ ମନେ କଲେ। ଗଦ୍ୟରେ କବିତା ଲେଖିବାର ପ୍ରଲୋଭନ ଆମକୁ ଏପରି କବଳିତ କରିଦେଲା ଯେ କବିତାର କମନୀୟ ଆଭୂଷଣ ସବୁ ଅଳଙ୍କାରଶାସ୍ତ୍ରର ସନ୍ଦୁକ ମଧ୍ୟରେ ପଡ଼ିରହିଲା। ଅଳଙ୍କାର ଯେ କବିତାର ବାହ୍ୟଆବରଣ ନୁହେଁ, ଆତ୍ମିକ ଆଲୋକନ ଏପରି ଚିନ୍ତାଧାରାରୁ ଆମେ ପୂର୍ଣ୍ଣତଃ ମୁକ୍ତ ହୋଇଗଲୁ। କବିତାର କମ୍ରନଦୀ ଅଙ୍କାବଙ୍କା ପ୍ରବାହ ଭୁଲି ସରଳରେଖାରେ ପ୍ରବାହିତ ହେଲା। ଉତ୍ତର ଅଶୀରୁ ଆରମ୍ଭ ହେଲା ଓଡ଼ିଆକବିତାର ଲେଉଟାଣି ପର୍ବ। କବିକୁଳ ପୁନଶ୍ଚ ସ୍ୱଭୂମି, ସ୍ୱପରଂପରା ପ୍ରତି ଆକୃଷ୍ଟ ହୋଇ ବିଲାତୀ କେନାଲରୁ କବିତା ପାଇଁ ଉପାଦାନ ସାଉଁଟିବା ବନ୍ଦ କରିଦେଲେ। କବିତା ପ୍ରୟୋଗବାଦୀ ଜଟିଳତାରୁ ମୁକ୍ତ ହୋଇ ବୋଧଗମ୍ୟ ଏବଂ ଆପଣାର ହେବାକୁ ଆରମ୍ଭ କଲା। ଏହି ଲେଉଟାଣି ପର୍ବର ଜଣେ ସମର୍ଥ କବି ହେଉଛନ୍ତି କବି ସୁରେଶ ପରିଡ଼ା। ଦୀର୍ଘକାବ୍ୟ 'କାହ୍ନୁ' କବିଙ୍କର ଏକ ଅଲୌକିକ ସୃଷ୍ଟି। 'କାହ୍ନୁ' କାବ୍ୟ ମୁକ୍ତଛନ୍ଦରେ ପ୍ରକାଶିତ ହୋଇଥିଲେ ହେଁ ତନ୍ମଧ୍ୟରେ ନିହିତ ଅଛି ଅଜସ୍ର ଉପସନେଟ୍‌ମାଳାର ଉହ୍ୟରୂପ ତଥା ସନେଟ୍‌ର ସୂକ୍ଷ୍ମ ସୂତ୍ର। ଆଲୋଚ୍ୟ ସଂକଳନରେ 'କାହ୍ନୁ' କାବ୍ୟର କିୟଦଂଶ ସନେଟ୍ ଆକାରରେ ପ୍ରକାଶ କରାଯାଇଛି।

୧୮୮୦ ମସିହାରୁ ଓଡ଼ିଆ ସନେଟ୍ ରଚନାର ଯେଉଁ ସୂତ୍ରପାତ ଘଟିଥିଲା, ଦୀର୍ଘ ଶହେବର୍ଷ ପରେ ଅର୍ଥାତ୍ ୧୯୮୦ ମସିହା ପରେ ତାହା କ୍ରମଶଃ କ୍ଷୀଣସ୍ରୋତା ହେବାକୁ ଆରମ୍ଭ କରିଛି। କିନ୍ତୁ ଏକବିଂଶର ପ୍ରାରମ୍ଭ ଦଶକରୁ ପୁନର୍ବାର ଆରମ୍ଭ ହୋଇଛି ଓଡ଼ିଆସନେଟ୍‌ର ସୁବର୍ଣ୍ଣଯୁଗ।

ଓଡ଼ିଆସନେଟ୍‌ର ସୁବର୍ଣ୍ଣଯୁଗ ଓ କବି ଗିରିଜାକୁମାର ବଳୀୟାରସିଂହ :

ଏକବିଂଶଶତାବ୍ଦୀର ଏହି ଦୁଇ ଦଶକକୁ ଓଡ଼ିଆସନେଟ୍‌ର ସୁବର୍ଣ୍ଣଯୁଗ ରୂପେ ସ୍ୱୀକାର କରିବା ଆବଶ୍ୟକ। କାରଣ ୨୦୦୩ ମସିହାରୁ ୨୦୧୫ ମସିହା ତଥା ଅନ୍ୟୂନ ବାରବର୍ଷର ଏକ ଯୁଗଖଣ୍ଡ ମଧ୍ୟରେ କବି ଗିରିଜାଙ୍କର ପ୍ରକାଶିତ ସହସ୍ରାଧିକ ସନେଟ୍ ଓଡିଆସନେଟ୍ ସ୍ରବନ୍ତୀକୁ ଏକ ଭିନ୍ନ ବ୍ୟାପ୍ତି ପ୍ରଦାନ କରିଛି। କବିଗିରିଜା ଅଷ୍ଟମଶ୍ରେଣୀରୁ ସ୍ୱୀୟ ପ୍ରତିଭାର ନିଦର୍ଶନ ପ୍ରଦର୍ଶନ କରିଥିଲେ ହେଁ ୧୯୭୧ ମସିହାରୁ ଅନ୍ୟାନ୍ୟ ଶୈଳୀର କବିତା ସହ ଜଣେ ସମର୍ଥ ସନେଟ୍‌କାର ରୂପେ ବିଭିନ୍ନ ପତ୍ରପତ୍ରିକା ମାଧ୍ୟମରେ ଆତ୍ମପ୍ରକାଶ କରନ୍ତି। ୧୯୭୨ ମସିହା ଜୁଲାଇ ମାସରେ 'ବୁଢ଼ା ହେଲେ'

ସନେଟ୍‌ଟି ୫ଙ୍କାର ପୃଷ୍ଠାରେ ପ୍ରକାଶିତ ହୁଏ। ଏହାପରେ 'ସଂସ୍କୃତି', 'ନବରବି', 'ନବଜୀବନ', 'ଆସନ୍ତାକାଲି' ଆଦି ପତ୍ରପତ୍ରିକାରେ ଜଣେ ପ୍ରତିଭାଦୀପ୍ତ ତରୁଣ ତାରକା ରୂପେ ତାଙ୍କର ଅବତରଣ ପ୍ରତ୍ୟେକ ବର୍ଷୀୟାନ୍ ସାହିତ୍ୟିକଙ୍କ ନିମନ୍ତେ ଆଶ୍ୱାସନାର ପ୍ରସଙ୍ଗ ହୁଏ। ୧୯୭୬ରେ ପ୍ରକାଶିତ ପ୍ରଥମ କବିତାସଂକଳନ 'କାଲିର କବିତା' ଏବଂ ୧୯୮୨ରେ ପ୍ରକାଶିତ ଦ୍ୱିତୀୟ କବିତା ସଂକଳନ 'କ୍ରୌଂଚ ମିଥୁନ'ରେ କେତୋଟି ଉଚ୍ଚମାନର, ଭିନ୍ନସ୍ୱାଦର ଏବଂ ଅତୁଳନୀୟ ସନେଟ୍ ସ୍ଥାନିତ ଯାହା ଏହି ତରୁଣ ସନେଟ୍‌କାରଙ୍କ ପ୍ରତିଭାର ଉଜ୍ଜ୍ୱଳ ସ୍ୱାକ୍ଷର ବହନ କରେ। 'କାଲିର କବିତା' ସଂକଳନରେ ଇତିହାସର ଉପେକ୍ଷିତା ନାୟିକା ଗୋପାଙ୍କୁ ନେଇ ରଚିତ ତ୍ରିସ୍ତବକଯୁକ୍ତ 'ବଧୂ' ସନେଟ୍ ଏବଂ 'କ୍ରୌଂଚମିଥୁନ'ରେ 'କବର' ଶୀର୍ଷକରେ ରଚିତ ଛଅଗୋଟି ଆନୁକ୍ରମିକ ସନେଟ୍‌ଗୁଚ୍ଛ ଓଡ଼ିଆସନେଟ୍ ଧାରାର ଚିରନ୍ତନ ନିଧି। ଓଡ଼ିଆସନେଟ୍‌ର ସାୟଂକାଳରେ ସାମ୍ବାଦିକଜୀବନର ଦାୟିତ୍ୱାନୁରୋଧରେ ଗଦ୍ୟରଚନାରେ ନିୟୋଜିତ ରହି ଏକବିଂଶ ଶତାବ୍ଦୀରେ କବିଗିରିଜାଙ୍କର ଲେଉଟାଣି ଓଡ଼ିଆକବିତାଧାରାର ମୋଡ଼ ପରିବର୍ତ୍ତନ କ୍ଷେତ୍ରରେ ନିର୍ଣ୍ଣାୟକ ଭୂମିକା ଗ୍ରହଣ କରେ।

କବିଗିରିଜା ଆପଣାର କାବ୍ୟଚେତନାକୁ ପରିପ୍ରକାଶ କରିବାର ମାଧ୍ୟମ ରୂପେ ସନେଟ୍‌କୁ ହିଁ ଗ୍ରହଣ କଲେ। କିନ୍ତୁ ସେ ପାରଂପରିକ ଶୈଳୀରେ ସନେଟ୍ ଲେଖିନାହାଁନ୍ତି। ଲେଖିନାହାଁନ୍ତି ମଧ୍ୟ ଗୁରୁପ୍ରସାଦୀୟ ଶୈଳୀର ଅନୁସରଣରେ ନୂତନ ସନେଟ୍। କାହାରିକୁ ଅନୁସରଣ କରିନାହାଁନ୍ତି କି ଅପଥଗାମୀ ହୋଇନାହାନ୍ତି। ଉତ୍କଳୀୟ କାବ୍ୟପରଂପରାରୁ ଚିରନ୍ତନ ବିଭବଗୁଡ଼ିକୁ ଗ୍ରହଣ କରି ଧ୍ୱନି-ସୂର-ଶବ୍ଦାଶ୍ରୟୀ ଭାବାନୁଗ ଭାରତୀୟ କାବ୍ୟତାତ୍ତ୍ୱିକତାର ଆଲୋକରେଖାରେ ସହସ୍ରାଧିକ ସନେଟ୍‌ର ଯେଉଁ ଚିରସ୍ରୋତା ସ୍ରବନ୍ତୀଟି କବି ନିର୍ମାଣ କରିଛନ୍ତି, ତା'ର ନାମ ଦେଇଛନ୍ତି 'ଚଉଦାଳୀ'। ଏହି ଚଉଦାଳୀର ଉତ୍ସ ରହିଛି ଚର୍ଯ୍ୟାଗୀତିକା ମଧ୍ୟରେ। ଅତଏବ ଆଜି ଏକବିଂଶ ଶତାବ୍ଦୀର ତୃତୀୟଦଶକର ପ୍ରାରମ୍ଭରେ ଠିଆ ହୋଇ ଓଡ଼ିଆସନେଟ୍‌ର ପ୍ରାରମ୍ଭକାଳ ବିଚାର କରିବାବେଳକୁ ତ୍ରୟୋଦଶ ଶତାବ୍ଦୀ ଇତାଲୀୟ କବି ପେତ୍ରାର୍କଙ୍କୁ ପଶ୍ଚାତ୍‌ବର୍ତ୍ତୀ କରାଇ ତାହା ଖ୍ରୀଷ୍ଟୀୟ ସପ୍ତମ ଶତାବ୍ଦୀର ସିଦ୍ଧଚର୍ଯ୍ୟାମାନଙ୍କର ଚର୍ଯ୍ୟାବଳୀକୁ ସ୍ପର୍ଶ କରିଥାଏ। ୨୦୦୯ ମସିହାରେ 'କଥାକଥା କବିତା କବିତା' ସାହିତ୍ୟପତ୍ରିକାର ବିଷୁବ ସଂଖ୍ୟାରେ କବୟିତ୍ରୀ ମୋନାଲିସା ଜେନା କବିଙ୍କୁ ଯେଉଁ ତାତ୍ତ୍ୱିକ ପ୍ରଶ୍ନାବଳୀ ପଚାରିଛନ୍ତି ତନ୍ମଧ୍ୟରୁ ଗୋଟିଏ ପ୍ରଶ୍ନ ଥିଲା, "ସନେଟ୍ ସମେତ ଆପଣ ମଧ୍ୟ ଲେଖିଛନ୍ତି 'ଚଉଦାଳୀ'। ଫରକ୍ କଣ ?" ଉତ୍ତରରେ କବି କହିଥିଲେ, "ସନେଟ୍ ବିଦେଶୀ ଆଙ୍ଗିକରୁ ଆମଦାନି। 'ଚଉଦାଳୀ' ଦୁର୍ଦ୍ଦାଂତ ଭାବରେ ଦେଶୀ। ଚତୁର୍ଦ୍ଦଶପାଦୀ ସନେଟ୍ ପରି ଚଉଦାଳୀ ମଧ୍ୟ

ଚଉଦଧାଡ଼ିର ନୈତିକ ଚିତ୍ରାଭାସ। ସନେଟ୍‌ର ବ୍ୟକ୍ତିତ୍ୱଠାରୁ ଚଉଦାଳୀର ଚରିତ୍ର ଭିନ୍ନ। ପ୍ରଥମଟିରେ କାବ୍ୟିକ ବ୍ୟଂଜନାର ପ୍ରାଧାନ୍ୟ, ଦ୍ୱିତୀୟଟି ଗୀତିଗର୍ଭା ପ୍ରୀତିଧାରା। 'ତୃଷ୍ଣାତର୍ପଣ', 'ଉତ୍ତରମେଘ' ଓ 'ଚିତ୍ରପ୍ରତିମା' - ଏ ତିନୋଟି ବହିରେ ବିଚ୍ଛୁରିତ ତିନିଶହରୁ ଊର୍ଦ୍ଧ୍ୱ ଚଉଦାଳୀ। ସନେଟ୍ ସହିତ ମୁଁ କିନ୍ତୁ ସମନ୍ୱିତ କରିଛି ଚଉଦାଳୀ ଚର୍ଯ୍ୟାଚୟ। ମିତ୍ରକବିତାର ମିଶ୍ରକଳା।" ଚର୍ଯ୍ୟା ମଧ୍ୟରୁ ଚଉଦାଳୀର ବୀଜ ଆନୟନ କରାଯାଇଛି- ଏହା କହିବାର ଦୁଇବର୍ଷ ପୂର୍ବରୁ ୨୦୦୭ ମସିହାରେ ପ୍ରକାଶିତ 'ଚିତ୍ରପ୍ରତିମା' ସଂକଳନ ମଧ୍ୟରେ କବି ସମସ୍ତ ତାତ୍ତ୍ୱିକ ବ୍ୟାଖ୍ୟା ସପ୍ରମାଣ ଉପସ୍ଥାପିତ କରିସାରିଥିଲେ। ଏପରିକି କାହ୍ନୁପାଦଙ୍କର 'ଡୋମ୍ବିଚର୍ଯ୍ୟା' ଏବଂ ଶବରୀପାଦଙ୍କର 'ଶବରଶବରୀ ପ୍ରେମଚର୍ଯ୍ୟା' ଗୀତିକାଦ୍ୱୟର ସପ୍ତପଦକୁ ରୂପାନ୍ତରିତ କରି ଚଉଦାଳୀରେ ପରିଣତ ମଧ୍ୟ କରିସାରିଥିଲେ। ଏଠାରେ ସୂଚିତ କରିବା ଆବଶ୍ୟକ ଯେ ସମଗ୍ର ବିଶ୍ୱ ଯେଉଁ ଇତାଲୀୟ ସନେଟ୍‌ଶୈଳୀକୁ ସ୍ୱପରଂପରାନୁଯାୟୀ ପରିବର୍ତ୍ତିତ କରି ବା ଅପରିବର୍ତ୍ତିତ ରଖି ଏକ ଆଦରଣୀୟ କବିତାବିଧି ରୂପେ ଗ୍ରହଣ କଲା, ତାର ମୂଳ ଉତ୍ସ କବି ପେଟ୍ରାର୍କ ସିସିଲି ଦେଶର 'strambotto' ନାମକ ଏକପଦଯୁକ୍ତ ଛନ୍ଦଗଠନ-ପ୍ରଣାଳୀରୁ ଆଣିଥିଲେ। ଅତଏବ ଚର୍ଯ୍ୟାଗୀତିକା ମଧ୍ୟ ସେହିପରି ଏକ କ୍ଷୁଦ୍ରାବୟବ ଗୀତିଧର୍ମୀ ପ୍ରୀତିକବିତା ଯାହା ଯୁଗପତ୍ ଆଧ୍ୟାତ୍ମିକ ଅନୁଭୂତି ଏବଂ ନାରୀ-ପୁରୁଷ-କୈନ୍ଦ୍ରିକ ଦେହଧର୍ମୀ ଅନୁରାଗରେ ମଂଜୁଳ। ଏକ ସଙ୍ଗରେ ଦେହ-ବିଦେହ, ମିଳନ-ବିରହ, ପ୍ରକୃତି-ସଂସ୍କୃତି ଆଦି ଦ୍ୱୈତ ଚିନ୍ତାଧାରାର ଦ୍ୱନ୍ଦ୍ୱ ତଥା ଘର୍ଷଣଜନିତ ଅନୁରାଗ-ବିରାଗ ଏଥିରେ ସ୍ଥାନିତ ହୋଇଥାଏ। ଅତଏବ ସୀମିତ ପାଦ ମଧ୍ୟରେ ଅସୀମ ଭାବସଂପଦର ସଂଘରଣ ବା ସ୍ଥିତିସ୍ଥାପକତ୍ୱ ପ୍ରଦାନ କରିବ ଉଭୟ ଚଉଦାଳୀ ଏବଂ ସନେଟ୍‌ର ଧର୍ମ। କବିଗିରିଜା 'ଚଉଦାଳୀ' ନାମକ ଯେଉଁ ବଳିଷ୍ଠଧାରାଟି ନିର୍ମାଣ କଲେ ତାହା ଗୋଟିଏ ସଂଯତ, ପରିପକ୍ୱ, ସମୃଦ୍ଧ କାବ୍ୟମାନସର ଯତ୍ନଶୀଳ ପରିପ୍ରକାଶ ଥିଲା। ତାଙ୍କର ପ୍ରତ୍ୟେକ ସଂକଳନର ମୁଖବନ୍ଧରେ କବି ସ୍ୱୀୟ କାବ୍ୟଚେତନାର ବିଶ୍ଳେଷଣ କରି ସେସବୁ ସ୍ପଷ୍ଟ କରିସାରିଛନ୍ତି। 'ଚିତ୍ରପ୍ରତିମା' (୨୦୦୭) ପ୍ରକାଶିତ ହେବାର ଦୁଇବର୍ଷ ପୂର୍ବରୁ ପ୍ରକାଶଲାଭ କରେ 'ଚତୁର୍ଦ୍ଦଶୀର ଚଂଦ୍ର'। ଏହି ଚଉଦାଳୀ ସଂକଳନର ପ୍ରଥମ କବିତାର ଅନ୍ତିମପଦରେ କବି କୁହନ୍ତି,

"ଅପ୍ରାକୃତ ଅନୁରାଗ ଅର୍ପିବି ଏ ପ୍ରାକୃତବଂଧରେ
ପ୍ରକୃତିସ୍ଥ ପୁରୁଷ ମୁଁ ପ୍ରେମପ୍ରାର୍ଥୀ ପ୍ରଳୟାଂତ ପରେ ॥"

(ପ୍ରକୃତି : ପୁରୁଷ - ପୃ.୨୪, ଚତଦର୍ଦ୍ଦଶୀର ଚଂନ୍ଦ୍ର)

ପ୍ରାକୃତବଂଧଟି ହେଉଛି ଚଉଦାଳୀର ଶୃଙ୍ଖଳିତ ବଂଧନସୂତ୍ର। କାରଣ

ଚଉଦାଳୀର ଚତୁର୍ଦ୍ଦଶପାଦ ବିଦେଶୀ ସନେଟ୍‌ରୁ ଆଗତ ହୋଇପାରେ, କିନ୍ତୁ ଅନ୍ୟାନ୍ୟ ବଂଧ ବା ଶୃଙ୍ଖଳଗୁଡିକ ଦୁର୍ଦ୍ଦାନ୍ତତଃ ଦେଶୀୟ। ସହସ୍ରାଧିକ ଚଉଦାଳୀ ଅନୁପ୍ରାସ ଅଳଙ୍କାରରେ ଲିଖିତ। ଅନୁପ୍ରାସ କବିଙ୍କ ନିମନ୍ତେ ଶାବ୍ଦିକ ବୈଚିତ୍ର୍ୟ ନୁହେଁ, ଏହା ଆତ୍ମିକ ବୈଧୁର୍ଯ୍ୟ। ପ୍ରାସ ପ୍ରାସ ପୀଡ଼ାକୁ ଅନୁସରଣ କରେ ଅନୁପ୍ରାସ। ଚର୍ମଚକ୍ଷୁରେ ଅବଲୋକନ କଲେ ଚର୍ଯ୍ୟା ହେଉଛି ପ୍ରେମକବିତା- କିନ୍ତୁ ମର୍ମଚକ୍ଷୁରେ ଏହା ଆକୁଳ ଅଂତରାତ୍ମାର ଆତୁର ଅନ୍ତଃସ୍ୱର। ବର୍ଣ୍ଣର ବଙ୍କିମ ଲିପିରେ ଏହା ପ୍ରେମର ପାରିଭାଷିକ ପରି ମନେ ହେଉଥିଲେ ହେଁ ଧର୍ମର ପରମବିଗ୍ରହରେ ଏହା ଜୀବାତ୍ମାର ପରମାତ୍ମାଙ୍କ ସହ ମିଳନାକାଙ୍କ୍ଷାର ଆତୁର ଅଭିପ୍ରକାଶ। ନୈରାମଣିର ନିବିଡ଼ ସ୍ପର୍ଶ ନିମନ୍ତେ ଆକୁଳ ହୁଏ ଉନ୍ମତ୍ତ ଶବର, ପାଗଳ ଶବର, ବାଇଆ ବାତୁଳ। କବି ଗିରିଜାଙ୍କ ଚଉଦାଳୀ ମଧ୍ୟରେ ଜନ୍ମଜନ୍ମାନ୍ତରର ସେହି ବିରହଜ୍ୱାଳା ପ୍ରତିଫଳିତ। ଇତାଲୀୟ ଶବ୍ଦ ସୋନୋ (souno) ଅର୍ଥାତ୍ ଧ୍ୱନି। ଏହି ସୋନୋ ଶବ୍‌ଦରୁ ସୋନେଟୋ (sonetto) ଶବ୍‌ଦଟି ଆନୀତ। ଆମେ ତାକୁ ମୃଦୁଧ୍ୱନି ବା ମଧୁର ଧ୍ୱନି କହିଥାଉ। କିନ୍ତୁ ସମାଲୋଚକ ନରେନ୍ଦ୍ରନାଥ ମିଶ୍ର କୁହନ୍ତି ତାହା ମଧୁର ଧ୍ୱନି ନୁହେଁ ଅସ୍ଫୁଟ ଧ୍ୱନି। "କେଉଁ ଦୂର ଅତୀତରେ ଚିରଉଜ୍ଜ୍ୱଳ ଇତାଲୀର ପୁଷ୍ପିତ ଉଦ୍ୟାନରେ ପ୍ରେମିକାକାନରେ ଧୀରମଧୁର ସ୍ୱରରେ ଅନୁରଣିତ ପ୍ରେମିକର ଗାନର ନାମ ଥିଲା ସନେଟ୍।" (ଆଧୁନିକ ଓଡିଆ କାବ୍ୟଧାରା - ପୃ.୨୩୯) ଅତଏବ ସନେଟ୍‌ର ଧର୍ମ ହେଉଛି ରହସ୍ୟଘନ। ଯାହା ସଂପୂର୍ଣ୍ଣ ରୂପେ ବ୍ୟକ୍ତ ହୋଇଯାଏ, ତାହା ସନେଟ୍ ବା ଚଉଦାଳୀ ହେଇପାରିବ ନାହିଁ। ଚର୍ଯ୍ୟାଗୀତିକା ସାନ୍ଧ୍ୟଭାଷୀ ଅର୍ଥାତ୍ ରହସ୍ୟମୟୀ। ଯାହା ଦୃଶ୍ୟ ତାହା ଚର୍ଯ୍ୟା ନୁହେଁ। ଯେଉଁ ଚରିତ୍ରମାନେ ଆତଯାତ ହେଉଛନ୍ତି ନଗର ବାହାରେ କି ଉଁଚା ପର୍ବତଶିଖରରେ କୁଡ଼ିଆ ତିଆରି କରି ଯେଉଁ ନାରୀ ଅଛି, ଯେଉଁ ପୁରୁଷ ତାକୁ ଖୋଜି ଖୋଜି ବାଇଆ ବାତୁଳ ହୋଇ ଧାଇଁଯାଉଁଛି ସେହି ଦୃଶ୍ୟମାନ ପ୍ରକୃତି, ପରିଚିତ ପୃଥିବୀ ଏବଂ ରକ୍ତମାଂସର ନାରୀପୁରୁଷଙ୍କ ମଧ୍ୟରେ ଚର୍ଯ୍ୟାର ଆତ୍ମସତ୍ତା ନଥାଏ। ଅତଏବ କବିଗିରିଜାଙ୍କ ଚଉଦାଳୀ ବାହ୍ୟତଃ ନାରୀ-ପୁରୁଷଜନିତ ପ୍ରେମବ୍ୟାପାରର ସ୍ଥୂଳ ଆବରଣସମ ପରିଦୃଶ୍ୟ ହେଉଥିଲେ ହେଁ ଯେଉଁ ବିରହବିଧୁର ପ୍ରାସର ପୁନଃପୁନଃ ଅସ୍ଫୁଟ ଉଚ୍ଚାରଣରେ ତାହା ଅନୁରଣିତ ସେ ଅନ୍ୱେଷଣ, ସେ ଅଭାବବୋଧ, ସେ ଘାରିଲାପଣ, ସେ ଝୁରିହେବାର ମଧୁମୟ ବ୍ୟଥାଦି ମଧ୍ୟ ସଂପୂର୍ଣ୍ଣ ଐହିକ ନୁହେଁ। ସେହି ଅପ୍ରାକୃତ ଅନୁରାଗକୁ କବି ପ୍ରାକୃତବଂଧରେ ପରିପ୍ରକାଶ କରିଛନ୍ତି। ସନେଟ୍ ସହ ଉତ୍କଳୀୟ ଚର୍ଯ୍ୟାପଦର ମିଶ୍ରିତ ମିତ୍ରକଳାର ଅନ୍ୟନାମ ଚଉଦାଳୀ।

୨୦୦୩ରୁ ୨୦୧୫ ମସିହା ମଧ୍ୟରେ ତଥା ଏଯାବତ୍ ପ୍ରକାଶିତ କେତୋଟି

ସଂକଳନର ନୂତନସଂସ୍କରଣକୁ ଅନ୍ତର୍ଭୁକ୍ତ କରି ତାଙ୍କର ପ୍ରକାଶିତ ଚଉଦାଳୀ ସଂକଳନ ତଥା ମୋଟ ଚଉଦାଳୀର ନିର୍ଦ୍ଦିଷ୍ଟ ସଂଖ୍ୟା ସୂଚିତ କରିବା ବିଧେୟ। କାରଣ ଏହି ସଂଗ୍ରାହିକା ଉତ୍କଳୀୟ ସମାଲୋଚକମାନେ ସନେଟ୍‌ସମ୍ରାଟ ରୂପେ ବିଭୂଷିତ କରିଥିବା କବିଙ୍କୁ ଆଉ ପାଦେ ଆଗକୁ ଓଡ଼ିଆସନେଟ୍‌ର ସୁବର୍ଣ୍ଣଯୁଗର ପ୍ରତିଷ୍ଠାତା ରୂପେ ଗ୍ରହଣ କରିବା ସମୀଚୀନ ହେବ ବୋଲି ଅନୁଭବ କରିଛି। କେବଳ ଓଡ଼ିଆ ସନେଟ୍‌ର ସୁବର୍ଣ୍ଣଯୁଗର ନିର୍ମାତା ନୁହଁନ୍ତି କବି ଚର୍ଯ୍ୟା ଓ ସନେଟ୍‌ର ସମନ୍ୱୟରେ ଯେଉଁ ମିତ୍ରଧାରାଟି ସୃଷ୍ଟି କରିଲେ ସେହି 'ଚଉଦାଳୀ' ମଧ୍ୟ ଉତ୍ତରଆଧୁନିକ ଓଡ଼ିଆ କାବ୍ୟଧାରାର ସର୍ବାଧିକ ଉଜ୍ଜ୍ୱଳ କାବ୍ୟଶୈଳୀ ବା ବିଧି ବା genre। 'ନୀଳନିର୍ବାଣ' (୨୦୦୩) - ୧୦୮ଟି ଚଉଦାଳୀ, 'ଭାରତବର୍ଷ' (୨୦୦୩) - ୧୦୮ଟି ଚଉଦାଳୀ, 'ଦୃଷ୍ଟାତର୍ପଣ' (୨୦୦୪) - ୧୨୦ଟି ଚଉଦାଳୀ, 'ଚତୁର୍ଦ୍ଦଶୀର ଚଂଦ୍ର' (୨୦୦୫) - ୧୨୧ଟି ଚଉଦାଳୀ, 'ଉତ୍ତରମେଘ' (୨୦୦୬) - ୧୦୦ଟି ଚଉଦାଳୀ, 'ଚିତ୍ରପ୍ରତିମା' (୨୦୦୭) - ୧୦୦ଟି ଚଉଦାଳୀ, 'ଶୀତଶୀର୍ଷକ' (୨୦୦୮) - ୧୩୫ଟି ଚଉଦାଳୀ, 'ଚର୍ଯ୍ୟାଚୟନ' (୨୦୦୮) - ୮୧ଟି ଚଉଦାଳୀ, 'ଉରଣଚର୍ଯ୍ୟା' (୨୦୧୧) - ୫୫ଟି ଚଉଦାଳୀ, 'କାବ୍ୟପୁରୁଷ' (୨୦୧୫) - ୧୫୩ଟି ଚଉଦାଳୀ। ଅତଏବ ଏଯାବତ କବିଙ୍କର ପ୍ରକାଶିତ ପୁସ୍ତକାବଳୀଗୁଡିକରେ ଏବଂ ଏକବିଂଶଶତାବ୍ଦୀରେ ସଂକଳିତ ଚଉଦାଳୀର ସଂଖ୍ୟା ୧୦୮୧। ଏତଦ୍‌ବ୍ୟତୀତ କାବ୍ୟଜୀବନର ପ୍ରାରମ୍ଭିକ ରଚନାଗୁଡିକୁ ଏବଂ ୨୦୧୫ ପରେ ବିବିଧ ପତ୍ରପତ୍ରିକାରେ ପ୍ରକାଶିତ ଚଉଦାଳୀଗୁଡିକୁ ଅନ୍ତର୍ଭୁକ୍ତ କରାଯାଇନାହିଁ। ଓଡ଼ିଆସନେଟ୍‌ର ଦୀର୍ଘ - ୧୪୦ ବର୍ଷର ଯାତ୍ରାପଥରେ ବିଗତ କୋଡ଼ିଏଟି ବର୍ଷ ମଧ୍ୟରେ କବିଗିରିଜା ଏକନିଷ୍ଠ ଉଦ୍ୟମ ଫଳରେ ସନେଟ୍ ଓ ଚର୍ଯ୍ୟାର ସମ୍ମିଶ୍ରଣରେ ଯେଉଁ ନୂତନ କାବ୍ୟରୂପ ନିର୍ମାଣ କଲେ ତାହା ଓଡ଼ିଆକବିତାର ଇତିହାସରେ ଚିରସ୍ମରଣୀୟ ସ୍ମାରକୀ ସଦୃଶ ବିରାଜମାନ। ଚଉଦାଳୀର ଚତୁଷ୍କୋଣୀୟ କାବ୍ୟିକ ପ୍ରସ୍ତରଗୁଡିକୁ ଏକତ୍ର କରି କବି ଯେଉଁ ଅପୂର୍ବ ଶାବ୍ଦିକ କୋଣାର୍କ ନିର୍ମାଣ କରିଛନ୍ତି ତାହା ଅତୁଳନୀୟ। ତାଙ୍କ ରଚିତ ସମସ୍ତ ସନେଟ୍‌କୁ ଚଉଦାଳୀ ବା କବିଗିରିଜାଙ୍କ ସନେଟ୍ କହିବା ବିଧେୟ। କାରଣ ସେ ଯାହା ଲେଖିଛନ୍ତି ତାହା ଦୀର୍ଘ ୧୨୦ ବର୍ଷର ସନେଟ୍‌ଧାରାଠାରୁ ସଂପୂର୍ଣ୍ଣ ପୃଥକ୍। ଯେଉଁ ଚଉଦାଳୀ ସମୂହର ଭାବରାଜି ପ୍ରଣୟବୃତ୍ତ ନିବୃତ୍ତ ତାକୁ ମଧ୍ୟ ଚଉଦାଳୀ ହିଁ କୁହାଯିବ। ନିମ୍ନରେ ଚଉଦାଳୀର ଚଉଦ ଲକ୍ଷଣ ପ୍ରଦାନ କରାଗଲା।

୧) ଚଉଦାଳୀ ଚତୁର୍ଦ୍ଦଶପାଦବିଶିଷ୍ଟ। ପ୍ରତ୍ୟେକ ପାଦର ଅକ୍ଷରସଂଖ୍ୟା ଅଠର। କେତେକ କ୍ଷେତ୍ରରେ କୋଡ଼ିଏ ମଧ୍ୟ।

୨) ଚଉଦାଳୀ ତିନୋଟି ଚତୁଷ୍ପଦୀ ଏବଂ ଗୋଟିଏ ଦ୍ୱିପାଦୀର ମିଳନରେ ସଂରଚିତ।

୩) ପ୍ରାନ୍ତମିଳନରୀତି କେଉଁଠାରେ ହେଲେ ବିଚ୍ୟୁତ ହୁଏନି। କଖକଖ(୩) + କକ(୧) କିଂବା କକଖଖ(୩) + କକ(୧) କିଂବା କଖଖକ(୩) + କକ(୧) ସର୍ବତ୍ର ଗ୍ରହଣ କରାଯାଇଛି।

୪) ସହସ୍ରାଧିକ ଚଉଦାଳୀର ପ୍ରତ୍ୟେକପାଦ ଆନୁପ୍ରାସିକ ଶୈଳୀରେ ରଚିତ।

୫) ଅନୁପ୍ରାସ ବ୍ୟତୀତ ସମସ୍ତ ପ୍ରାଚ୍ୟକାବ୍ୟତତ୍ତ୍ୱ ଯଥା ଉପମା, ରୂପକ, ଶ୍ଳିଷ୍ଟଶବ୍ଦାବଳୀର ପ୍ରୟୋଗାଦି ଅଳଙ୍କାରତତ୍ତ୍ୱ ସହ ରସବାଦ, ଧ୍ୱନିବାଦ, ବକ୍ରୋକ୍ତିବାଦ ଆଦି ଅନୁପମ ବିଭବାବଳୀକୁ ଚଉଦାଳୀ ପ୍ରାଧାନ୍ୟ ପ୍ରଦାନ କରେ।

୬) ପ୍ରାଚ୍ୟକାବ୍ୟତତ୍ତ୍ୱ ସହ ସମସ୍ତ ଆଧୁନିକବାଦୀ ତଥା ଉତ୍ତରଆଧୁନିକବାଦୀ ପାଶ୍ଚାତ୍ୟକାବ୍ୟତତ୍ତ୍ୱ ଯଥା - ମିଥ୍, ପ୍ରତୀକ, ରୂପକଳ୍ପ, ଆର୍କିଟାଇପ୍, ଲୋକଉପାଦାନ, ଗ୍ରାମ୍ୟଉପାଦାନର ବ୍ୟବହାର ପରସ୍ପରସମ୍ବନ୍ଧାଯୁକ୍ତ ବିଷୟାଶ୍ରୟ, ଚିତ୍ରକଳ୍ପାଦିର ସମାବେଶ ଚଉଦାଳୀର ଚିତ୍ରିତ ଚଉହଦୀ ମଧ୍ୟରେ ପରିଦୃଶ୍ୟ।

୭) ଚଉଦାଳୀର ଅପ୍ରାକୃତ ଅନୁରାଗ କେବଳ ପ୍ରଣୟଭିତ୍ତିକ ନୁହେଁ। ଏହି ଅନୁରାଗ ପ୍ରକୃତି, ପରିବେଶ, ସମାଜ, ଇତିହାସ, ସାଂପ୍ରତିକ ଘଟଣାବଳୀ ପ୍ରତି ମଧ୍ୟ ଉନ୍ମୁଖ। କବି ଯେଉଁ ନୟନ ଦେଇ ପୃଥିବୀକୁ ଭଲପାଆନ୍ତି ଏବଂ ତାର ପ୍ରତିଟି ପ୍ରସ୍ତରଖଣ୍ଡ ମଧ୍ୟରେ ସୁଦୂର ଅତୀତର ସ୍ପନ୍ଦନ ଶୁଣିପାରନ୍ତି, ତାହା ହିଁ ଏ କ୍ଷେତ୍ରରେ ଅପ୍ରାକୃତ ରୂପେ ଗ୍ରହଣୀୟ।

୮) ବ୍ୟକ୍ତିକରୁ ନୈର୍ବ୍ୟକ୍ତିକ, ଭୂମିରୁ ଭୂମା, ବାଜପୁର ନାମକ କବିଙ୍କ ଜନ୍ମଭୂମିର ଭୂତିରୁ ବିଶ୍ୱର ବିଭୂତି ଏବଂ ବର୍ତ୍ତମାନରୁ ଅତୀତର ଅତଳଗର୍ଭ ପର୍ଯ୍ୟନ୍ତ ଚୈତନିକ ଯାତ୍ରାର ସଂପ୍ରସାରିତ ସ୍ୱାନୁଭୂତିକୁ ନେଇ ଚଉଦାଳୀ ଚିରସ୍ରୋତା।

୯) ସିନ୍ଧୁସମ ଅସୀମ ଭାବରାଶିକୁ ଗୋଟିଏ ବିନ୍ଦୁରେ ସଂକୋଚନ କରି ସିନ୍ଧୁତ୍ୱର ପରାଜୟ ଏବଂ ବିନ୍ଦୁତ୍ୱର ବିନମ୍ର ପରାକାଷ୍ଠାକୁ ଉଜ୍ଜୀବିତ କରିବା ପ୍ରତ୍ୟେକ ଚଉଦାଳୀର ଅନ୍ତଃକାବ୍ୟିକ ଆହ୍ୱାନ।

୧୦) ବାମନର ତିନିପାଦ ପରି ଚଉଦାଳୀ ମଧ୍ୟ ତ୍ରିସ୍ତରୀୟ ଅର୍ଥଧାରଣ କରିବାର ବୃହତ୍ ସାମର୍ଥ୍ୟ ବହନ କରିଥାଏ।

୧୧) ପରିବେଶବାଦ, ନାରୀବାଦ, ବିଗଠନବାଦ, ନବ୍ୟଇତିହାସବାଦ ସାଙ୍ଗକୁ ମନୋବିଶ୍ଳେଷଣାତ୍ମକ ଅଧ୍ୟୟନ, ପୁରାକଳ୍ପୀୟ ଅନୁଶୀଳନାଦି ସମସ୍ତ ପାଶ୍ଚାତ୍ୟ

ପରିବାହିତବାଦ ଓ ତତ୍ତ୍ୱକୁ ଚଉଦାଳୀର ପରୀକ୍ଷା ନିମନ୍ତେ ପ୍ରୟୋଗ କରାଯାଇପାରିବ। କାରଣ ଏହା ନିର୍ଦ୍ଦିଷ୍ଟ କାଳର କାଳିକ ସୀମା ତଥା ନିର୍ଦ୍ଦିଷ୍ଟ କୁଳର କୌଳୀନ୍ୟ ଲକ୍ଷ୍ମଣରେଖା ମଧ୍ୟରେ ଦୃଢ ଭାବରେ ଅବସ୍ଥାପିତ ହୋଇ ମଧ୍ୟ ଭାରତୀୟ କାବ୍ୟିକ ପରଂପରାର ଭୂଗର୍ଭରୁ ରସ ଆହରଣ କରି ଆକାଶମୁଖୀ ହୋଇ ସାର୍ବଜନୀନ ହୋଇପାରିଛି। ତେଣୁ ବିଶ୍ୱସ୍ତରୀୟ ସମସ୍ତ ସାହିତ୍ୟିକ ଅଧ୍ୟୟନ, ଅନୁଶୀଳନ ସହ ଏହାର ସାମଞ୍ଜସ୍ୟ ଲକ୍ଷ୍ୟ କରାଯାଇପାରିବ।

୧୨) ପ୍ରତ୍ୟେକ ଚଉଦାଳୀର ଗୋଟିଏ ପାଦ ଗାଢ଼ କଳା ଅକ୍ଷରରେ ଲେଖାଯାଇଥାଏ। ସେହି ପାଦଟିକୁ କବି କାବ୍ୟିକକଂଚିକା ବା ସୂତ୍ରକ ନାମରେ ପରିଭାଷିତ କରିଥାଆନ୍ତି।

୧୩) ଏହି କାବ୍ୟିକକଂଚିକାକୁ ସନେଟ୍‌ର **volta** ବା ଦ୍ରୁତଭାବସଂବାହୀପାଦ ମନେକରିବା ଉଚିତ ନୁହେଁ କାରଣ 'ଆସକ୍ତି-ମୁକ୍ତିଲୀଳା'ବତ୍ ପ୍ରତ୍ୟେକ ଚଉଦାଳୀର ଶେଷ ଦୁଇପଦରେ ହିଁ ଥାଏ ମୁକ୍ତିର ମାର୍ମିକ ଉଚ୍ଚାରଣ।

୧୪) ଚର୍ଯ୍ୟାଗୀତିକାସମ ଚଉଦାଳୀ ଗୀତିଧର୍ମୀ, ପ୍ରୀତିଧର୍ମୀ, ପ୍ରକୃତିଧର୍ମୀ, ସଂଭାଷଧର୍ମୀ, ଆଭାସଧର୍ମୀ ଏବଂ ରହସ୍ୟଧର୍ମୀ।

ସହସ୍ରାଧିକ ଚଉଦାଳୀ ମଧ୍ୟରେ କବି ଯେଉଁ ଅନୁପମ ବୈଚିତ୍ର୍ୟ ପ୍ରଦାନ କରିଛନ୍ତି ତାର ସବିଶେଷ ବିଚାରର ଭୂମି ଏହା ନୁହେଁ, କେବଳ ଓଡ଼ିଆସନେଟ୍‌ର ସୁବର୍ଣ୍ଣଯୁଗର ପ୍ରତିଷ୍ଠାତାଙ୍କ ସଂପର୍କରେ ସମ୍ୟକ୍ ସୂଚନା ମାତ୍ର। ଏହି ଅବତରଣିକାରେ ଚର୍ଯ୍ୟାପଦ ମଧ୍ୟରେ ସନେଟ୍‌ର ସୂକ୍ଷ୍ମସତ୍ତା ଲକ୍ଷ୍ୟ କରି ତନ୍ମଧ୍ୟରୁ ଚଉଦାଳୀର ଆତ୍ମିକବିଭବରାଜିକୁ ଆବିଷ୍କାର କରିଥିବା ଏହି କାବ୍ୟପୁରୁଷ ଚର୍ଯ୍ୟାର ରୂପାନ୍ତରଣ କ୍ଷେତ୍ରରେ ଯେଉଁ ଆଶ୍ଚର୍ଯ୍ୟକର ଭୂମିକା ଗ୍ରହଣ କରିଛନ୍ତି ତା'ର କିଂଚିତ୍ ଉଦ୍ଧୃତି ପ୍ରଦାନ କରିବା ଏକାନ୍ତ ବିଧେୟ। କାହ୍ନୁପାଦଙ୍କର ଡୋମ୍ବିଚର୍ଯ୍ୟାର ନିମ୍ନୋକ୍ତ ପାଦଗୁଡ଼ିକର ରୂପାନ୍ତରଣ ଲକ୍ଷ୍ୟଣୀୟ।

xxx
ଏକସୋ ପଦୁମା ଚୌଷଠୀ ପାଖୁଡ଼ୀ
ତହିଁ ଚଡ଼ି ନାଚଅ ଡୋଂବି ବାପୁଡ଼ୀ ।୩।
ଆଲୋ ଡୋଂବି ତୋ ପୁଚ୍ଛମି ସଦଭାବେ।
ଆଇସସି ଯାସି ଡୋଂବି କାହାରି ନାବେଁ।୪।

xxx
ସରୋବର ଭାଂଜିଅ ଡୋଂବି ଖାଅ ମୋଲାଣ।
ମରମି ଡୋଂବି ଲେମି ପରାଣ ।୭।

ଉପରୋକ୍ତ ତିନିପାଦକୁ ଚଉଦାଳୀରେ ପରିବର୍ତ୍ତିତ କରି କବି ଲେଖନ୍ତି,

"ପାଖରେ ଫୁଟିଚି ପଦୁଅଁ ଫୁଲଟି - ପାଖୁଡ଼ା ତା' ଚଉଷଠି
ନାଚ ତହିଁ ଚଢ଼ି ଡୋଂବୀବାପୁଡ଼ୀ, ନାଚ ଲୋ କଅଁଳକଟୀ!
ଆଲୋ ଡୋଂବୀ ମୁଁ ତୋତେ ଆଜି ଟିକେ ପଚାରୁଚି ସଦଭାବେ
ଆସୁ ଯାଉ ତୁହି ଏମିତି ସତରେ କହ ଲୋ କାହାର ନାବେ?
xxx
ପୂରା ଏ ପୋଖରୀ ପହଁରି ପହଁରି ପଦ୍ମନାଡ଼ ତୁ ଖାଆ
ଡୋଂବୀଲୋ ଘୋର ବିରହଟା ତୋର ମାରିଦେବ ମୋତେ ଆହା।
(ପୃ.୧୩୦ - 'ଚିତ୍ରପ୍ରତିମା')

ଓଡ଼ିଆ ଚଉଦାଳୀର ଜନକ କବି ଗିରିଜାକୁମାର ବଳୀୟାରସିଂହଙ୍କର ମହାକାବ୍ୟିକ-ଚେତନା ଓଡ଼ିଆସନେଟ୍‌ର ବିବର୍ତ୍ତନଧାରାରେ ରୁଚିଶୀଳ ରୂପାନ୍ତରଣ ମାତ୍ର ନୁହେଁ ଯେଉଁ ସଂଖ୍ୟାତ୍ମକ, ଗୁଣାତ୍ମକ ତଥା ପରଂପରାପୁଷ୍ଟ ସମୃଦ୍ଧ ଉତ୍ତରଣ ପ୍ରଦାନ କଲା, ତାହା ବିଶ୍ଳେଷଣ କରିବା ଏହି ସୀମିତ ପରିସର ମଧ୍ୟରେ ସମ୍ଭବ ନୁହେଁ। ଏହି ସଂପାଦିକା ପ୍ରତ୍ୟେକ ଚଉଦାଳୀ ପାଠକରିବା ପରେ ଅନୁଭବ କଲା ଯେ ଶବ୍ଦର ଭୋଜବାଜି ଦେଖାଇବା ବା ଭାବର ପୁନରାବୃତ୍ତି କରିବା କବି ଗିରିଜାଙ୍କ କାବ୍ୟିକ ଧର୍ମ ନୁହେଁ। ତାଙ୍କର ପ୍ରତିଟି ସଂକଳନ ପରସ୍ପରଠାରୁ ପୃଥକ୍ ତଥା ଭିନ୍ନ କାବ୍ୟିକ କାରୁକର୍ମର କାରୁମୟୀ ପ୍ରକାଶଭଙ୍ଗୀ।

ଦୀର୍ଘ ଶହେକୋଡ଼ିଏ ବର୍ଷର ସନେଟ୍‌ଧାରାକୁ ଆମେ ଚାରୋଟି ପର୍ଯ୍ୟାୟରେ ଆଲୋଚନା କଲେ। ଅର୍ଥାତ୍ ୧୮୮୦ରୁ ୧୯୨୦ ମସିହା ପର୍ଯ୍ୟନ୍ତ, ୧୯୨୦ରୁ ଦ୍ୱିତୀୟ ବିଶ୍ୱଯୁଦ୍ଧ ପର୍ଯ୍ୟନ୍ତ, ୧୯୪୫ରୁ ୧୯୮୦ ପର୍ଯ୍ୟନ୍ତ ଏବଂ ୧୯୮୦ରୁ ୨୦୨୦ ମସିହା ପର୍ଯ୍ୟନ୍ତ। ପ୍ରତ୍ୟେକ ପର୍ଯ୍ୟାୟର ସମସ୍ତ ସନେଟ୍-ରଚନାକୁ ଯଦି ପୃଥକ୍ ସମୟଖଣ୍ଡ ମଧ୍ୟରେ ସ୍ଥାନ ଦିଆଯିବ, ତେବେ ଆମେ ପରୀକ୍ଷାମୂଳକ ଭାବେ ଅବଲୋକନ କରିପାରିବା ଯେ ୨୦୦୦ରୁ ୨୦୨୦ ମସିହା ମଧ୍ୟରେ ସର୍ବାଧିକ ସନେଟ୍ ରଚିତ ହୋଇଛି ଏବଂ ତାର ଏକମାତ୍ର କାରଣ ହେଉଛି କବି ଗିରିଜାକୁମାରଙ୍କ ସନେଟ୍-ସାଧନା। ଆୟତନରେ ବିପୁଳ, ଆବେଦନରେ ନୂତନ, ଗଢ଼ଣରେ ମୌଳିକ, ରୂପାନ୍ତରଣରେ ରସଦ, ସମୀକରଣରେ ସଂଭ୍ରାନ୍ତ କବି ଗିରିଜାଙ୍କ ସନେଟ୍ ବା ପ୍ରାକୃତବଂଧ ବା ଚଉଦାଳୀ ଏକବିଂଶଶତାବ୍ଦୀର ଓଡ଼ିଆକାବ୍ୟ ମହୋଦଧିରେ ମିଶ୍ରିତ ଚିତ୍ରମୟୀ ଚାରୁ ଚିତ୍ରୋତ୍ପଳା। ତେବେ କବି ଗିରିଜାଙ୍କ କାବ୍ୟସାଧନାର ମୂଲ୍ୟମୂଲ୍ୟାୟନ ଏଯାବତ୍ ଆରମ୍ଭ ହୋଇନାହିଁ। ବିପୁଳ ପାଠକଗୋଷ୍ଠୀ, ତରୁଣପିଢ଼ିର ଲେଖକଲେଖିକାବର୍ଗ ତାଙ୍କ ସାଧନାର ଦିବ୍ୟଦିହୁଡ଼ିର ଆଲୋକଲାଭ ନିମନ୍ତେ ସ୍ୱତଃଆକର୍ଷିତ ହୋଇଛନ୍ତି।

ଆଲୋଚ୍ୟକାଳର ଜଣେ ଯଶସ୍ୱୀ ସନେଟ୍‌କାର ହେଉଛନ୍ତି କବି ସତ୍ୟ ପଟ୍ଟନାୟକ। ବୃତ୍ତିଗତଜୀବନର ଦାୟରେ ଆମେରିକାର ଡବ୍‌ଲିନ୍ ସହରରେ ଥାଇ ଓଡ଼ିଆସାହିତ୍ୟ ନିମନ୍ତେ ଆପଣାକୁ ଉତ୍ସର୍ଗ କରି ଦେଇଥିବା ଏହି ଦରଦୀ କବି ଏଯାବତ ଦୁଇଟି କବିତା ସଂକଳନ ପ୍ରସ୍ତୁତ କରି ଓଡ଼ିଆସନେଟ୍ ରଚନାର ପଥକୁ ସୁଗମ କରିଛନ୍ତି। 'ପାଷାଣର ପ୍ରେମସଂଗୀତ' ଏବଂ 'ଝରକା ଖୋଲାଥାଉ' ତାଙ୍କ ସ୍ରଷ୍ଟାମାନସର ସମୁନ୍ନତ ପରିପ୍ରକାଶ। 'ପ୍ରତିଶ୍ରୁତି' ନାମକ ପ୍ରବାସୀ ସାହିତ୍ୟ-ପତ୍ରିକାର ମଧ୍ୟ ସେ ସୁଯୋଗ୍ୟ ସଂପାଦକ। ଏତଦ୍‌ବ୍ୟତୀତ 'ବ୍ଲାକ୍ ଇଗଲ ପ୍ରକାଶନ' ନାମକ ଏକ ଅଣବ୍ୟାବସାୟିକ ପ୍ରକାଶନ ସଂସ୍ଥା ମାଧ୍ୟମରେ ଶତାଧିକ ଦୁର୍ଲଭ ଓଡ଼ିଆପୁସ୍ତକର ପ୍ରକାଶନ, ଓଡ଼ିଆସାହିତ୍ୟର ଉଦ୍ଧାରଣ, ଅନୁବାଦ ତଥା ବିଶ୍ୱବ୍ୟାପୀ ପ୍ରଚାର ଓ ପ୍ରସାର ନିମନ୍ତେ ତାଙ୍କର ଏକନିଷ୍ଠ ଉଦ୍ୟମ ଅବଶ୍ୟ ପ୍ରଶଂସନୀୟ। ସଂପାଦନା ତଥା ପ୍ରକାଶନର ଦାୟିତ୍ୱ ସମେତ ଓଡ଼ିଆସନେଟ୍ ରଚନାରେ ରହିଛି ତାଙ୍କର ଅନୁରକ୍ତ ଅଭିରୁଚି। ଏକବିଂଶଶତାବ୍ଦୀର ଓଡ଼ିଆସନେଟ୍ ଧାରାରେ କବି ସତ୍ୟ ପଟ୍ଟନାୟକଙ୍କର ଯୋଗଦାନ ଅତ୍ୟନ୍ତ ଆଶ୍ୱାସନାର ବିଷୟ।

'ନିଜ ନିଜ ଆକାଶ', 'କିଛି ନୀରବତା', 'କାକରବୁନ୍ଦାରେ ସୂର୍ଯ୍ୟ', 'ଭୂଲଗ୍ନା', 'ତନୁତୀର୍ଥ', 'ଗୋଧୂଳିର ଗୀତ' ଆଦି କବିତା-ସଂକଳନ ମାଧ୍ୟମରେ ସମକାଳୀନ କବିତାଜଗତରେ ପ୍ରଗାଢ଼ ପାଠକୀୟ ସ୍ୱୀକୃତି ପାଇଥିବା କବି ବୀଣାପାଣି ପଣ୍ଡାଙ୍କର 'ଜହ୍ନବଗିଚ୍ଛ' ଗୋଟିଏ ସନେଟ୍-ସଂକଳନ। ଓଡ଼ିଆସନେଟ୍ ରଚନାର ଦୀର୍ଘ ଇତିହାସ ମଧ୍ୟରେ କବି କୁନ୍ତଳାକୁମାରୀ, ବ୍ରହ୍ମୋତ୍ରୀ ମହାନ୍ତି ଓ ବନଜ ଦେବୀଙ୍କ ପରି ଏହି ସୂକ୍ଷ୍ମରଚନାଧାରାରେ ସିଦ୍ଧିଲାଭ କରିଥିବାର ସାଫଲ୍ୟ ପ୍ରଦର୍ଶନ କରିପାରିଛନ୍ତି କବି ବୀଣାପାଣି ପଣ୍ଡା। ସମକାଳୀନ ତରୁଣ ସନେଟ୍‌କାରମାନଙ୍କ ମଧ୍ୟରୁ କବି ଜ୍ଞାନୀ ଦେବାଶିଷ ମିଶ୍ର, କବି ସୌମ୍ୟ ସାରସ୍ୱତ ଦାଶ ଏବଂ କବି ସୂର୍ଯ୍ୟସ୍ନାତ ତ୍ରିପାଠୀଙ୍କୁ ଆଲୋଚ୍ୟ ସଂକଳନରେ ସେମାନଙ୍କ ପ୍ରତିଭାର ପ୍ରାବୀଣ୍ୟ ହେତୁ ଗ୍ରହଣ କରାଯାଇଛି। ସେମାନଙ୍କ ମଧ୍ୟରୁ କବି ମିଶ୍ର '୨୦୧୬' ମସିହାରେ 'ଦାଗ' କବିତା ସଂକଳନ ନିମନ୍ତେ କେନ୍ଦ୍ରସାହିତ୍ୟ ଅକାଦେମିର ଯୁବପୁରସ୍କାର ଲାଭ କରିବାର ଗୌରବ ଅର୍ଜନ କରିଥିବାବେଳେ ଶ୍ରୀଯୁକ୍ତ ତ୍ରିପାଠୀ 'ଏ ସମ୍ପର୍କ ଏମିତି' କବିତା ସଂକଳନ ନିମନ୍ତେ ୨୦୧୭ ମସିହାରେ ଜାତୀୟସ୍ତରରେ ଯୁବପୁରସ୍କାର ଲାଭ କରି ଆମ୍ଭମାନଙ୍କୁ ଗୌରବାନ୍ୱିତ କରିଛନ୍ତି। ଏହି ଯୁବପ୍ରତିଭାତ୍ରୟଙ୍କୁ ନିକଟରୁ ଓଡ଼ିଆସନେଟ୍‌ର ସୁବର୍ଣ୍ଣଯୁଗ ନିମନ୍ତେ ସ୍ୱର୍ଣ୍ଣିମସ୍ୱପ୍ନ ଦେଖିବା ଆଦୌ ଦିବାସ୍ୱପ୍ନର ଖିଆଲି ଖିଅଖୋଜା ହେବ ନାହିଁ।

କବି ଗିରିଜାଙ୍କ ବିପୁଳ ସୃଷ୍ଟି ତଥା ତଦ୍‌ଜନିତ ପାଠକୀୟତା କାରଣରୁ ହେଉ

ବା ଅନ୍ୟ କୌଣସି କାରଣ ହେତୁ ଅଧୁନା ଓଡ଼ିଆସାହିତ୍ୟ କ୍ଷେତ୍ରରେ ସନେଟ୍‌ରଚନାର ଧାରା ପୁନଃଉଜ୍ଜୀବିତ ହେବା ପରି ମନେ ହେଉଛି। ପତ୍ରପତ୍ରିକାରେ ତଥା ସାମାଜିକ ଗଣମାଧ୍ୟମରେ ସନେଟ୍‌ର ପୁନଃପୁନଃ ଦର୍ଶନ ମିଳୁଛି। ଏପରିକି ୨୦୨୦ ମସିହାରେ 'ଚନ୍ଦନଧାରା' ନାମକ ସାହିତ୍ୟପତ୍ରିକା ଗୋଟିଏ ସନେଟ୍ ବିଶେଷାଙ୍କ ମଧ୍ୟ ପ୍ରକାଶ କରିଛନ୍ତି। ତେବେ ଏଠାରେ ମନେରଖିବାକୁ ହେବ ଯେ ସନେଟ୍‌କାରମାନଙ୍କର ଅଭିବୃଦ୍ଧି ଘଟିଲେ ଯେ ସନେଟ୍‌ରଚନାର ସମୃଦ୍ଧି ସାଧିତ ହେବ- ଏପରି ଭାବିବା ସଂପୂର୍ଣ୍ଣ ଭ୍ରମାତ୍ମକ। ସନେଟ୍ ଚଉପାଦର ଚତୁଷ୍କୋଣୀୟ କ୍ଲୀବ ଆକୃତି ନୁହେଁ। ଏହା ଏକ ଶୃଙ୍ଖଳା, ସୂତ୍ର, ବିନା ଧନୁରେ ବିନା ଶରରେ ମୁରଲୀପାଣି କ୍ଷତ୍ରୀବୃତ୍ତି କରିବା ପରି ପ୍ରତ୍ୟକ୍ଷ ଦର୍ଶନ ନଥିବ କି ସମ୍ଭାଷଣ ନଥିବ ଅଥଚ ଅସ୍ଫୁଟ ଧ୍ୱନିରେ ହୃଦୟ ହରଣ କରିବାର କବିବୃତ୍ତି। ୧୮୨୭ ମସିହାରେ କବି ୱାର୍ଡସ୍ୱାର୍ଥ ସମୀକ୍ଷକମାନଙ୍କୁ ସମ୍ବୋଧନ କରି କହିଥିଲେ- "ସନେଟ୍‌କୁ ଉପହାସ କରନାହିଁ" (scorn not the sonnet)। କବିଙ୍କ ଭାଷାରେ,

"Scorn not the sonnet; critic, you have frowned,
Mindless of its just honours; with this key
Shakespeare unlocked his heart; the melody
of this small lute gave ease to Petrarchis wound
xxx"

(P.206 - Wordsworth poetical work Oxford University Press - 1969)

ହେ ସମାଲୋଚକ ବର୍ଗ! ସନେଟ୍‌ର କ୍ଷୁଦ୍ରତାକୁ ଦେଖି ଉପହାସ କରନାହିଁ। ତାର ସମାଦର ପ୍ରତି ଅନଭିଜ୍ଞ ରହି ଅସନ୍ତୋଷରେ ଭ୍ରୂକୁଞ୍ଚନ କରନାହିଁ। ସେକ୍‌ସପିୟରଙ୍କ ହୃଦୟର ଅବରୁଦ୍ଧ ଦ୍ୱାରକୁ ଖୋଲି ପାରିଥିଲା ଏହି ସନେଟ୍‌ର ସୂକ୍ଷ୍ମ କଞ୍ଚିକା। ପେତ୍ରାର୍କଙ୍କର କ୍ଷତାକ୍ତ ହୃଦୟ ନିମନ୍ତେ ପ୍ରଲେପନ ଥିଲା ଏହି ସନେଟ୍।

ବିଦେଶୀସାହିତ୍ୟରୁ ଉନ୍ନବିଂଶ ଶତାବ୍ଦୀର ଶେଷପାଦରେ ଓଡିଆସାହିତ୍ୟ ଅୟନକୁ ଆସି ବ୍ରହ୍ମବାଦୀ ମଧୁସୂଦନଙ୍କ ପାବନସ୍ପର୍ଶରେ ସମୁଚ୍ଚ ଚେତନାର ପରିପ୍ରକାଶକ ସନେଟ୍, କବି ନନ୍ଦକିଶୋରଙ୍କ ଭବ୍ୟ ଦୃଷ୍ଟିରେ ଅଭିନନ୍ଦିତ ସନେଟ୍, କବି ବୈକୁଣ୍ଠନାଥଙ୍କ ବିଦଗ୍ଧ ବହ୍ନିରେ ପ୍ରଜ୍ୱଳିତ ସନେଟ୍, କବି ମାନସିଂହଙ୍କର ସନ୍ତର୍ପଣ ମାପଚୁପ ମଧ୍ୟରେ ଗୋପନପ୍ରଣୟର ଅଭିସାରରେ ସୁଲିପ୍ତ ଥିବା ସନେଟ୍ ଏବଂ କବି ଗିରିଜାଙ୍କ ଓଜ୍ର ଧୀର ଅନୁରାଗମୟ ଦୀପ୍ତିରେ ଚର୍ଯ୍ୟାଂଶୁକଣିକାରେ ବିଭୂଷିତ ହେଇଥିବା ଚୌଦାଳିକା ସନେଟ୍‌କୁ ଚଉଦଧାଡ଼ିର ତୁଚ୍ଛା ଭାବପ୍ରକାଶକ ସହଜିଆ କବିତାଧାରା ଭାବନାହିଁ। ସେ କବି ହୁଅନ୍ତୁ ବା ସମାଲୋଚକ- ସନେଟ୍‌କୁ ଚଉଦପାଦର ସଂଖ୍ୟାଶ୍ରୟୀ ଧାରା ମନେକରିବା ବିଧେୟ ନୁହେଁ।

(୩)

ଏଇଠୁ ମୋର ବିଦାୟ ନେବାର ବେଳା। ଏହି ମୋର ଅବତରଣିକାର କାହାଣୀ। ଜଣେ ବାଟଚଲା ପଥିକର ପାଦଚଲା ଅନୁଭୂତି ମାତ୍ର। ଏହା ଓଡ଼ିଆସନେଟ୍ ସଂପର୍କରେ ସବୁକଥା ନୁହେଁ, ନୁହେଁ ମଧ୍ୟ ଶେଷକଥା। ଏହା ଚାଲୁଚାଲୁ ଥମ୍ ହୋଇଯାଇଥିବା ଥକାମନର ସ୍ମୃତିରୋମନ୍ଥନ ନୁହେଁ କି ଛାଇ ତଳେ ବସିପଡି ଅତୀତକୁ ସ୍ମରୁଥିବା ବିରାମଲୁବ୍ଧ ପ୍ରାଣର ଉଚ୍ଚାରଣ ନୁହେଁ। ଏହା ମୋର ଚାଲିବାବେଳର କଥା, ମୋ ଅସରନ୍ତି ଯାତ୍ରାର ଏବଂ ଯାତ୍ରାକୁ ଭଲପାଉଥିବା ଜୀବନର କଥା। ଯାହା ଏହି ସଂକଳନର ସୀମିତ ସମାଳୀରେ ସାଉଁଟି ଆଣିଲି, ସେଥିରେ ମୁଁ ପରିତୃପ୍ତ ନୁହେଁ। ନିହାତି ସାଂସାରିକ ଜୀବନ ବଂଚୁଥିବା ଲୋଭୀମଣିଷଟିଏ ମୁଁ। ମୂର୍ଖମାଙ୍କଡ଼ ପରି ମୁଠାଏ ଚଣା ନେଇ ଆସିବି ଭାବିଲାବେଳକୁ ହାତଟା ବାନ୍ଧି ହେଇ ରହିଯାଏ। ଯାହା ଆଣିଲି ତାହା ଯେତେ ସନ୍ତୋଷ ଦେଲାନି, ଯାହା ଆଣିପାରିଲିନି ସେଥିଲାଗି ବିକଳ ଲାଗିଲା। ଯାହା ଦେଖିଲି ତାହା ଯେତେ ପରିତୃପ୍ତ କଲାନି, ଯାହା ଦେଖିପାରିଲିନି ସେଥିଲାଗି ଆକୁଳ ହେଲି। ଯାହା ଛୁଇଁଲି ତାହା ଯେତେ ସୁଖ ଦେଲାନି, ଯାହା ସବୁ ଅଛୁଆଁ ହେଇ ରହିଗଲା ତାହା ପାଇବା ପାଇଁ ଅଦ୍ୟାବଧି ମୁଁ ହାତ ବଢ଼ାଇଛି। ବାମନ ହେଲି ବୋଲି ଚନ୍ଦ୍ରକୁ ଛୁଇଁପାରିବିନି ସିନା, ଦେଖିବାରୁ କାହିଁକି ନିଜକୁ ନିବୃତ୍ତ ରଖିବି, ଯାହା ଦେଖିଲି ସେ ସୌନ୍ଦର୍ଯ୍ୟାନୁଭୂତି ଟିକକ ଆଉ କାହା ପାଖରେ ପରଶିବାରେ କାହିଁକି କୁଣ୍ଠା ରଖିବି ?

'ସବୁ ସମୟର ସନେଟ୍' ସମାଳୀଟି ଭାଷାଭାରତୀଙ୍କ ପୟର ତଳେ ଅରପି ଦେଇ ଘେନା କରିବାକୁ ନିବେଦନ କରୁଛି। ପ୍ରକାଶକ କବି ସତ୍ୟପଟ୍ଟନାୟକ ମହୋଦୟଙ୍କ ନିମନ୍ତେ ଏପରି ଏକ ସନେଟ୍ ଚୟନ କାର୍ଯ୍ୟ ସଂପୂର୍ଣ୍ଣ ହୋଇପାରିଲା। ମଧୁସୂଦନଙ୍କ ନିକଟରୁ ସାଂପ୍ରତିକ ସନେଟ୍‌କାରମାନଙ୍କ ପର୍ଯ୍ୟନ୍ତ ସନେଟ୍‌ସମୂହକୁ ଏକତ୍ରିତ କରିବା ଥିଲା କବିଙ୍କ ସ୍ୱପ୍ନ। ସ୍ୱପ୍ନ ପାଇଁ ଯେତିକି ଶ୍ରମ, ଶ୍ରଦ୍ଧା ଓ ସନ୍ତର୍ପିତ ପଦକ୍ଷେପ ଆବଶ୍ୟକ ତାହା ହୁଏତ ଏହି ସାଉଁଟାଳି କରିପାରିନି। ତେଣୁ କ୍ଷମାପାର୍ଥୀ। ପ୍ରକାଶକ ମହୋଦୟଙ୍କ ନିକଟରେ ଗଭୀର କୃତଜ୍ଞତା। କନ୍ୟାପ୍ରତିମ ଶ୍ରଦ୍ଧେୟା ଛାତ୍ରୀ ଗବେଷିକା ପଲ୍ଲବିନୀ ସାମଲଙ୍କର ସାହାଯ୍ୟ ସହଯୋଗ ନିମନ୍ତେ ଚିରକୃତଜ୍ଞ ରହି ତାଙ୍କର ଉତ୍ତରୋତ୍ତର ଉନ୍ନତି କାମନା କରୁଛି। ମଧୁସୂଦନ ପାଠାଗାର ଏବଂ ସୃଜନିକା ଡିଜିଟାଲ୍ ପାଠାଗାରର କର୍ମକର୍ତ୍ତାମାନଙ୍କ ନିକଟରେ ଗଭୀର କୃତଜ୍ଞତା। ଓଡିଆ ଗବେଷଣା ଓ ଅନୁସନ୍ଧାନ କାର୍ଯ୍ୟରେ ଏପରି ପୁରାତନ ପାଠାଗାର ଓ ଆଧୁନିକ ଜ୍ଞାନକୌଶଳର ଭୂମିକା ଏକାନ୍ତ ଗୁରୁତ୍ୱପୂର୍ଣ୍ଣ।

ସଂଜିତା ମିଶ୍ର

ଭକ୍ତକବି ମଧୁସୂଦନ ରାଓ

ବାଣୀ

ହୃଦୟ-ଉଦୟାଚଳେ ଶୁଭ ଉଷା-ରାଣୀ
ଜୟ ମା' ଅମୃତମୟୀ ବାଗୀଶ୍ୱରୀ ବାଣୀ।
ନନ୍ଦନ-କମଳ-ବନେ ଉଭା ଶୋଭାମୟୀ,
ଲଲାଟେ ଚିନ୍ମୟ ଜ୍ୟୋତି କିରୀଟ ରାଜଇ।

ପ୍ରଭାତୀ ତାରାର ପ୍ରଭା ଖେଳଇ ନୟନେ,
ବିତରଇ ବରାଭୟ ଭବନେ ଭୁବନେ।
ଅଧର ପଲ୍ଲବୁଁ ଝରେ ପୀୟୂଷ ଲହରୀ,
କୋଟି ବ୍ରହ୍ମାଣ୍ଡର କ୍ଷୁଧା-ପିପାସାକୁ ହରି।

ବିଶ୍ୱ-ବୀଣା ଶ୍ରୀହସ୍ତରେ ବାଜେ ସୁମଙ୍ଗଳେ,
କୋଟି ହୃଦପଦ୍ମ ଫୁଟିଉଠେ ପଦତଳେ।
ଅମୃତ ସଙ୍ଗୀତମୟ ବିଶ୍ୱବିମୋହିନୀ,
ବ୍ରହ୍ମାଣ୍ଡର କାମଧେନୁ ବ୍ରହ୍ମାଣ୍ଡ-ତାରିଣୀ।

ଜୟ ବିଶ୍ୱ-ପ୍ରସବିନୀ, ବିଶ୍ୱ ଆନନ୍ଦରେ
ଜୀବନ-କୁସୁମାଞ୍ଜଳି ଢାଳେ ଶ୍ରୀପୟରେ।

ବିଚ୍ଛେଦ

(ଜଣେ ବନ୍ଧୁଙ୍କର ପତ୍ନୀ ବିୟୋଗ-ଶୋକକୁ ଲକ୍ଷ୍ୟକରି ଲିଖିତ)

ହଜିନାହିଁ ଯାର କେବେ କିଛି ହିଁ ରତନ
ଏ ମର୍ତ୍ତ୍ୟ ସଂସାରେ ସେହି ଦୀନ ଅକିଞ୍ଚନ।
ସେ ପୁଣି ଦରିଦ୍ରତର, ହରାଇ ରତନ
ଏ ଭବଭବନେ ତାହା ପାସୋରେ ଯେ ଜନ।

ସେ ପୁଣି ଦରିଦ୍ରତମ କୃପା-ପାତ୍ର ଅତି,
ହରାଇ ପାସୋରିବାକୁ ବଳେ ଯାର ମତି।
ଶୋକର ଅସୀମ ମସୀମୟ ଅନ୍ଧକାରେ
ପ୍ରେମର ପ୍ରଦୀପ ଜାଳି ମର୍ମବେଦନାରେ,

ଯେ ଜନ ଜପଇ ଶିବ-ରାତ୍ରି-ଜାଗରଣେ
ଅଶ୍ରୁ-ପୂତ ପ୍ରେମ-ମନ୍ତ୍ରେ ହୃଦୟ ରତନେ
ସେହି ଏକା ଏ ଜଗତେ ମହାଧନେ ଧନୀ,
ଅକ୍ଷୟ ଭଣ୍ଡାର ତାର ଦିବସ-ରଜନୀ।

ପ୍ରଭୁ ହେ, ଶାଶ୍ୱତ ତବ ଶ୍ରୀକୋଠଭଣ୍ଡାରେ
ରଖ ବନ୍ଧୁ-ହୃଦନିଧି ଲକ୍ଷ୍ମୀ-ପ୍ରତିମାରେ।

ହୃଦୟ - ସଙ୍ଗୀତ

ଇନ୍ଦ୍ରିୟର କାରାଗାରେ ରୁଦ୍ଧ ପ୍ରାଣ-ପକ୍ଷୀ
ଦିବା-ନିଶି ବ୍ୟାକୁଳିତ ଅସ୍ଥିର ବିକଳ।
ନିଗୂଢ଼ ଆକାଙ୍କ୍ଷା ଆଶା କେଉଁଠାରେ ରଖି,
ବାଷ୍ପାକୁଳ ଗଦ୍‌ଗଦ ସ୍ୱରେ ଅବିରଳ

ତାହାର ସଙ୍ଗୀତ ଗାଏ ଚମକି ଚମକି।
ସେ ସଙ୍ଗୀତ ସଙ୍ଗେ ଶତ ସ୍ୱପନ ଚପଳ
ମିଶାଉଛି କ୍ଷଣେ କ୍ଷଣେ କଳପନା-ସଖୀ।
ସ୍ମୃତି-ସହଚରୀ କେତେ କେତେ ଅଶ୍ରୁଜଳ,

କେତେ ଚିନ୍ତା ସେ ସଙ୍ଗୀତେ କରଇ ମିଳିତ
ଅନନ୍ତର ଅଭିମୁଖେ ସେ ସଙ୍ଗୀତ-ନଦ
ବ୍ୟଗ୍ର ଧାଇଁବାରେ, କିନ୍ତୁ ଏ କି ରେ ବିପଦ,
ପଦେ ପଦେ ତାର ପଥ ପାଷାଣେ-ପିହିତ !
ଭାଙ୍ଗି ସେ ପାଷାଣ, ଲଭି ପ୍ରେମ-ବିଷ୍ଣୁପଦ,
ଅନନ୍ତେ ମିଳିବ କି ରେ ଅନ୍ତରସଙ୍ଗୀତ ?

କବି ସାଧୁଚରଣ ରାୟ

ମାତା

ବାଳକ-ସୁଲଭ-କ୍ରୀଡ଼ା ରଚି ଧୂଳି ଘର,
କ୍ରୀଡୁଥିଲି ଯେବେ ମାତଃ ଗୃହ-ପ୍ରାଙ୍ଗଣରେ,
ଆସିଲା ସହସା ଡାକ, -ବିଦ୍ୟୁତ୍ ବେଗରେ
ଗମିଲୁ ତୁ ବାପଘର - ନ ସହିଲା ତର

ଦେବାକୁ ଚୁମ୍ବନ ମୋତେ କରିଣ ଆଦର।
ନାହିଁ ତବ ସ୍ନେହମୂର୍ତ୍ତି ଏ ମୋର ମନରେ,
ସ୍ମୃତି-ଚିତ୍ର-ପଟ ଶୂନ୍ୟ-ଦେଖା ମୁଖ ଥରେ
ଥିଲୁ ତୁ ଜନନୀ କିଏ ଏ ଦୁଃଖୀ ପ୍ରାଣର।

ଏକାବେଳେ ଗଲା ଲାଖି ମନ ବାପଘରେ,
ନ ଆସିଲୁ ବାରେ ଫେରି ସ୍ୱପ୍ନରେ ଜନନି!
ଏଡ଼େ କି ଅସାର ସ୍ଥାନ ଏ କ୍ଷୁଦ୍ର ଅବନୀ?
ତେବେ କିପାଁ ମୁଁ ରହିବି - ଆସ ମାତଃ ଥରେ,

ତୋର ସ୍ନେହାଞ୍ଚଳ ଧରି ଗମିବି ସଙ୍ଗରେ,
ଭୁଞ୍ଜିବି ସେ ପ୍ରେମ-ସୁଧା ଯା ଭୁଞ୍ଜୁ ଜନନି।

ବିଦ୍ରୋହୀମନ ପ୍ରତି

କ୍ଷାନ୍ତ ହୁଅ ଧୀରେ କହ କଥା ଆରେ ମନ,
ନତ କର ଶିର ଦିବା ହୁଏ ଅବସାନ।
ଆସେ ସନ୍ଧ୍ୟା ଶାନ୍ତିମୟୀ ଦିବାମୁଖ ମ୍ଳାନ,
ଅସଂଖ୍ୟା ନକ୍ଷତ୍ର-ଦୀପେ ଖଚିତ ଗଗନ -

ଆରତି ସମୟ ଏହି, - ଶଙ୍ଖ ଘଣ୍ଟା ସ୍ୱନ
ନିଃଶବ୍ଦ ଗମ୍ଭୀରେ ଉଠେ, - ନତକରି ଆଣ
ବିଦ୍ରୋହର ଉଚ୍ଚକଣ୍ଠ, - ଧର ଧୀରେ ତାନ
ପୂରବୀ ସଙ୍ଗୀତ, - କର ସନ୍ଧି ସଂସ୍ଥାପନ,

ଆଉ ନାହିଁ - ରଖ ରଖ ଅଭିଯୋଗ ତବ,
କର ମୌନ ବାସନାର ବିଳାପ ନିଷ୍ଫଳ,
ଦେଖ ମୌନ ନଭସ୍ଥଳ - ବନ ଜଳ ସ୍ଥଳ
ଶାନ୍ତିଚିତ୍ରେ ସୁଶୋଭିତ, - ନାହିଁ ଭବରବ,

ଲଭରେ ଏ ଶୁଭକ୍ଷଣେ ଅନନ୍ତ-ବିଭବ
ଅନନ୍ତ ଗୌରବ ଶାନ୍ତି - ତ୍ୟଜି କୋଳାହଳ।

ମିଥ୍ୟା

ସର୍ବଗ୍ରାସୀ ରାକ୍ଷସୀ ତୁ ନରକ କୁମାରୀ,
ଭେଦାଭେଦ ପାତ୍ରାପାତ୍ର ନାହିଁ ଲୋ ତୋହର, -
ଯାହା ତାହା ସହବାସ ଲୋଡୁ ନିରନ୍ତର,
ଅସତୀ-କୁଟିଳ-ନେତ୍ରେ ଦେଖୁ ନର ନାରୀ;

ନ ମେଣ୍ଟେ ତୋ କାମତୃଷ୍ଣା - ହୋଇ ସ୍ୱେଚ୍ଛାଚାରୀ
ଭ୍ରମୁ ନିତ୍ୟ ଦେଶେ ଦେଶେ ଧରି ରୂପାନ୍ତର, -
ଭୀରୁ-କାପୁରୁଷ-ସୂତା ହୋଇ ନାହିଁ ଡର ?
ନିର୍ଲଜ୍ଜା କୁଳଟା ତୁହି ଘୋର ବ୍ୟଭିଚାରୀ।

ସେଥିପାଇଁ ରୂପାଜୀବା ତୁଲ୍ୟ ଦରଶନ
ଦେଉ ନିତ୍ୟ ହୃଦୟରେ ନୂତନ ନୂତନ
ମନୋ ମୁଗ୍ଧକାରୀ ବେଶେ, ଲୋଭ ମୋହ ହାରେ -
ଆତ୍ମା ସତ୍ୟକର ଛାଡ଼ି ଭୁଲେ ତୋ ମାୟାରେ,

ପତିହୀନା ସତୀ ତୁଲ୍ୟ ନ ଧରେ ଜୀବନ,
ହୁଅଇ ହୃଦୟ ରାଜ୍ୟ ତମସ ଆଚ୍ଛନ୍ନ।

ବ୍ୟାସକବି ଫକୀରମୋହନ ସେନାପତି

ଆଶା

ରାଗ-ମଙ୍ଗଳ ।

ଅମର ବିହଗୀ ସେ କି ? ବିଚିତ୍ର ବରଣ,
କେଉଁ ମହାଗଗନରେ କରେ ବିଚରଣ ?
ଆକର୍ଷଣ କରେ ମନ ଆଶ୍ୱାସେ ବିଶ୍ୱାସେ,
ତାହା ପଛେ ଗଗନରେ ଭ୍ରମିବା ସକାଶେ ।
କି ଆଲୋକ ସୁଖମୟ ଦେଶେ ଯିବାପାଇଁ,
ଦିବା ନିଶି ପ୍ରାଣ ତାହା ପଛେ ଥାଏ ଧାଇଁ ।
ଉଦାର ଆହ୍ୱାନେ ସବୁ ଭୁଲି ଯାଏ ପ୍ରାଣ,
ଲଙ୍ଘିଯାଏ କେତେ ବାଧା ବିଘ୍ନ ବ୍ୟବଧାନ ।
ସ୍ୱର୍ଣ୍ଣରଥେ ଘେନିଯାଏ ଅନ୍ଧକାର ଦେଶେ,
ସଂକୀର୍ଣ୍ଣତା ଭୁଲି ମନ ଧାଏଁ ମହାବେଶେ ।
ନ ବୁଝେ ସେ ରୂପାନ୍ତରା-ମରୁ ମରୀଚିକା,
ଭ୍ରମ ଚକ୍ରେ ଭୁଲିଯାଏ ରୂପ ବିଭୀଷିକା ।
ମାତ୍ରକ ନ ଥିଲେ ଆଶା-ରଜ୍ଜୁର ବନ୍ଧନ,
ଭାସୁଥାନ୍ତା ତମୋମୟ ଗଗନେ ଜୀବନ ।

ଜନନୀ ଉତ୍କଳ-ଭାଷା

ରାଗ-ଭୈରବ ଝୁଲା ।

ମୋ ଜୀବନ ସାର ଧନ ଜନନୀ ଉତ୍କଳ ଭାଷା ।
ଆସ ଗୋ ମା ! କରେଁ ପୂଜା ପୂର୍ଣ୍ଣ ହେଉ ପ୍ରାଣ ଆଶା ।
ଭକ୍ତି,ଶ୍ରଦ୍ଧା, ସ୍ନେହ, ମାୟା,ହୃଦୟ ସ୍ୱର୍ଗୀୟ ଧନ,
ଜନନୀ ଗୋ ! କୃପା କରି କରୁ ତୁହି ବିତରଣ ।

ଜ୍ଞାନ, ବିଦ୍ୟା, ସୁଖ, ଭାଗ୍ୟ ଯାହା କିଛି ମନୁଷ୍ୟତ୍ୱ,
ଜନନୀ ! ପ୍ରସାଦେ ତବ, ଅନୁଭବେଁ ସାରତତ୍ତ୍ୱ ।
ବିଦ୍ୟାହୀନ, ଶକ୍ତିହୀନ, ଦୀନ, ହୀନ ଅକିଞ୍ଚନ,
ଆହା ମା' ! କି ଦେଇ ମୁହିଁ ବନ୍ଦିବି ଗୋ ତୋ ଚରଣ ।

ଆତ୍ମଶକ୍ତି ଅନୁସାରେ କରୁଛି ମା' ତୋ ବନ୍ଦନା,
ନ ବୁଝିଲି ପାଷଣ୍ଡ ମୁଁ ଏହା ଲୋକ ବିଡ଼ମ୍ବନା ।
ଦେଇ ମା ଗୋ ! ଭକ୍ତିପୁଷ୍ପ ସେବିବି ଚରଣ ତୋର,
ହେଉ ପଛେ ସେ ସୁମନ ଗନ୍ଧହୀନ ଅସୁନ୍ଦର ।

ଏତିକି ପ୍ରାର୍ଥନା ମାତଃ ! କରୁଅଛି ବାରେ ବାରେ,
ଜୀବନ ଅନ୍ତିମ କାଳ ଗତ ହେଉ ତୋ ସେବାରେ ।

ଜୀବନ ନଦୀ

ନଦୀରୂପେ ମୋ ଜୀବନ ଯାଉଅଛି ବହି,
ହସି କାନ୍ଦି କୁଲୁ କୁଲୁ କଥା କହି କହି।
କେତେରୂପେ ବସିଅଛି ହୃଦରେ ତରଙ୍ଗ,
ପ୍ରଲୋଭନ ଉଦ୍ଦୀପନ ବିବିଧ ପ୍ରସଙ୍ଗ।

ସୁଖ ଶାନ୍ତି ପ୍ରେମ ମୋହ ଲାଳସା ନିଚୟ,
ଫେନପୁଞ୍ଜ ଉଠି ଭାସି ପାଉଛନ୍ତି ଲୟ।
କାମ କ୍ରୋଧ ଲୋଭ ମୋହ କୁମ୍ଭୀର ଭୁଜଙ୍ଗ,
ଯତନେ ଲୁଚାଇଛନ୍ତି ନିଜ ନିଜ ଅଙ୍ଗ।

ବେଳେ ବେଳେ ଘୂରେ ସ୍ରୋତ ଜଞ୍ଜାଳ-ଘୂରୁଣି,
ଥୋକେ ଦୂର ଯାଇ ଛାଡ଼ି ଯାଉଛନ୍ତି ପୁଣି।
ଚାଲୁଛି ନିୟତ ସ୍ରୋତ ପାରୁ ନାହିଁ ଜାଣି,
କେଉଁ ଆକର୍ଷଣୀ ଶକ୍ତି ନେଉଅଛି ଟାଣି।

ମିଶିଯିବ ଦିନେ ଯାଇ ଅନନ୍ତସାଗରେ,
ହେ ମାନବ, ତତ୍ତ୍ୱ କିପାଁ ନ ଚିନ୍ତ ମନରେ।

ସ୍ୱଭାବ କବି ଗଙ୍ଗାଧର ମେହେର

ଖଦ୍ୟୋତର ଖେଦ

ଖେଦେ କହେ ଖଦ୍ୟୋତ ମୁଁ ଅତି କ୍ଷୁଦ୍ର ଜୀବ
କି ବିଚାରି ପକ୍ଷ ମୋତେ ଦେଇଛି ଦଇବ,
ରଜନୀରେ ଉଡ଼େ ଲୁଚି ଉପହାସ ଡରେ
ଅବା ଦୂରେ ବସିଥାଏଁ ପାଦପ ପତରେ।

ଅଙ୍ଗେ ମୋର ଜ୍ୟୋତି ଥିବା ନାହିଁ ମୋତେ ଜଣା,
ନ ଚାହେଁ ମୁଁ ଜ୍ୟୋତିଷ୍କରେ ହେବା ପାଇଁ ଗଣା।
ତଥାପି ମାନବେ ମୋତେ ଉପହାସ କରି
ବୋଲନ୍ତି ଖଦ୍ୟୋତ କାହିଁ ହେବ ଚନ୍ଦ୍ରସରି ?

କାହିଁ ଚନ୍ଦ୍ର, ମିଳେ ତାଙ୍କୁ ପ୍ରଭାକର କର,
ମୋ ଜ୍ୟୋତିକଣିକା ନିଜ କ୍ଷୁଦ୍ର ଜୀବନର,
କରି ନ ଜାଣଇ ପରଧନେ ଅଭିମାନ,
କେମନ୍ତେ ପାରିବି ହୋଇ ଚନ୍ଦ୍ରମା ସମାନ ?

ନ କର ମାନବେ କ୍ଷୁଦ୍ର ଜୀବେ ଉପହାସ,
ନିଜର ଜୀବନ-ଜ୍ୟୋତି କର ପରକାଶ।

ସୂର୍ଯ୍ୟ ପ୍ରତି ଦୀପ

ଭାସ୍କର ନାମକୁ ସୂର୍ଯ୍ୟ କରୁଛ ସଫଳ,
ଆଲୋକିତ କରି ଚର-ଅଚର ସକଳ।
ମୋର ପ୍ରତି ପ୍ରତିକୂଳ ହେଲ କି କାରଣ,
ଯା' ଥିଲା ମୋ ପ୍ରଭାଟିକ ତା କଲ ହରଣ।

ତୁମ୍ଭ ରିପୁ ତମ, ତାକୁ ନାଶ ଏ ସଂସାରେ,
ମୁହିଁ ତମ ନାଶିଥାଏଁ ଶକ୍ତି ଅନୁସାରେ।
ଉଚିତ ଅଟଇ ମୋହଠାରେ ତୁମ୍ଭତୋଷ,
କିନ୍ତୁ ମୋ ଆଲୋକ ନାଶ ଦେଖି କେଉଁ ତୋଷ ?

ଅନ୍ଧକାର ସଙ୍ଗେ କଲ ମୋ ଆଲୋକ ଗଣ୍ୟ,
ଧନ୍ୟ ପ୍ରଭାକର ତୁମ୍ଭ ମିତ୍ର ନାମ ଧନ୍ୟ !
ନୟନ-ଦେବତା ତୁମ୍ଭେ ଏ କି ଚମତ୍କାର,
ନ ପାରିଲ ବାରି ନିଜେ ଆଲୋକ ଅନ୍ଧାର।

ଏହି ସ୍ୱଭାବରୁ ତୁମ୍ଭେ ହେଲେ ଯେତେ ବଡ଼,
ଚିହ୍ନା ପଡ଼ିଗଲ ସିନା ଦେବ ନୁହ ଜଡ଼ !

ବାଳ ପାଦପ

କି କୋମଳ ମନୋହର ଚିକ୍କଣ ଉଜ୍ଜ୍ୱଳ,
ମହୀମାତୃକୋଳ-ଶୋଭୀ ବାଳ ତରୁମାନ,
ଅଖଣ୍ଡିତ କିଶଳୟ ବର୍ତ୍ତୁଳ ସରଳ
ଦିଶେ ଦରହାସାଞ୍ଚିତ ଅଧର ସମାନ।

ନୟନେ ମଖାଇ ଦିଏ ପୀରତି-କଜ୍ଜ୍ୱଳ,
ପଦ୍ମରାଗ ମରକତ ବିଜୟ ବରଣ,
ସିକ୍ତ କରେ ମାନସକୁ ସିଞ୍ଚି ମୁଦ-ଜଳ,
ଲଭିଲେ ନବୀନ ରବି କନକକିରଣ।

ହଲୁଥିଲେ ପବନରେ ଦିଶି ଝଲମଲ,
ଶୋକ-ସିନ୍ଧୁ ସୃଜି କୋଳେ ଲହରୀନର୍ତ୍ତନ,
ହିମବିନ୍ଦୁ ମଧୁମୟ ତା'ବିମଳ ଦଳ,
ମଧୁମୟ କରିଦିଏ ସହୃଦୟ ମନ।

ଧନ୍ୟ ତା'ର ଶିଳ୍ପକର ଶିଳ୍ପ କଉଶଳ,
ପୁନର୍ବ୍ଧନ୍ୟ ଯେ ଗଢ଼ିଛି ନୟନଯୁଗଳ।

ପଲ୍ଲୀକବି ନନ୍ଦ କିଶୋର ବଳ

ନୟନର ଭାଷା

ନିବଦ୍ଧ ପାର୍ଥିବ-ଅର୍ଥେ ମାନବର ଭାଷା
ନ ପାରେ ପ୍ରକାଶି ପ୍ରାଣ ଅନ୍ତଃସ୍ଥଳ-ଆଶା।
ନିତାନ୍ତ କୋମଳ ପ୍ରେମ ନିତାନ୍ତ ତରଳ,
ପ୍ରକାଶିବ ବାକ୍ୟ ତାହା କାହିଁ ତାର ବଳ !

ଅତି ସୂକ୍ଷ୍ମ ପ୍ରେମ, ତାହା ନ ସହଇ ଭାଷା,
ବାକ୍ୟପ୍ରକାଶିତ ପ୍ରେମେ ନ ମେଣ୍ଟଇ ଆଶା।
ମେଣ୍ଟାଇବା ଲାଗି ପ୍ରାଣ-ପ୍ରଣୟ ପିଆସା
କ୍ଷଣ ମାତ୍ର ପ୍ରଣୟିନୀ-ନୟନର ଭାଷା।

ଚପଳାର ଆଭାଦୀପ୍ତ ପ୍ରିୟାର ଲୋଚନ,
କିବା ଦିବ୍ୟସୁଧାସିକ୍ତ କରେ ପ୍ରିୟ ମନ;
ନୟନେ ନୟନେ ହୁଏ କଥାବାର୍ତ୍ତା ଯାହା,
ପ୍ରଣୟୀଯୁଗଳଛଡ଼ା କେ ବୁଝିବ ତାହା।

ପୀୟୂଷ ପ୍ରଣୟୀ-ନେତ୍ରୁଁ ପିଇଛି ଯେ ଜନ,
ଅର୍ଥବଦ୍ଧ ବାକ୍ୟେ ତାର ନ ମାନଇ ମନ।

ମାନସୀମୂର୍ତ୍ତି

ଦୂରେ ଥାଅ ଈପ୍‌ସିତ ହେ ନ ଆସ ମୋ ପାଶ,
ମୋହ-ମରୀଚିକା ମୋର ନ କର ବିନାଶ।
ପାଦ୍ୟଅର୍ଘ୍ୟ ଦେଇ ସଦା ହେ ରମ୍ୟ ସୁନ୍ଦର !
ସେ ବରେଣ୍ୟ ପ୍ରତିମାକୁ କରି ନମସ୍କାର,

ପ୍ରାଣର ଗଭୀର ଦେଶେ କରିବି ମୁଁ ସ୍ତବ,
ଦେଖିବି ସେ ଚାରୁ ମୂର୍ତ୍ତି ଚିର ଅଭିନବ।
ଦିଅ ନାହିଁ ଧରା ବନ୍ଧୁ ନ ଭାଙ୍ଗ ମୋ ମୋହ,
ନ ଘଟାଅ କ୍ଷୁଦ୍ର ପ୍ରାଣେ ଦାରୁଣ ବିଦ୍ରୋହ।

ପରଶେ ମଳିନ ହୁଏ ବିକଚ ପ୍ରସୂନ,
ଅପସରି ଯାଏ ମାୟା ମରୀଚିକାପୂର୍ଣ୍ଣ।
ଭକ୍ତି-ପୁଷ୍ପାଞ୍ଜଳି ଢାଳି ମୋ ମୁଗ୍ଧ ହୃଦୟ
ଦୂରରୁ ପ୍ରଣମୁ ସଖା ଶ୍ରୀଚରଣଦ୍ୱୟ।

ଅପସାରି ମୋହ ମୃଗତୃଷ୍ଣିକା ଈପ୍‌ସିତ !
ସେ ମଧୁର ସୁଖୁଁ ସଖା ନ କର ବଞ୍ଚିତ।

ଭାବକୁସୁମ

ଆଜି ଦିନ ଚାଲିଗଲେ ଆଉ ନ ଫେରିବ,
ଏ ଭାବଟି ହଜିଗଲେ ଆଉ ନ ମିଳିବ।
ଏ ଫୁଲଟି ଝଡ଼ିଗଲେ ଆଉ ନ ଫୁଟିବ,
ଏ ଦୀପଟି ଲିଭିଗଲେ ଆଉ ନ ଜଳିବ।

କେତେ ନୂଆ ନୂଆ ଦିନ ଜଗତେ ଆସିବ,
କେତେ ନୂଆ ନୂଆ ଭାବ ପରାଣେ ଉଦିବ।
କେତେ ନୂଆ ନୂଆ ଫୁଲ ଜଗତେ ଫୁଟିବ,
କେତେ ନୂଆ ନୂଆ ଦୀପ ନିଶୀଥେ ଜଳିବ।

ଯେ ଗଲା ସେ ଗଲା ଆହା, ଆଉ ନ ଫେରିବ,
ପୁଣି କି ରୁକ୍ମିଣୀରଥ ବାହୁଡ଼ି ଆସିବ ?
ଯେ ଭାବ-କୁସୁମ ମମ ଭାବ - ଉପବନେ
ଫୁଟି ଉଠୁଥିବ ତେଣୁ ବିଧିର ବିଧାନେ।

ତୋଳି ରଖୁଥିବି ଯତ୍ନେ ନିଶୀଥ - ବର୍ତ୍ତିକା -
ନିର୍ବାଣ ଆଗୁଁ, ନ ପଡୁଁ ପ୍ରାଣ-ଯବନିକା।

କବିଶେଖର ଚିନ୍ତାମଣି ମହାନ୍ତି

ବସନ୍ତ

ମଧୁ, ତୋର ରୂପଗୁଣ ନାମ ମଧୁମୟ,
ଖିଳ ସୁଷମାର ତୁହି ପରମ ଆଶ୍ରୟ।
ଫଳେ ଫୁଲେ କିଶଳୟେ ତୋ ଆତ୍ମପ୍ରକାଶ,
ପିକସ୍ୱରେ ଫୁଟିଉଠେ ଗରିମା ଆଭାସ।

ଶୀତଶୀର୍ଣ୍ଣା ଜଗଜୀର୍ଣ୍ଣା ପ୍ରକୃତି ସତୀର
ତୁ ଅଦ୍ଭୁତ ଚିକିତ୍ସକ ମହିମା-ମିହିର।
ଲାଗି ତୋ ଅମୃତ ହସ୍ତ ରେ ଅମୃତହସ୍ତା,
ହୁଏ ସେ ଯୁବତୀ, ବର୍ଜି ସ୍ଥବିର ଅବସ୍ଥା।

ମ୍ରିୟମାଣ ବିଶ୍ୱପ୍ରାଣେ, ବିଶ୍ୱବାସୀ-ପ୍ରାଣେ
ସମର୍ଥ ତୁ ନବଶକ୍ତି ନବାନନ୍ଦ ଦାନେ।
ସୃଷ୍ଟିରାଜ-ପ୍ରତିନିଧି, ଋତୁରାଜରୂପେ
ଅବତରି ଢାଳୁ ଶାନ୍ତି ସୃଷ୍ଟିଲୋମକୂପେ।

ଦୁଇ ଦିନ ସୁଖ ଦେଇ ଚାଲିଯାଉ କାହିଁ,
ଜଣାଉ ସଙ୍କେତେ ପରା ଚିର ସୁଖ ନାହିଁ।

ଗତସ୍ମୃତି

ଲୋଡ଼ା ନାହିଁ ଲୋଡ଼ା ନାହିଁ, ଯା ଲୋ ଗତସ୍ମୃତି
ବଳେ ବଳେ କିପାଁ ଆସୁ ହୋଇ ଶୋକଦୂତୀ।
ପଡ଼ିଛି ପ୍ରବାସେ ଆସି, ନାହିଁ ଭ୍ରାତୃ ମିତ୍ର,
ଦେଖାଉଛୁ କିପାଁ ତୁହି ନାନା ଗତ ଚିତ୍ର।

ଯାଉ ଗଲା କଥା ସବୁ ଯାଇଛି ତ ସରି,
କିପାଁ ଦେଖାଉଛୁ ତାହା ଗୋଟି ଗୋଟି କରି।
ନ ଦେଖିବି ବୋଲି ଯାହା କରୁଛି ମୁଁ ମନା,
ବାରମ୍ବାର ଦେଖାଇ ତା ନ ଦେ ଲୋ ଯାତନା।

କହ ପାପୀୟସି, ଏଡ଼େ ହଟ କାହିଁପାଇଁ,
ତ୍ରିସଂସାରେ ଆଉ କି ଲୋ ତୋତେ ଠାବ ନାହିଁ।
ତଡ଼ିଦେଲେ ପୁଣି ଆସୁ ବଳପଶୀପଣେ,
ତୋ ପରି ନିର୍ଲଜ୍ଜା ଭବେ ନାହିଁ ଆଉ ଜଣେ।

ଯା ଯା ଦୁଷ୍ଟା ଦୂରେ ରହ ମହତ୍ତ୍ୱ ସମ୍ଭାଳି,
ଏଥର ଆସିଲେ ଦେବି ଅନର୍ଗଳ ଗାଳି।

ବଡ଼ଲୋକ

ଶୁଣିଛି କି, କେହି କେବେ କରିଛି ଭୋଜନ
ହୀରକର ଅନ୍ନ ସଙ୍ଗେ ମୁକ୍ତାର ବ୍ୟଞ୍ଜନ ?
କାଷ୍ଠାଗ୍ନିରେ ପୋଡ଼ା ହେବ ଦୀନ ନିଃସମ୍ବଳ,
ଧନୀ ପାଇଁ ଲୋଡ଼ା କି ହେ ସୁବର୍ଣ୍ଣ ଅନଳ ?

ଧନୀ କି ଅଧିକ ଚକ୍ଷୁକର୍ଣ୍ଣ ଆଦି ଧରେ ?
କି ପ୍ରଭେଦ ତେବେ ଧନୀ ଦରିଦ୍ର ମଧ୍ୟରେ ?
ଧନୀ ବୋଲି ଚିତ୍ରଗୁପ୍ତ ଦେବ ନାହିଁ ପିଢ଼ା,
ସମସ୍ତେ ତା' ଆଗେ ହେବେ ହାତ ଯୋଡ଼ି ଛିଡ଼ା ।

ବଡ଼ ସାନ ବୋଲି ଶୁଭେ କିପାଁ ବୃଥା ହୁଡ଼ି,
ବଡ଼ଲୋକ ନାମେ ପଡ଼େ ପର୍ବତ ଉପୁଡ଼ି !
ଗୁଣ ପାଇଁ ନରପୂଜା, ନୁହେଁ ଧନ ପାଇଁ,
ଧନଲୋଭେ ମନ ଧରି ଯେ କହେ ସେ ବାଇ ।

ଅହମିକା-ନର୍କ-କୀଟ ଯେ ବିହ୍ବଦ ଜନ,
ବଡ଼ଲୋକ ଆଖ୍ୟାର ସେ ପୂର୍ଣ୍ଣ ଅଭାଜନ ।

ଗୋପବନ୍ଧୁ ଦାସ

କାମ

କାମଦେବ, ସୃଷ୍ଟି ସ୍ଥିତି ସଂହାର ନିଦାନ
ତୁମ୍ଭର ପ୍ରଭାବେ ଫୁଟେ ପୁଷ୍ପରାଜି ବନେ,
ମଞ୍ଜୁ ଗୁଞ୍ଜେ ଅଳି, ଗାଏ କୋକିଳ ସୁତାନ
ସରସ ଉଲ୍ଲାସ ଜନ୍ମେ ଜଗତ ଜୀବନେ।

ପାଦପେ ବଲ୍ଲରୀ, ମେଘେ ବିଜୁଳି ଜଡ଼ିତ,
ଉଠେ ଉର୍ମି ସିନ୍ଧୁ ଜଳେ ଇନ୍ଦୁ ଆଲିଙ୍ଗନେ,
ଅଙ୍ଗେ ଅଙ୍ଗ, ପ୍ରାଣେ ପ୍ରାଣ ହୁଅଇ ମିଳିତ,
ସହଜ ପବିତ୍ର ପ୍ରେମେ, ତୁମରି ପ୍ରେରଣେ।

ସୁମଧୁର - ମଧୁରାଜ୍ୟ - ଦେବ ରତିପତି !
ତବ ମୃଦୁ ଆଶ୍ୱାସନେ ପୁଲକେ ହୃଦୟ।
ଦାରୁଣ ତାଡ଼ନା ମୂଢ଼ ଉପାସକ ପ୍ରତି
ଆମରଣ ଦୁଃଖ - ଶୋକ - ଅନୁତାପମୟ।

ତୁମ୍ଭ ମଧୁଭାବେ ଜ୍ଞାନୀ କରେ ଅନୁଭୂତି
ଶୁଦ୍ଧ ଦିବ୍ୟ ବିଶ୍ୱପ୍ରେମ-ଜଡ଼ ପ୍ରତିକୃତି।

ଛବିଶ ବର୍ଷ ପ୍ରବେଶ

ଅଲକ୍ଷିତେ ନିଶବଦେ ଆହା କି ବେଗରେ
ବହି ଯାଉଅଛି କାଳ-ନିରପେକ୍ଷ ନଦୀ !
ଅସଂଖ୍ୟ କଳ୍ପନା-କଳି ରହିଛି ଅନ୍ତରେ।
ବିକଶିତ ହୋଇ ନାହିଁ ଗୋଟିଏ ଅବଧି।

ପଚିଶ ଛବିଶ ବର୍ଷ ହେଲା ଏବେ ଗତ
ପଛକୁ ଚାହିଁଲେ ହୃଦ ଆହା କି ବିକଳ !
ଅତୀତ କେବଳ ମୋର ରୁକ୍ଷ ସଇକତ,
ଦିଶେ ନାହିଁ କାହିଁ ଏକ ଶ୍ୟାମ ଦୁର୍ବାଦଳ !

ଏ ଦଦରା ନାବ ଆଉ ଜୀବନ-ସରିତେ
ବାହିବି ବା କେତେ ଦିନ ବଦନୀ ବିହୀନ,
ମଧ୍ୟାହ୍ନେ ପ୍ରଦୋଷ ଚିନ୍ତା ପଡ଼ଇ ମୋ ଚିତ୍ତେ,
ମୋ ଆଶା ମୁକୁଳରାଜି ବସନ୍ତେ ମଳିନ।

ଧର୍ମ ଅନୁକୂଳ ଯେବେ ମୋ କାମନାଚୟ,
ସାଧନେ ଶକତି ଦିଅ ପ୍ରଭୁ ଦୟାମୟ !

ଏକ ଅସରା ବର୍ଷାର ଅବ୍ୟବହିତ ପରେ ନରାଜ ଦର୍ଶନ

ସତ୍ୟ ଶାନ୍ତି ସୁଖ ସଦା ମାନବ-ଜୀବନ
ଖୋଜଇ ବ୍ୟାକୁଳ ବ୍ୟସ୍ତ ସଂସାର ଗହଳେ,
ମିଳିଲେ ଏପରି ସ୍ଥାନ କେବେ ଭାଗ୍ୟଫଳେ
ଅପସରେ କ୍ଷଣେ ଭବ ଦାରୁଣ କଷଣ।

ସଦ୍ୟସ୍ନାତ ଏହୁ ଛବି ଶୁଦ୍ଧ ଘନଜଳେ
ଅସ୍ତମିତ ରବି କରେ ଦ୍ୱିଗୁଣ ଉଲ୍ଲାସେ
ବିରାଜେ ଶ୍ୟାମଳ ଶସ୍ୟ କ୍ଷେତ୍ର ଚଉପାଶେ,
ବିଶଦ ସକଳ ନଦୀ ବକ୍ଷେ ପ୍ରତିଫଳେ।

ଶଇଳ ଶିଖରେ ଶୋଭେ ଶୁଭ୍ର ଶିବାଳୟେ,
ସମଗ୍ର ଶ୍ୟାମଳ ଦୃଶ୍ୟ ମଧ୍ୟେ କି ରୁଚିର !
ନୀଳ ମେଘେ ଯଥା ପୂର୍ଣ୍ଣ ଚନ୍ଦ୍ରମା ଉଦୟ
ଶିବ ସଙ୍ଗବଶେ ଶାନ୍ତି ଅଧିକ ଗମ୍ଭୀର।

ଦେଖ ଦେଖ ବନ୍ଧୁ ଗଣ ! ପୂରାଇ ନୟନ,
ଏ ଯୋଗ ଜୀବନେ ଘଟେ ଅତି ଅଳ୍ପକ୍ଷଣ।

କାନ୍ତକବି ଲକ୍ଷ୍ମୀକାନ୍ତ ମହାପାତ୍ର

ମାନସୀ ପ୍ରତିମା

ହୃଦୟ ଉନ୍ମତ୍ତ ହୋଇ କେଉଁ ଆଡ଼େ ଧାଉଁ ?
କି ଉଦ୍ଦାମ ଭାବେ ସଦା ହେଉ ରେ ବିଭୋର ?
କି-ଗତ ପରାଣେ ସଦା ଏକ-ମୁଖୀ ଥାଉ ?
କାହିଁ ସେ ଲାବଣ୍ୟନିଧି ତୋର ମନ-ଚୋର ?

ସେ କିରେ ଉତ୍ତର-ମେରୁ ଅୟସ୍କାନ୍ତ-ମଣି ?
ଆରାଧ୍ୟ ଦେବତା ସେ କି ପ୍ରତି ହୃଦୟର ?
ସେହି କିରେ ତ୍ରିଭୁବନ ସୁଷମାର ଖଣି ?
କବିର କଳ୍ପନା – ସେ କି ମଧୁର – ସୁନ୍ଦର ?

ନାହିଁ କି ସ୍ୱରୂପ ତାର ? କଳ୍ପନା ଆଦର୍ଶ
ସେ କି ? ତ୍ରିଭୁବନମୟ ରହିଅଛି ଭରି ?
ନାହିଁକିରେ ତା'ର ରୂପ, ରସ, ଗନ୍ଧ, ସ୍ପର୍ଶ ?
ଇନ୍ଦ୍ରିୟ ଅଗମ୍ୟ; ବାହ୍ୟେ ଧରିବୁ କିପରି ?

ଦିବ୍ୟ ଦୃଷ୍ଟି ଦେଇ କଳି ଅନ୍ତରର ସୀମା,
ଦେଖରେ ମାନସ ମଧ୍ୟେ ମାନସୀ-ପ୍ରତିମା ।

ସାନ୍ତ୍ୱନା

ସାଗରେତ ଦ୍ୱୀପ ଅଛି ମରୁସ୍ଥଳେ ଜଳ,
ପ୍ରାନ୍ତରେ ପାଦପ ଅଛି, ମେରୁରେ ଅନଳ,
ତେବେ ଶାନ୍ତି ଅଛି ଏହି ଅଶାନ୍ତ ସଂସାରେ ।
ଅଛିରେ ଆଲୋକ ଏହି ଭୀଷଣ ଅନ୍ଧାରେ ।

ଅଛିରେ ନିହାର-ବିନ୍ଦୁ ଅନନ୍ତ ପାବକେ,
ନନ୍ଦନ-ସୌରଭ ଅଛି ଦୁରନ୍ତ ନରକେ,
ସଂସାର-ମରୁରେ ଅଛି ଶାନ୍ତିର ଝରଣା,
ଗରଳ ସମୁଦ୍ରେ ଅଛି ଅମୃତର କଣା,

ସତ୍ୟ, ଚିଦାନନ୍ଦ ସେହି ମଙ୍ଗଳ କାରଣ,
ବିଶ୍ୱମାତା, ଜଗତ୍ରାତା, ଅଧମ ତାରଣ
ଚିର, ନିତ୍ୟ, ସନାତନ ଶାନ୍ତିର ଆଳୟ
ସୁନ୍ଦର, ମଧୁର, ଧୀର, ବିଭୁ ଦୟାମୟ ।

ତାଙ୍କର ଚରଣାମ୍ବୁଜେ ସଦା ଚିତ୍ତ ଥାଉ
ଏ ସଂସାରେ ତହିଁ ଛଡ଼ା ଶାନ୍ତି ନାହିଁ ଆଉ ।

ପଦ୍ମଚରଣ ପଟ୍ଟନାୟକ

ରୂପସୀ

ଧୀରେଧୀରେ ପାଦଚାଲ ରୂପଭାରେ କମ୍ପେ ମହୀ,
ଗରବେ ଚାଲୁଛ ବୋଲି ଭ୍ରମେ କେହି ଦେବ କହି।
ନାଚିନାଚି ତ୍ରିଭଙ୍ଗୀରେ ଠିଆ ହୁଅ ଠାଣି ଧରି,
ସେ ଠାଣିରେ ସ୍ୱର୍ଗସୁଧା ପଡୁ ଏ ମରତେ ଝରି।

ହସି ହସି କଥା କହ ଫୁଟୁ ହେ କୁସୁମ ରାଜି,
ନନ୍ଦନ ସଙ୍ଗୀତ ସ୍ୱର ମର୍ତ୍ତ୍ୟ-କାନେ ଯାଉ ବାଜି।
ଲୁଚିଲୁଚି ଦେଖାଦିଅ ସୌନ୍ଦର୍ଯ୍ୟର ହାଟଖୋଲି
ସଂସାର ତାପିତ ନେତ୍ରେ ବୋଳ ହେ ଅଞ୍ଜନ ଗୋଳି।

ନରର ନୟନେ ପଶି ଲଭ ହୃଦ ସିଂହାସନ
ଆଣ ଆଣ ପ୍ରାଣେ ନିତି ଉନ୍ମାଦନା ଉଚ୍ଚାଟନ।
ସଂସାରର ଧୂଳି ହେଉ ପରଶରେ ସ୍ୱର୍ଣ୍ଣରେଣୁ,
ମହା କାରାଗାରେ ବାଜୁ ଅମରର ବୀଣା ବେଣୁ।

ଢାଳ ଢାଳ ହେ ରୂପସୀ, ରୂପର ଅମିୟ ଧାରା
ତବ ବିନା କେ ହରିବ ଏ ବିଶ୍ୱର ବିଷଜ୍ୱାଳା ॥

ବିଜୟିନୀ

ଏଡେ ଚାଣ୍ଡେ ରାଜଦାଣ୍ଡେ କାହିଁ ଯାଅ ଚଳି ଗୋ,
ପଳାସିଛ ପଦେ କେଉଁ ଅରି ଦେବ ଦଳି ଗୋ !
ଢାଲ ବାଣ ତରବାରୀ ସବୁ ଅଛି ସଙ୍ଗେ,
ବିଜୟଉଲ୍ଲାସେ କି ଗୋ ଚାଲୁଅଛ ରଙ୍ଗେ ?

ତୁହାଇ ତୁହାଇ ବାଣ ଦେଉଅଛ ମାରି,
କିବା ପାଶ ଚାରିପାଶେ ଦେଇଛ ବିସ୍ତାରି !
ଢାଲ ତରବାରୀ ତବ ନଚାଇ ନଚାଇ
କି ଭୀତି ମାନବପ୍ରାଣେ ଦେଉଛ ଭିଆଇ !

କି ମୋହନ ଗୁଣ ପୁଣି ବାଣେ ଅଛ ଖଞ୍ଜି !
କି କୌଶଳେ ଅରି ମନ ନେଉଅଛ ରଞ୍ଜି !
ବାଣବିଦ୍ଧ ଜୀବ ଆସେ ହସିହସି ପାଶେ
ଢାଲଛାୟାତଳେ କ୍ଷଣେ ବିଶ୍ରମିବା ଆଶେ ।

ଜିଣିଲ ସହଜେ ଯହିଁ ଗଲ ବାଟେ ଘାଟେ,
ବିଜୟିନୀ ଟୀକା ତେଣୁ ରାଜଇ ଲଲାଟେ ।

ପ୍ରୀତି-ସ୍ମୃତି

ସରିଛି ତ ମଧୁକାଳ ନିଦାଘ ଆସିଛି ମାଡ଼ି,
ବୃକ୍ଷ ଲତା ଗ୍ରୀଷ୍ମ ତାପେ ଅଙ୍ଗୁ ପତ୍ର ଦେଲେ ଝାଡ଼ି;
ମଳୟ ଫେରାଇ ମୁଖ ଚାଲିଗଲା ଅନ୍ୟଦେଶେ,
ସାଜିବ ବା କେଉଁ ପୁର କେତେ କି ମୋହନ ବେଶେ;

ତରୁଣ କୋମଳ ପ୍ରାଣେ କାହାର ଆଣିବ ରୀତି,
ଢାଳିବ କାହାର ହୃଦେ ତରଳ ମଧୁର ପ୍ରୀତି,
ନଚାଇବ କାହା ବକ୍ଷ କେତେ କି ଉନ୍ମାଦ ଭରି,
କାହା ଚୋଳେ କା ଅଞ୍ଚଳେ ଲୁଚାଇବ ସୁଧା ଝରି।

ତା ବୋଲି କି ପିକ ତା'ର ଛାଡ଼ିଅଛି ମଧୁସ୍ୱନ ?
ଗଛେ ଗଛେ ଉଡ଼ି ଉଡ଼ି ଡାଳେ ଡାଳେ ସ୍ୱର ଉଚ୍ଚାଟନ,
ବସନ୍ତ ବିରହ ଏବେ ବାଧି ଅଛି ହୃଦ ତା'ର,
ପୀରତିର ସ୍ମୃତି ହୃଦେ ହୋଇଛି ପଥରଗାର।

ଏହି ତ ପୀରତି ରୀତି, ସଖି, ତୁ ନ କର ଭୟ,
ଯୌବନ ଯଦି ତ ଯାଉ ସ୍ମୃତି ତା'ର ମଧୁମୟ।

କୁନ୍ତଳା କୁମାରୀ ସାବତ

କହି ନ ପାରିବି

କହି ନ ପାରିବି ଭାଷାରେ ପ୍ରାଣେ ଅଛି ଯେ ଭାବ,
ଓଟାରି ଆଣିବି ଚରଣ, ଦେବି ହୃଦୟେ ଠାବ
ଗାଇ ନ ପାରିବି ଗୀତ ମୁଁ, ନ କରିବି ପ୍ରାର୍ଥନା,
ବଳେ ବଳେ ଧରି ଆଣିବି କରିଅଛି କଳ୍ପନା

ତୁଚ୍ଛ ସାର ପୂଜା ସମ୍ଭାର, ସେ ତ ଅତି ମହତ,
କିମ୍ବା ସଜାଡ଼ିବି ତା'ଲାଗି ଯତନରେ ସତତ ?
ନାହିଁ ମୋର ସୁନାରୂପା ହେ, ଗନ୍ଧରସ, ଅଗୁରୁ,
କାହୁଁ ମୁଁ ପାଇବି ଭିକାରୀ ଚୁଆ, ଚନ୍ଦନ-ତରୁ ?

କାହୁଁ ମୁଁ ପାଇବି କେତକୀ ବାସ-ଅତର ରାଶି,
କିମ୍ବା ତେଣୁ ରହିଥିବି ହେ ଦୁଃଖ-ସଲିଳେ ଭାସି ?
ଦରିଦ୍ର ବୋଲି ସେ ଆସିବେ ନାହିଁ କି ମୋ'ଦୁଆର ?
ଦରିଦ୍ରେ ଆଦର ତାଙ୍କର, ତେଣୁ ପାଦେ ଜୁହାର ।

ଦରିଦ୍ର ବୋଲି ମୁଁ ତାଙ୍କର, ଧନୀ ପ୍ରେମ-ଧନରେ,
ଅବନୀ-ଈଶ୍ୱର-ଐଶ୍ୱର୍ଯ୍ୟ ସରି କି ତା ସଙ୍ଗରେ ?

ତଟିନୀ ତରଙ୍ଗ

ଭାଙ୍ଗି ଭାଙ୍ଗି ପଡ଼େ ତଟିନୀ ତରଙ୍ଗ ତଟଦେଶେ ଶିର ପିଟି,
ବହିଯାଏ ପରା ପ୍ରେମ-ସରସ୍ୱତୀ ମୋ' ମନ-କନ୍ଦରା ଫିଟି।
ପାଷାଣ କଠିନ ହେଲେ ସୁଦ୍ଧା ମନ ତା'ର, ଶିରାରେ ଶିରାରେ ଝର,
କଳୁଷ କାଳିମା-ଘେରା ଲୋଚନ ତ ପ୍ରେମଲୁହେ ଜରଜର।

କଳଙ୍କିଆ ଲୁହା ହୃଦୟଟା ପରା, ରହିଅଛି ପ୍ରେମଦାଢ଼,
ହେଲେ କାଟିପାରେ ତା' ପ୍ରଭୁ କାରଣେ ବାଧା ବିପଦର ବାଡ଼।
ଥରଥର ଜାନୁ ଦୁର୍ବଳ ଚରଣ ନ ପାରୁଛି ପାଦେ ଚାଲି,
ଯିବ ପରା ହେଲେ ତା' ପ୍ରଭୁ ସକାଶେ ଘୁଷୁରି ତତଲା ବାଲି।

ଅବଶ ରସନା ଜଡ଼ ହୋଇଅଛି, ନ କହୁଛି ପଦେ କଥା,
ମୂକ ମୁଖେ କିନ୍ତୁ ହାସ ବିକାଶି ସେ ବିପଦେ ପୋତିଛି ମଥା।
ଅନ୍ଧନେତ୍ର ସେହି, ନ ପାରୁଛି ଚାହିଁ, ଅଣ୍ଡାଳି ଅଣ୍ଡାଳି ବୁଲେ
ପରଶି ପରଶି ପାଦପୂଜା ଲାଗି ବସି ମାଳ ଗୁନ୍ଥେ ଫୁଲେ।

କି କରି ତୋଷିବ ପ୍ରିୟ ପ୍ରଭୁ ମନ, ନ ଜାଣେ ଉଚିତ ସେବା,
ନିତି ପ୍ରତି ତା'ର ହୋଇଛି କର୍ତ୍ତବ୍ୟ ଦେହ ଆତ୍ମା ମନ ଦେବା।

ଗୋଦାବରୀଶ ମହାପାତ୍ର

ମୋ ମାନସୀ

କାହିଁ କେଉଁ ଦୂରାତୀତ ସ୍ମୃତି ସିନ୍ଧୁକୂଳେ
ଆଜି ଗୋ କହୁଛ କଥା ! ବାଜି କର୍ଣ୍ଣମୂଳେ
ରସ ସ୍ନିଗ୍ଧ ସେ ରାଗିଣୀ ଚମକାଏ ମନ ।
ରୂପସୀ ଚନ୍ଦ୍ରିକା କୋଳେ ଦେଖେ କି ସପନ ।

ଦୀନ କବି । ଜୀବନର ଗିରି ଦୁର୍ଗ ପଥେ
ଦୁର୍ଗ-ନିବାସିନୀ ତୁମେ; ପ୍ରଥମ ପ୍ରଭାତେ
ଯୌବନର ତୁମ ତୁଲେ ପରିଚୟ ମୋର ।
ଲାଗିଲା ସେ ଦିନ ପ୍ରାଣେ ସଂଗ୍ରାମ କି ଘୋର !

କେ ହାରିଲା, ଜିଣିଲା କେ ନାହିଁ ହେଲା ବାରି,
ଗଲ ତୁମେ ଘୁଞ୍ଚି ପଛେ, ମୁଁ ଆସିଲି ଭାରି ।
ସେହି ଦିନୁ ଭାଳେ ଏବେ ସେ ସଂଗ୍ରାମ କଥା
ନିର୍ବିସନା ବାସନା ମୋ ଦିଏ ପ୍ରାଣେ ବ୍ୟଥା ।

ହେ ଦୂରବାସିନି, ଦୂରେ ରଚିଲ ସଂଗ୍ରାମ
ମୁକ୍ତି ମୋର, ଅସ୍ତ୍ର ମୋର, ତୁମେ ମୋର ପ୍ରାଣ ।

ଆଜି ଏ ପ୍ରଭାତେ

ଧରଣୀର ରୂପ ସିନ୍ଧୁ ଅବା ଉଦ୍‌ବେଳିତ ଆଜି ଏ ପ୍ରଭାତେ,
ପାଲଟିଲା ଶ୍ୟାମ ଶିରୀ ପୀତ ମହାର୍ଣ୍ଣବେ; ଜଳିଲା କି ସତେ
କାମନାର ତୀବ୍ର ଶିଖା ତୀବ୍ରତର ବେଶେ ? ଉନ୍ମୁଖେ ଶଖରି
ଦେଖେ ଦୂରେ ମୁଖ ଟେକି । ମହାକାଶ ତଳେ ବାଜେ କରତାଳି !

ଚଳପକ୍ଷ ବିହଙ୍ଗମ ନିଃସଙ୍ଗ ସଙ୍ଗୀତେ ସଚକିତ ଧରା,
ଅବା ଶୀତ ଶୀର୍ଣ୍ଣ ତନୁ ଗଲା ବେଳେ ତେଜି ଏ ଉତ୍ସବ ପରା !
ବାଜିଉଠେ କ୍ଷେତେ କ୍ଷେତେ ଏ କିବା ଝଙ୍କାର କିବା ଖରଶ୍ୱାସ,
ମୃତ୍ୟୁ ପଛେ ସତେ ଆସେ ପକ୍ୱ ଶସ୍ୟପାତ୍ରେ ଜୀବନ ଉଚ୍ଛ୍ୱାସ ?

ଶୁଣି ଶୁଣି ଏ ସଙ୍ଗୀତ, ଏ ଶତ ଉଚ୍ଛ୍ୱାସ, ଏ ନିଃଶ୍ୱାସ ନାଦେ
ଯୌବନ ଶିଖରୀ ତଳେ କାମନା ନିର୍ଝର ରଚେ ନିର୍ବିବାଦେ
ଅତୀତର ମୃତ୍ୟୁ କର୍ଣ୍ଣେ ମଧୁର ସଙ୍ଗୀତ । ଶୁଣ କିଏ ଶୁଣ,
ଜାଗି ଉଠେ ଧରଣୀର ଏ ନବ ପ୍ରଭାତେ ଉଜ୍ଜ୍ୱଳ ଜୀବନ !

ଧରଣୀର ରୂପଶିଖା ନିତ୍ୟ ଯୌବନର ତୀରେ ତୀରେ ଉଠେ,
କ୍ଲାନ୍ତ ବୁକୁ, ଶ୍ରାନ୍ତ ତନୁ ଲୋଡ଼େ ନା ମୁଁ କେବେ ମୋ ଯୌବନ ପୀଠେ ।

ରୂପରେଖା

ଥରେ ଦେଖିଥିଲି ଦୂରେ, ବହୁଦିନ ତଳେ, ପଡ଼େ ନାହିଁ ମନେ;
ଘନ ଅମାବାସ୍ୟା ସମ ତା କଳା କୁନ୍ତଳ କିବା ଅଯତନେ
ଚୁମ୍ବୁଥିଲା ଚରଣ ବା ଶିରେ ଥିଲା ଘେରି । ଶ୍ଳଥ ଫୁଲମାଳା
ପଡ଼ିଥିଲା ତଳେ ଖସି, କି ବସନ ଖଣ୍ଡି ଥିଲା ପିନ୍ଧି ବାଳା ।

ଛୁଇଁଥିଲା ସେ ଚରଣ ଧରଣୀର ଧୂଳି, ଅବା ପଦ୍ମଫୁଲ
ରଚୁଥିଲା ପଦେ ପଦେ ! ସେ କର କମ୍ପନେ ଶୀତ ପରିମଳ
ବହୁଥିଲା ପାଶେ ତା'ର । ଅବା ଏ ଧରଣୀ ମୌନା ରୂପବତୀ
ଜାଳୁଥିଲା ଥରେ ଥରେ ସେ ନୟନ ତଳେ କାମନାର ଜ୍ୟୋତି ।

ସେ ନେତ୍ର ପଲକ ତା'ର ପଡୁଥିଲା ଥରେ; ଥରେ ଅବା ଉଠି
ବିଶ୍ୱ ଯଉବନ ବୁକେ କି ଦୁର୍ଜୟ ଜୟ କରୁଥିଲା ସୃଷ୍ଟି ।
ନିବିଡ଼ ନିଃଶ୍ୱାସ ତା'ର ବହୁଥିଲା ଖରେ, ଅବା ଥିଲା ସ୍ଥିର,
କିବା ସେ ସୁନ୍ଦରୀ ସିନ୍ଧୁ-ତୀରେ ଅଲୁଣ୍ଠିତ କୋଣାର୍କ ମନ୍ଦିର ।

ଅବା ସେ ସବାକ ବାଣୀ, ନିର୍ବାକ ଶିଖରୀ ନାହିଁ କିଛି ମନେ,
ଧରଣୀର ପ୍ରାଣ-ସିନ୍ଧୁ ମନ୍ଥୁଥିଲା ସତେ ମୋହିନୀ ଚରଣେ ।

ଅନ୍ନଦାଶଙ୍କର ରାୟ

କମଳବିଳାସୀର ବିଦାୟ

ନିଷ୍ଠୁର ବାସ୍ତବ ରଣେ ଆସିଛି ଆହ୍ୱାନ,
ଥାଅ ମୁଗଧା ପ୍ରଣୟିନୀ, ସ୍ୱପ୍ନାଳସା ବାଣୀ
କମଳ-ବିଳାସୀ କବି ମାଗଇ ମେଲାଣି
ଆଜି ମୁଁ ଭୁଲିବି ମୋତେ ଢାଳିଦେବି ପ୍ରାଣ।

ଶତ ସ୍ୱରେ ଡାକେ ବିଶ୍ୱ, ଡାକେ ଗ୍ରହ ତାରା,
ଡାକେ ମୋତେ ଅନନ୍ତ ଜଳଧି କଲରୋଳ;
କେମନ୍ତେ ରହିବି, କହ, ସ୍ନେହର ଏ କାରା
କକ୍ଷେ ଅଳସ ସ୍ୱପନ ବକ୍ଷେ ହୋଇ ଭୋଳ?

ଆଜି ମୁଁ ଜୀବନମୋହେ ଜ୍ୟୋତିଷ୍କ ପରାଏ
ଅନ୍ତରେ ପ୍ରଜ୍ୱଳି ବହ୍ନି ପୋଡ଼ିବି, ଜଳିବି;
ସେ ବହ୍ନିର ଆଭା ଅଙ୍ଗେ ଝଲସି, ଝଳିବି,
ଦିଅ ଛାଡ଼ି, ଦିଅ ଛାଡ଼ି, ସୁଦୂରେ ମୁଁ ଯାଏଁ
ଚାଲି, ବିଧୁରେ ମୁଁ ମରେ ପୋଡ଼ି ବୀଣାପାଣି,
କବିତା-କମଳ-ବନୁଁ ଦିଅ ଗୋ ମେଲାଣି।

କମଳବିଳାସୀର ବିଦାୟ(୨)

କମଳ-ବିଳାସୀ କବି, ଆଜି ସେ ମରିବ
ସ୍ୱପନବିଳାସୀ ଯୁବା, ଆଜି ସେ ଚଳିବ,
ଜୀବନ-ନିଠୁର-ରଣେ; ଅନ୍ୟ ଗତି ନାହିଁ।
ଯେତେ ତା କାମନା ଥିଲା, ଥିଲା କି ବାସନା,

ତୁମେ ଜାଣ, ତୁମେ ଜାଣ କମଳ-ଆସନା,
ସେ ତ ସବୁ ତବ ସେବା, ତବ ପୂଜା ପାଇଁ।
କଳପନା କୁସୁମେ କୁସୁମେ ଗୁନ୍ଥି ମାଳା
ହୃଦୟର ରକ୍ତରାଗେ ରଞ୍ଜାଇ ଯତନେ

ସେ ମାଳା ଅରପି ଦେବ କଣ୍ଠେ, ବାଳା।
ଏହି ତା'ର ଆଶା ଥିଲା ଗୋପନେ ଗୋପନେ,
ଥିଲା ଇଚ୍ଛା ଅନ୍ତରେ ଗୋପନ; ରଚିବ ସେ
ଧରାବକ୍ଷେ ରୂପର ସ୍ୱପନ; କି ଆନନ୍ଦେ
ଲାବଣ୍ୟର ମୂରତି ନିର୍ମାଣି, ଖଚିବ ସେ
ଉର୍ବଶୀର ଅତୁଳନ ନର୍ତ୍ତନର ଛନ୍ଦେ।

କମଳବିଳାସୀର ବିଦାୟ(୩)

ସେ ଆଶାର ଶେଷ ଆଜି। ସେ କଳ୍ପନା
ନ ଦିଏ ନ ଦିଏ ବ୍ୟଥା, ନଦିଏ, ଦୁରନ୍ତ
ପ୍ରାଣର ଉଦ୍ଦାମ ଲିପ୍‌ସା; ନ ଦିଏ ଅନନ୍ତ
ଅଧୀର ପିପାସା ଜ୍ୱାଳା; ଅସହ୍ୟ ଦୀପନା।

ଆଜି ମୋତେ ଛାଡ଼ିଦିଅ ଉତ୍ତରା ପବନେ,
ଚରିଯାଏଁ, ମାଡ଼ିଯାଏଁ, ଧରଣୀର ଅଙ୍କେ।
ହିମାଳ ପରଶେ ମୋର ଶତ ସିଂହାସନେ
ଥରିଉଠୁ ଅତ୍ୟାଚାର ପାଣ୍ଡୁର ଆତଙ୍କେ

ମୁମୂର୍ଷୁ ପଲ୍ଲବ ସମ, ଉତ୍ପୀଡ଼ନ ରୁଦ୍ଧ କଣ୍ଠେ
ସ୍ଫୁରିଉଠୁ ଦୃପ୍ତ ବାଣୀ। ଧ୍ୱଂସର ହିଲ୍ଲୋଳେ
ବାତ୍ୟାସମ ନାଚିବି ମୁଁ ଛନ୍ଦହୀନ ଛନ୍ଦେ।
ଛନ୍ଦର ପ୍ରଣୟୀ କବି ଅନ୍ଧ କଳରୋଳେ

ପାସୋରିବି ଛନ୍ଦଲୀଳା ବାଣୀବିତାନର
ଏବେ ମୁଁ ହେବି ଗୋ ସଖି, ଦୀପ୍ତ ବୈଶ୍ୱାନର।

କାଳିନ୍ଦୀଚରଣ ପାଣିଗ୍ରାହୀ

ପୁରୁଷ

ହେ ପ୍ରକୃତି ହେ ରମଣି ପ୍ରିୟା ପ୍ରିୟତମା
ଜଗତର ଧାତ୍ରି ଶକ୍ତି ଧରିତ୍ରି ଜନନି !
ଧରିଅଛୁ ଯେଣୁ ମୋତେ ହେ ବିଶ୍ୱ-ସୁଷମା !
ତେଣୁ ମୋର ସ୍ଥିତି ମୃତ୍ତିକାରେ। ଏ ଅବନୀ
ତଳେ ଚାଲିବାକୁ ତିଳେ ନାହିଁ ଯେ ଶକତି -
ପଙ୍ଗୁ ମୁହିଁ ତୋ ବିହୁନେ। ସ୍କନ୍ଧେ ତୋର ତେଣୁ
ନେଇଛି ଆସନ ପାତି, ତୁ ମୋର ମୁକତି।
ଗର୍ବ ଭରେ ବିଶ୍ୱମୟ ମଣେ ମୁହିଁ ରେଣୁ,
ଶତ୍ରୁ ମିତ୍ର ପ୍ରିୟାପ୍ରିୟ ଆତ୍ମୀୟ ସ୍ୱଜନ
କୋଟି କୋଟି ବଂଶଧର ଦେଖଇଁ ନୟନେ
ତୋହରି କରୁଣା ବଳେ; ତୁ ଯେ ବିଶ୍ୱ-ସୃଷ୍ଟି
କୋମଳ ଚରଣେ ରୁକ୍ଷ କଣ୍ଟକିତ ବନ
ଚାଲୁଅଛି ବରିନେଇ ଦୁଃଖ ଏ ଭୁବନେ
ବିଷମୟ ବିଶ୍ୱେ ସଦା ସୁଧା କରି ବୃଷ୍ଟି !

ପ୍ରକୃତି

ହେ ପୁରୁଷ, ଭୁବନରେ ଗୌରବ, ପାଳକ,
ସୁନ୍ଦର, ସୁଭଗ ମମ ନୟନର ଜ୍ୟୋତି,
ତୋହରି ନିର୍ଦ୍ଦେଶେ ମୁଁ ଯେ ଚଳେଁ ମଥା ପୋତି
ତୋର କିନ୍ତୁ ଅନ୍ଧୁଣୀ ମୁଁ, ଜୀବନ-ଚାଳକ !
ତୋ ବିହୁନେ ଏ ଜଗତ-ପଥ ଅମାକାର,
ମୁହିଁ ସିନା ସୃଷ୍ଟି, ତୁ ଯେ ସ୍ରଷ୍ଟା ତୁ ଯେ କବି !
ମୁଁ ଦେଖାଏଁ ରୂପ ମାତ୍ର ତୋର ପ୍ରେମେ ଦ୍ରବି
କୋମଳ ବୋଲାଏଁ ମୁହିଁ, ତୋହରି ଆକାର
ସ୍ମରି ନିଶିଦିନ ମୁଁ ଯେ ସୁନ୍ଦରୀ ଜଗତେ !
ମୁଁ ଦେହ, ପ୍ରାଣ ତୁ, ମୁହିଁ ଜ୍ଞାନ, ତୁ ମୁକତି
ମୁଁ ଧରମ, ମୋକ୍ଷ ତୁହି, ତୁ ପିତା ମୁଁ ମାତା-
ବଢ଼ାଏଁ ଯେ ଶିଶୁ ମୋର ଅନ୍ତର-ରକତେ,
ତୁ ଯେ ତାକୁ ଦେଉ ଚକ୍ଷୁ ଜୀବନୀ-ଶକତି;
ଅନ୍ଧୁଣୀ ମୁଁ ଧାତ୍ରୀ ସିନା, ତୁ ପରମ ଧାତା !

ବୈକୁଣ୍ଠନାଥ ପଟ୍ଟନାୟକ

ବାସର ଗୃହ (୧)

ବାସର-ମିଳନ-ରାତ୍ରି ! ଶେଷ ଯାମ ! ଅସ୍ତାଚଳେ ଶଶୀ !
ବ୍ରୀଡ଼ା, ନିମୀଳିତ ନେତ୍ରେ ପ୍ରଣୟୀରେ ମୁଗଧେ କହେ ହସି
ବିହ୍ୱଳିତା ପ୍ରଣୟିନୀ "ମନେ ଥିବି ମନେ ଥିବି ବନ୍ଧୁ ?
କହିବଟି ସତ କରି ? ...... ଅନଭିଜ୍ଞା ଏ ତରୁଣୀ ବଧୂ-

କରିଛି କି ଏଡ଼େ ଭାଗ୍ୟ ହେବ ବୋଲି ଅମର ଅଙ୍କିତ
ସେ ଚପଳ ଚିତ୍ତପଟେ ? ... କିବା ଗୁଣେ ? ... ଭାଳି ସଙ୍କୁଚିତ !
ମନେ କି ପଡ଼ିବ ବନ୍ଧୁ ଆଜିର ଏ କ୍ଷଣିକ ମାଧୁରୀ ?
ପରାଣ ପରଶି ଜ୍ୟୋତ୍ସ୍ନା ପୁଣି ଏହି କ୍ଷୁଦ୍ର ସ୍ୱପ୍ନପୁରୀ ?

ମନେ କି ପଡ଼ିବ ନିଃସ୍ୱ-ନିବେଦନ, ପ୍ରୀତି- ଅଭିମାନ ?
ଚାତୁରୀ ସୋହାଗ ? ଯେବେ ଭୀମ ସ୍ୱରେ ଜୀବନ ସଂଗ୍ରାମ -
ଡାକିବ ପୌରୁଷେ ତବ ଧୂମ୍ର ହେବ ସହସ୍ର କଳ୍ପନା -
ଅଭାଜନ ସଙ୍ଗିନୀରେ ନ ଭୁଲିବ ? ହେବନାହିଁ ବଣା ?

ଡାକିବ ଆଦର କଣ୍ଠେ ଶୁଷ୍କ ଯେବେ ପ୍ରାଣ-ଧାରା ? ହାୟ । -
ବିଦାୟ ବାସର-ଗୃହ ! ବନ୍ଧୁ ମୋର ବିଦାୟ .... ବିଦାୟ !.....

ବାସର ଗୃହ(୨)

"ଭୁଲି ଯିବି ? ଭୁଲି ଯିବି ?" ଟାଣି ଦେଇ କିଞ୍ଚିତ ଉତ୍ତରୀ -
ଉତ୍ତରେ ପ୍ରଣୟୀ ହସି - ରହ, ଦେଖିନିଏଁ ଭଲ କରି
ଚନ୍ଦ୍ରରୁ ଚିପୁଡ଼ି ସୁଧା ଝରି ବେନି ଚତୁର ନୟନ,
ବନ୍ଧୂଲି ନିନ୍ଦିତ ସେହି କମନୀୟ ଅଧର କମ୍ପନ,

ଅନାବୃତ ଶୁଭ୍ର ଗ୍ରୀବା, ତୁଷାରଧବଳ ବାହୁଲତା,
ବିନୟେ କହୁଛି ଖୋଲ ଖୋଲ ଥରେ ନିମୀଳିତ ପତା !
ରୁଚିର ସର୍ବାଙ୍ଗୁ ତବ ସ୍ଫୁରଇ ଯେ ଆଜି ଅବାରିତ -
ପଥଶ୍ରାନ୍ତ ଏ ପଥିକ ପିଇ ନେଉ ଜୀବନ-ସଙ୍ଗୀତ !

ବାସ୍ତବ ସଂଗ୍ରାମ ଭୟ ? ଛି ! ଛି ! ସେ ଯେ ବାଲ୍ୟ ଚପଳତା !!
ଏ ଜୀବନ ଯାର ଦାନ ବୁଝିବ ସେ ସଂଗ୍ରାମ ବାରତା ।
ଶ୍ରାନ୍ତ ପାନ୍ଥ-ଜନ-ପ୍ରାଣ କଲେ ଯେବା ମାଧୁର୍ଯ୍ୟମଣ୍ଡିତ,
ଆଜିର ଏ ପ୍ରୀତି-ରାସ କରେ ଯାର କରୁଣା ଇଙ୍ଗିତ,

ଏ ପୌରୁଷ କଲେ ଦାବି ପୂର୍ଣ୍ଣ ହେବ ପୀରତି ଆଧାର !
ଆଜିର ମାଧୁର୍ଯ୍ୟ ଲାଗି ପ୍ରାଣ-ପ୍ରିୟା କର ନମସ୍କାର !

ବାସର ଗୃହ(୩)

ଏ ପଥିକ-ପାନ୍ଥଶାଳା ତୁମରି ଏ ବାସର ଭବନ !
ଅଶେଷ ମାଧୁର୍ଯ୍ୟ ଭରା ଯେହ୍ନେ ସ୍ୱର୍ଗ-ଜୀବନ-ସ୍ୱପନ !
ଅଥବା ସାଗର ପାରେ ମୁଗ୍‌ଧ କବି ଚିତ୍ର-କଳ୍ପଲୋକ !
ତୁମେ ଅଧିଷ୍ଠାତ୍ରୀ ଦେବି ! ଭୁଲିଯାଏଁ ନିର୍ଯ୍ୟାତନ ଶୋକ ।

ନିରେଖିଲେ ସେ ଆନନ, ସ୍ୱେଦବିନ୍ଦୁ ଯହୁଁ ପଡ଼େ ଖସି,
ମଳିନ ସୁନ୍ଦର କ୍ଷଣେ ତବ ସ୍ପର୍ଶେ ଚପଳ-ଉର୍ବଶୀ !
କି ଭୟ ଭାବନା ମୋର ? ଲାଗୁ ପ୍ରାଣେ ସଂଗ୍ରାମର କାଳି ।
ସକଳ କଳଙ୍କ ଧୌତ କରିବ ଗୋ ସେ ଅଙ୍ଗୁଳି ଚାଳି,

ପୋଛିବ ବେଦନା ଅଶ୍ରୁ ପ୍ରଦୀପ ଗୋ ଜାଳିବ ଅନ୍ଧାରେ,
ତୁମରି ଆଶ୍ୱାସ ଲଭି ବାହିବି ଆକୁଳ ପାରାବାରେ
କ୍ଷୁଦ୍ର ମୋ ତରଣୀ ଗୋଟି ! ପ୍ରୀତି-ହାସ୍ୟେ ପଥ ଆଲୋକିତ ।
ତୁମ କଣ୍ଠେ ମିଶାଇ ମୁଁ ଗାଇବି ଗୋ ବିଜୟ ସଙ୍ଗୀତ ।

ଫେରିବି ସୈନିକ ଅବା, କ୍ଷୁଣ୍ଣ ପରାହତ, ବ୍ୟର୍ଥ କାମ,
ବାସର ଭବନେ ନିକି ରାତ୍ରି ଲାଗି ନ ଦେବ ବିଶ୍ରାମ ?"

ପାନ୍ଥଶାଳା(୧)

ଲକ୍ଷ କୋଟି ପାନ୍ଥଶାଳା ! .... ଅର୍ଦ୍ଧ-ରାତ୍ରି ଛାୟାପଥ ସମ
କ୍ଷୁଧା ତୃଷ୍ଣା ହରି ଆହା ପୁଷ୍ଟ କଲେ ଏ ଜୀବନ ମମ ।
ନାହିଁ ନାହିଁ ମନେ ଆଜି କାହିଁ କେତେ ପୁହାଇଛି ରାତ୍ରି,
ଲଭିଛି ଜନନୀ-ସ୍ନେହ ଦୂରପଥ-ଆତ୍ମଭୋଳା ଯାତ୍ରୀ !

ସକଳ ସ୍ମରଣେ ଆଜି ଶୁଷ୍କ ନେତ୍ରେ ଅଶ୍ରୁ ହୁଏ ଜମା,
ଶତ-ପ୍ରୀତି-ଆଶ୍ରା ମମ ! କ୍ଷିପ୍ତ ଏ ପଥିକେ କର କ୍ଷମା !
ଏ ଯାତ୍ରୀର ଆତ୍ମସତ୍ତା ତବ ପ୍ରୀତି-ସ୍ମୃତି-ଇତିହାସ,
ବିସ୍ମୃତ ଯେସନେ ସତ୍ୟ ମାତ୍ର ନିତ୍ୟ ପରମ ପ୍ରକାଶ ।

ଦୀର୍ଘ ଶୂନ୍ୟ ଏହି ପଥେ ହୋଇଯାଏ ଆହା କେତେ ଭୁଲ,
କ୍ଷୁଦ୍ର ଏକ ପାନ୍ଥଶାଳା ମାତ୍ର ନିଃସ୍ୱ ସମ୍ପତ୍ତି ଅତୁଳ !
ଦୂରେ, ଦୂରେ ! ଯାର ଆଶ୍ରା ଲଭି ସତ୍ତା ହେଲା ମୋ ପାଶୋର-
ବିସ୍ମୃତ ମୋ ଯାତ୍ରାପଥ, ଚନ୍ଦ୍ରେ ଯଥା ନିରେଖି ଚକୋର !

ଅମୂଲ୍ୟ ସମ୍ପଦ ପ୍ରୀତି ନେଲା କେବା ଅପହୃତ କରି,
ଆଜିଯାଏ ଖୋଜେଁ ତାକୁ ଝୁରି ହୁଏ ସେ ଆଶ୍ରୟ ସ୍ମରି !

ପଥଚ୍ଛାୟା(୧)

ମୁଁ ଚିର ପଥିକ, ଯାତ୍ରୀ .... ଏ ମରତେ ଦୂର ପରବାସୀ
ଜୀବନର ଅର୍ଦ୍ଧପଥେ କେତେ କଥା ମନେ ପଡ଼େ ଆସି !
ଅତୀତ ସହସ୍ର ସ୍ମୃତି ଲୁପ୍ତ, ଅର୍ଦ୍ଧ ଲୁପ୍ତ, ଜାଗରିତ,
ରଜନୀର ଶେଷ ଯାମେ ଶାନ୍ତ ନଭେ-ତାରକା-ଇଙ୍ଗିତ !

ପଥପାର୍ଶ୍ୱେ ଯେତେ ତରୁ ଏ ଯାତ୍ରୀରେ କଲେ ଛାୟା ଦାନ
ଅଛି କି ସକଳ ମନେ ? ନାହିଁ, ସର୍ବେ ମ୍ରିୟମାଣ ।
ସୁବିପୁଳ କାଳଗର୍ଭେ ସ୍ମୃତି ମାତ୍ର ଏ ଯାତ୍ରୀର ସାର,
ସକଳ ଆଶ୍ରୟ ! ଘେନ ଏ ପାନ୍ଥର ଭକ୍ତି ନମସ୍କାର !

ସକଳ ବିସ୍ମୃତ ମଧ୍ୟେ ଜାଗ୍ରତ ଏକଇ ବନସ୍ପତି,
କୋଟି ସ୍ପୃହଣୀୟ ମଧ୍ୟେ ଯେହ୍ନେ ସେ ମୋ ଅମୃତ ସମ୍ପତ୍ତି !
ପ୍ରୀତି ନେତ୍ର ଛାୟାସମ ସ୍ୱପ୍ନମାଧୁରୀରେ ସୁଶୀତଳ,
ଯା ସ୍ମୃତି ସମ୍ପାଦେ ଶୂନ୍ୟ ପଥେ ଯାତ୍ରୀ ନୟନର ଜଳ !

ଅନନ୍ତ ମାଧୁର୍ଯ୍ୟରସେ ସତ୍ତା ଯହିଁ ହେଲା ଅନୁଭବ,
ଦିବ୍ୟ ବନସ୍ପତି ସ୍ମୃତି ! ଏ ପାନ୍ଥର ପରମ ଗୌରବ !

ରାଧାମୋହନ ଗଡ଼ନାୟକ

ସଜାଅ ନା ସଜନି ଗୋ !

ସଜାଅ ନା ସଜନି ଗୋ ! ବିଶୃଙ୍ଖଳ ଏ ମୋର ଜୀବନ
ନିଷ୍ଠୁର ନିୟମ ପାଶେ ଛନ୍ଦ ନାହିଁ ଏ ମୋର ଭୁବନ ।
ଜୀବନର ଅଯତନ ସମାବେଶ ଚାରୁ କମନୀୟ
ପ୍ରାଣେ ମୋର ଶାନ୍ତି ଆଣେ, ତୃପ୍ତି ଆଣେ ସେଇ ମୋର ପ୍ରିୟ ।

ଫୁଟାଇ ସରସୀ ଜଳେ ଲକ୍ଷ ଲକ୍ଷ କୁମୁଦ କମଳ
ଗଗନେ ବିଛୁରି ଉଠେ ଅଗଣିତ ନକ୍ଷତ୍ର ପଟଳ
ବିଶ୍ୱରେ ନୟନ ଆଗେ ଦେଖାଯାଏ କେଡ଼େ ରମ୍ୟ ଆହା !
ପ୍ରକୃତିର ଇଚ୍ଛା କାହିଁ ଧାଡ଼ି ଧାଡ଼ି କରିନାହିଁ ତାହା ।

ବନେ ବଢ଼େ ମନସୁଖେ-ବିଲୁଳିତ ବିକ୍ଷିପ୍ତ ବିନ୍ୟାସେ
ସଜ୍ଜିତ ଉଦ୍ୟାନଶିରୀ ସଜନି ଗୋ, ଲଜ୍ଜିତ ତା ପାଶେ
ପ୍ରବାହିନୀ ନଦୀ ବହେ ବୁଲି ବୁଲି କେତେ ବକ୍ରପଥେ
କୁଲ୍ୟା କି ଗୋ ତୁଲ୍ୟା ତା'ର ? ଭାବ ଥରେ, ଭାବ ହୃଦଗତେ ।

ସଜାଅ ନା ସଜନି ଗୋ, ଏ ଜୀବନ ବଢୁ ଅଯତନେ
ପ୍ରକୃତିର ପ୍ରିୟ କୋଳେ ପ୍ରବୃତ୍ତିର ଉନ୍ମୁକ୍ତ ଅଙ୍ଗନେ ।

ଅଶ୍ରୁ-ସାଧନ

ପୋଛ ନା ପୋଛ ନା ନର୍ମମ ହାତେ ଅଶ୍ରୁ ଦିଓଟି ମୋର
ତାହାରି ତୁଲେ ଗୋ ବେଦନାର ମମ ଶାନ୍ତି ରହିଚି ପୂରି,
ଜୀବନର ମୋର ସକଳ ବିଭବ ନେଇଚି ବିଶ୍ୱଚୋର
କେବଳ ସିନା ଗୋ ସେଇ ଦୁଇଗୋଟି ଛାଡ଼ି ଯାଇଅଛି ଭୁଲି ।

ଆଶ୍ୱାସବୋଳା ସପନ ମୋର ସେ ଦେଖାଦିଏ ଦିବାନିଶା
ଦୀନ ଏ ଦୁଆରେ ଥୋଇଦିଏ ଆଣି ତରଳ ମୁକ୍ତାମାଳା,
ଜୀବନ-ମାଧୁରୀ ଭରିଦିଏ ପୁଣି ହର୍ଷ-ବିଷାଦ-ମିଶା
ତଡ଼ିତ-କନକ-ହାସ୍ୟ-ଜଡ଼ିତ ଉତଲା ବର୍ଷାଧାରା ।

ଦଗ୍ଧ ଏ ମୋର ମରୁର ଉରସେ ଝରଣା ଉଚ୍ଛୁଳେ ସେ ତ
ତାହାରି ପ୍ରବାହେ ଭାସି ଉଠେ ମୋର ଜୀବନର ଢେଉମାଳା,
ଜୀବନର ମୋର ସଂଖାଳି ସେ ଗୋ ଅତୀତର ସଙ୍କେତ
ତାହାରି ପରଶେ ଭରି ଉଠେ ମୋର ରିକ୍ତ ହୃଦୟସାରା ।

ପୋଛ ନା ପୋଛ ନା ନିର୍ମମ ହାତେ ଅଶ୍ରୁ ଦିଓଟି ମୋର
ପୋଛିଦେବ ଯଦି ଜଳିଯିବ ହିୟା ବହ୍ନିର ତାପେ ଘୋର ।

ଘାସଫୁଲ

ନାହିଁ ମୋର ସଉରଭ, ନାହିଁ ମୋର ମଧୁ
ଭ୍ରମର କହେ ନା ମତେ ପ୍ରୀତି-ଗୁଞ୍ଜା-ଗିରେ,
ଚିକୁର-ମଣ୍ଡନେ ମତେ ଘେନେ ନାହିଁ ବଧୂ
ଚଢ଼େ ନାହିଁ କେବେ ମୁଁ ତ ଦେବତାର ଶିରେ ।

କ୍ଷୁଦ୍ର ମୁହିଁ, ପଡ଼ିଥାଏ ସଦା ଭୂମି ତଳେ
ଧରି କ୍ଷୁଦ୍ର ଜୀବନର କ୍ଷୁଦ୍ର ଇତିହାସ,
ପ୍ରଭାତେ ବିନ୍ଦୁଏ ହିମ ଧରି ବକ୍ଷତଳେ
ମୁଁ ମୋର ଦେଖାଏ ଭବେ ଅଶ୍ରୁ-ଧୁଆ-ହାସ ।

ଲୋଡ଼େ ନାହିଁ କେବେ ମୁଁ ତ କାହାର ସୌଭାଗ୍ୟ
ଚଢ଼ିବାକୁ ଦେବତାର ମସ୍ତକ ଉପରେ,
ଲୋଡ଼େ କିନ୍ତୁ ନିଖିଳର ଚରଣ-ପରାଗ
ଶିରେ ମୋର ପାଦ ଦେଇ ଯାଆନ୍ତୁ ସକଳେ ।

ତହିଁ ମୋର ମହାନନ୍ଦ ତହିଁ ମୋର ତୁଷ୍ଟି
ତହିଁ ମୋର ମଧୁମୟ ଜୀବନର ସୃଷ୍ଟି ।

ମାୟାଧର ମାନସିଂହ

ରୂପାଲୋକ

ପ୍ରଦୀପ ଜଳୁଛି କିପାଁ ? ଲିଭାଅ ତାହାରେ
ତବ ରୂପ-ଶିଖା ଜଳୁ ଘନ ଅନ୍ଧକାରେ ।
ଠିଆ ହୁଅ କକ୍ଷ ମଧ୍ୟେ, ଧୀରେ ଧୀରେ ଧୀରେ
ଅଙ୍ଗ ଆବରଣ, ଅଙ୍ଗ ତେଜି ଏ ମହୀରେ

ପଡୁ ଶାନ୍ତ ଊର୍ମି ସମ । ସ୍ଫୁଟିତ ପୁଷ୍ପରେ
ବୃନ୍ତ-ଆବରଣ ଦେଇ ମୂର୍ଖତା କେ କରେ
ଦେଖିଛ କେଉଁଠି ସଖି ? ହୁଅ ଦିଗମ୍ବରୀ
ମେଘ-ମୁକ୍ତ ଊଷା ସମ । କ୍ରୀତଦାସ ପରି

ପରାଜୟ ଲଭି ରୂପ-ଆଲୋକେ ତୁମ୍ଭର
ଅନ୍ଧକାର, ଯତ୍ନ କରୁ ଦେବାକୁ ଅମ୍ବର
ତୁମ୍ଭର ନିଖିଳ ଅଙ୍ଗେ । ଲଜ୍ଜା ଯେବେ ଆସି
ସହସା କହିବ କର୍ଣ୍ଣେ - 'ହାୟ ମତ୍ତକାଶି,

ଏ କି କଲ !' ଆସେ ପାଶେ ତ୍ୱରିତ ଗଗନେ
ଆଶ୍ରୟ ତାହାରେ ଦେବି ସ୍ନେହ-ଆବରଣେ ।

ଚିଲିକା

ରହରେ ଆଗ୍ନେୟ ରଥ, ଦେଖିବ ସୁନ୍ଦରୀ
ତା' ନୀଳଲୋଚନେ; ନୀଳ-ଚକ୍ରବାଳ ଧରି
ନୀଳ ଜଳରାଶି କେହ୍ନେ ଉନ୍ମୁକ୍ତ ଶୋଭାରେ
ଉତ୍ତାନେ ରହିଛି ଶୋଭା। କାନ୍ତ କବିତାରେ

ରୂପାରାଧୀ ରାଧାନାଥ ରାୟ କବିବର
ବର୍ଣ୍ଣିଛନ୍ତି ଶୋଭା ଏହି ରୂପସୀ ହ୍ରଦର,
ପଢ଼ିଛି ସେ କାବ୍ୟ ପ୍ରିୟା-ତେଣୁ କୁତୂହଳ,
ରହ ରଥ, ଦୀର୍ଘ ନେତ୍ର କରି ଦୀର୍ଘତର

ଦେଖୁ ଶୋଭା ମୋ' ପ୍ରେୟସୀ; ତା' ନୀଳନୟନ
ହ୍ରଦ-ନୀଳିମାରେ ମିଶୁ। ଆକାଶ-ଗଞ୍ଜନ
ତା' ନେତ୍ର ପ୍ରଶାନ୍ତ-ଜ୍ୟୋତି ଶାନ୍ତି ହୋଇ କ୍ଷଣେ
ହ୍ରଦ-ବକ୍ଷେ ମିଳିଯାଉ ପ୍ରକୃତି-ପୂଜନେ

ପ୍ରକୃତି-କୁମାରୀ ଏହି କ୍ଷୁଦ୍ର ରୂପସୀର
କୌତୂହଳ ନିକି ଶ୍ରେଷ୍ଠ ବଚନୁଁ କବିର ?

ସରମ

ସେଦିନ ପୂର୍ଣ୍ଣିମା ନିଶା; - ରଜତ-ଶର୍ବରୀ
ହସୁଥିଲା ଧରଣୀର ସର୍ବାଙ୍ଗ ଆବରି;
ଅର୍ଦ୍ଧ-ରାତ୍ରେ ବଳଭୀରେ ଶୀତ-ସୀମରଣେ
ସହସା ଭାଙ୍ଗିଲା ନିଦ୍ରା। ଧବଳ ଶୟନେ

ଶାୟିତା ମୋ ଶଯ୍ୟା-ପାର୍ଶ୍ୱେ ଦେଖିଲି ତୁମରେ,
(ପ୍ରବାଳ ଲତିକା ସମ ସିନ୍ଧୁ ସୈକତରେ)
ହେଳାରେ ହୋଇଛି ବ୍ୟସ୍ତ ବାସ ଶ୍ରୀଅଙ୍ଗର-
ଅନାବୃତ ସ୍ୱର୍ଣ୍ଣ ଦେହ। ଶୁଭ୍ର ଚନ୍ଦ୍ର-କର

ପ୍ରେମାର୍ତ୍ତ ପ୍ରଣୟୀ ସମ। ଅଙ୍ଗେ କର ଦେଇ
ନିବିଡ଼େ ଚୁମ୍ବୁଛି ସର୍ବ ଦେହ ସୁଖ ଦେଇ
ଜାଗ୍ରତ କରିଲି ଧୀରେ। ତନ୍ଦ୍ରା ଅବସାନେ
ଗଭୀର ସରମ ଲାଜେ, ଗୁରୁ ଅଭିମାନେ,

ଭର୍ତ୍ସନା କରିଲ ମତେ - "ଛି ଛି ନିର୍ଲଜ୍ଜତା
ଅର୍ଦ୍ଧରାତ୍ରେ ନିଦ୍ରା ତେଜି ଏ କି ପୁରୁଷତା !

ବସନ୍ତ-ଅଭିସାର

ବସନ୍ତ ଆସିଛି ପ୍ରିୟେ, ପର୍ଣ୍ଣାଞ୍ଚଳ ଟାଣି
ମଞ୍ଜୁଳ କୋକିଳ-କଣ୍ଠେ ଫିଟାଇ ତା ବାଣୀ,
ଅଙ୍ଗେ ଭରି ପୁଷ୍ପଭାର, ସର୍ବାଙ୍ଗେ ସୁରଭି
ଡାକୁଛି କୁଟୀରାଙ୍ଗନେ - 'ଉଠ ଉଠ କବି,

ଭୋଗକର ବାର୍ଷିକ ଏ ମୋର ଅଭିସାର
ଭୁଲିଯାଅ ଦୁଃଖ ଶୋକ।' ମୁଗ୍ଧ ନମସ୍କାର
କଲି ମୁଁ ଅତିଥି-ବରେ; ତା'ପରେ ଭାଷିଲି
ମଳୟର କାନେ କାନେ - 'ବନ୍ଧୁ ସାଥେ ମିଳି

ଆଜିକ ରଜନୀ ଏହି ଆମ୍ର କୁଞ୍ଜତଳେ
ଯାପିବ କି ବନ୍ଧୁ ମୋର? ମୁଗ୍ଧ କୁତୂହଳେ
ଦେଖିବ ସଲଜ୍ଜ ଲୀଳା ସୁନ୍ଦରୀ ପ୍ରିୟାର,
ସାର୍ଥକ ହୋଇବ ଶ୍ରମ।' ମଳୟ-ସ୍ୱୀକାର

ମର୍ମର ରଚିଲା ଧୀରେ ଆମ୍ରକୁଞ୍ଜ ପରେ
ବସନ୍ତ ଧଇଲା ବୀଣା କୋକିଳ-କଣ୍ଠରେ।

କସ୍ତୁରୀ ମୃଗ

ଭ୍ରମିଭ୍ରମି କ୍ଳାନ୍ତ ମୁହିଁ ଆନନ୍ଦ ସନ୍ଧାନେ
ଆଜି ଦେଖେ ହତଭାଗ୍ୟ, ଉତ୍ସ ଆନନ୍ଦରେ
ଆପଣା ଅନ୍ତରେ ସ୍ଥିତ, ଆବୃତ ଅଜ୍ଞାନେ
ସର୍ବ-ଅନୁଭୂତି-ମୂଳ, ପରମ ସୁନ୍ଦର।

ଗନ୍ଧ ଲୋଭେ ଧାଇଁ ଧାଇଁ ବାଟେ ଅବାଟରେ
ଆଜି ଅନୁଭବେଁ, ଅଛି ମହାର୍ଘ କସ୍ତୁରୀ
ମୋର ନିଜ ଅନ୍ତସ୍ଥଳେ, ବୃତ ରହସ୍ୟରେ
ଜାଣି ମଧ୍ୟ ଭୁଲିଥିଲି ଯା ଗନ୍ଧ-ମାଧୁରୀ।

ଆଜି ଯେ ପାଇଛି ଶେଷେ ତୁମର ସନ୍ଧାନ
ଅନ୍ତସ୍ଥିତ ମୁକ୍ତାକଣ ସଚ୍ଚିଦାନନ୍ଦର -
ଦିଅ ପୂର୍ଣ୍ଣ ଅନୁଭବ, ନିଖିଳ ଆଘ୍ରାଣ
ଦେହେ ପ୍ରାଣେ କରୁ ତବ - ଆସ୍ୱାଦେ ଜର୍ଜର।

ତୁମ ଜଳେ ଅବଗାହି ଆନନ୍ଦ-ଉତ୍ତମ,
ସକଳ-ଆନନ୍ଦ-ସ୍ୱାଦ ପାଉ ମୋ ମରମ।

ସଚ୍ଚିଦାନନ୍ଦ ରାଉତରାୟ

ସଂସାର ପଥେ

ଏ ସଂସାର-ପଥେ ନିତି କେତେ ପାନ୍ଥ ଚଳି
ଯାଇଛନ୍ତି, ଯିବେ ପୁଣି ନିଜ କର୍ମ ଧରି।
ଜୀବନର ଅତି ବଡ଼ ପ୍ରୟୋଜନ ଲାଗି
କେତେ ଭିକ୍ଷୁ ଏହି ପଥେ ଯାଇଛନ୍ତି ମାଗି।

କେତେ ଦୀନ ନୟନରୁ କରି ଅଶ୍ରୁ ବୃଷ୍ଟି
ତୁମରି କୁଣ୍ଠିତ ଦୟା କରିଛନ୍ତି ଲୁଟି !!
ଲଭିବାକୁ ସଙ୍କୁଚିତ କୃପାର କଣିକା
ଦୁର୍ବଳ ଡାକିଛି କେତେ ଚକ୍ଷୁ କରି ଫିକା !!

କେତେ ପୁଣି ଚଳିଛନ୍ତି ରାଜ ଅଭିଯାନେ
ଜୀବନର ସମାରୋହେ ଗଉରବ ଗାନେ!
କେ ଯାଇଛି ଏହିପଥେ ଆପଣାକୁ ଦଳି
କେ ଯାଇଛି ଏ ଅନ୍ଧାରେ ଦୀପ ଶିଖା ଧରି।

ଯେ ଯାଇଛି ଫେରି ନାହିଁ, ଯାଇଛି ସେ କାହିଁ
ଏ ଅନନ୍ତ ପଥ ଶେଷେ ତୁମ ଜୟ ଗାଇ ?

ଜୀବନ-ବେଣୁ

ଶୂନ୍ୟ ମୋ' ଜୀବନ-ବେଣୁ ଶତ ଛିଦ୍ରେ ଭରା
ତହିଁ ମଧ୍ୟେ ତୁମ ଗାନ ବାଜି ଉଠେ ପରା ।
ଅତୀତର କ୍ଷତି, ତ୍ରୁଟି ହୁଏ ଅବସାନ
ତ୍ରୁଟି ମଧ୍ୟେ କର ତୁମେ ଚେତନା ବିଧାନ ।

ଭ୍ରାନ୍ତି ମଧ୍ୟେ ସତ୍ୟଟିକୁ ରଖି ଅଛ ଢାଙ୍କି
ରୁଦ୍ଧ ଜୀବନର ଦ୍ୱାରେ ଯାଅ ତୁମେ ଡାକି ।
ନିଃସ୍ୱତାର ମଧ୍ୟେ ତୁମେ ମାଗ ତୁମ ଦାନ
ଛିନ୍ନ ବୀଣା ତାରେ କହ ଗାଇବାକୁ ଗାନ ।

ଝଡ଼ ମଧ୍ୟେ କହ ତୁମେ ବାହିବାକୁ ତରୀ
ଆପେ ମୋର ସାଥେ ଚାଲ କାତଦଣ୍ଡ ଧରି ।
ଜୀବନର ପଙ୍କ ଭରା ସରସୀ-ସଲିଳେ
ତୁମ ପ୍ରୀତି-କମଳିନୀ ଫୁଟି ଉଠେ ଧୀରେ ।

ପଥ ଭୁଲି ବୁଲେ ଯେବେ ଭ୍ରମେ ଏଣେ ତେଣେ
ତୁମେ ଆସି ହସି ହସି କୋଳେ ନିଅ ପ୍ରେମେ ।

ଦାନ

ସକାଳର କାନେ କାନେ ଶେଷ ରାତି କହେ ଯେଉଁ କଥା
ତୁମକୁ ମୁଁ ଦେଇଗଲି ଆଜି ସଖି, ତାହାରି ବାରତା ! !
ଦୁତୀଆର କ୍ଷୀଣ ଜହ୍ନ ନିଭିଯିବା ଆଗୁ ମେଘ କୋଳେ
ଯେଉଁ ଲିପି ରଖିଯାଏ ନୀଳକଇଁ ଭୀରୁଆଖି ତଳେ,

ଏ ମୋର ବିଦାୟ ଆଜି ତୁମକୁ ତା ଦେଲା ଉପହାର,
ସେହି ମୋର ବଡ଼ ଦାନ ତୁମେ କି ଗୋ ବୁଝି ତାହା ପାର ?
ଶରତର ଶେଷ ସୁରେ ବାଳ ଭାନୁ ଭାଷେ ଯେଉଁ ବାଣୀ,
ତୁମକୁ ବା ଆଣିଦେଲା ଆଜି ବନ୍ଧୁ ଏ ମୋର ମେଲାଣି,

ଆଷାଢ଼ର ଶେଷ ନୀଳ ଗରଭିଣୀ ସବୁଜର କାନେ
ଯେ କଥା ଗୋପନେ କହେ, ଦୁନିଆରେ କେହି କି ନ ଜାଣେ ?
ରଜସ୍ୱଳା ବିଲ ମାଟି ଗର୍ଭେ ଭରି ଧାନର ଫସଲ
ମୌସୁମୀର ଶେଷ ଧାରା ଯିବା ଆଗୁ ତୋଳେ ଯେଉଁ ସ୍ୱର

ତୁମକୁ ତା ଦେଇ ଗଲି; ସେହି ମୋର ସର୍ବଶେଷ ଦାନ,
ସେ ମୋର ସୁନ୍ଦର ସୃଷ୍ଟି ଅନାଗତ ସେ ମୋର ସନ୍ତାନ !!!

ନରସିଂହ ଦେଓ

ପ୍ରେମ

ପ୍ରେମ ଯଦି ପାପ ହୁଏ ପୁଣ୍ୟ କିସ ଅଛି ଭବେ,
ପ୍ରୀତି ଯଦି ବ୍ୟଭିଚାର ସତ୍ୟ କାହିଁ ଏଥି ଲବେ ?
ଉଇଁଲେ ଗଗନେ ରବି କମଳ କିପାଇଁ ଫୁଟେ,
ସୌରଭ ଆସିଲେ ଭାସି ଭ୍ରମର କି ଆଶେ ଛୁଟେ ?

ଶଶାଙ୍କ ସରଗେ ଯଦି ଉଦୟେ ଆପଣା ଛାଏଁ
ତା' ଦିଗେ କୁମୁଦ କିଆଁ ପ୍ରଣୟ ନଉକା ବାହେ ?
ଉତ୍ତାଳ ଉଦଧି କିପାଁ ପୂନିଅ ନିଶିଥେ ଫୁଲେ
ସାଗର ମିଳନ ଆଶେ ତଟିନୀ କିପାଇଁ ବୁଲେ ?

ନର ଯଦି ଧରା ପୃଷ୍ଠେ ମହାପ୍ରାଣୀ ହୁଏ ଗଣା
ତା'ର ପ୍ରୀତି ପାଇଁ କିପାଁ ବାଜେ ନିନ୍ଦାର ବାଜଣା ?
ଏ ଜଗତେ ଶ୍ରେୟପୂତ ଯେଉଁ ପ୍ରେମ-ପାରାବାର
ହେବ କି ମାନବ ପାଶେ କେବେ ତାହା କଦାକାର ?

ଯୁକତ ଯେଉଁଠି ପ୍ରେମ ପାପ କିଆଁ ହେବ ଗଣା
ମହାପୁଣ୍ୟ ଅଟେ ତାହା ନନ୍ଦନ ସୁରଭି କଣା ।

ଗୋପନ ପୂଜା

ପ୍ରଣୟର ଛବି ସଖି ଦେଲ ଯା ମୋ ବୁକେ ଲିହି
ଜନମ ଜନମ ଲାଗି ପୂଜିବି ଗୋପନେ ନିହି।
ନିଭାଇ ପାରିବ କିଏ ସେ ଛବି ବୁକୁ ମୋର
ଆଙ୍କିଛ ତମୋ ଗୋ ସଖି ଶିଳିପ କଉଶଳ।

ତମରି ଦାନ ଗୋ ତାହା ତାହାହିଁ ମୋ ଶ୍ରେୟ
ମରୁର ପଥିକ ମୁହିଁ ସେତକ ପାଥେୟ।
ଭାବେ ମୁଁ ନିର୍ଜନେ ବସି ସେ କଳା ଚାତୁରୀ ଯେତେ
ଅନ୍ତହୀନ ଭାବାବେଶେ ଭାସେ ମୋର ମନ ତେତେ।

ପାସୋରି ଯାଏ ଗୋ ସଖି ନିଜ ଜ୍ଞାନ, ମାନ, କାୟା
ମନ ମୋର ଧାଏଁ ସଖି ଅନୁସରି ପ୍ରେମ ମାୟା।
କେତେ ତମ କଳପନା ଉଇଁ ଉଇଁ ଆସେ ଥିରି
ଆନ ନିମିଷରେ ସଖି ଯାଏ ନୀଳ ନଭେ ମିଳି

ଶେଷେ ଝଡ଼ି ପଡ଼େ ଧୀରେ ନେତ୍ର ନୀର ବିନ୍ଦୁଟିଏ
ତାହାହିଁ ଗୋପନ ପୂଜା-ଫୁଲ ତୁମ ପାଇଁ ଦିଏ।

ଅନୁପ ସିଂହ ଦେବ

ଅପେକ୍ଷା

ପରାଣେ ପୀୟୂଷ ପଣା ଯେବେ ଦେଇ ସିଞ୍ଚି
ବସନ୍ତ-ମଳୟ-ବାତ ତପ୍ତ ଦେହେ ବିଞ୍ଚି
ହରିନେବ ଚିରକ୍ଳାନ୍ତ ଘୋର ଶ୍ରମ-ତାପ
ହେବ ନିମିଷକେ ଶେଷ ମୋ ତାପ ଅମାପ।

ଚଳଚିତ୍ତ ଅଚଞ୍ଚଳ ତବ ରୂପ ଧ୍ୟାନେ
ଉତ୍‌କ୍ଷିପ୍ତ ନୟନ ବେନି ତବ ରୂପ ଧ୍ୟାନେ,
ଶ୍ରବଣ ରହିଛି ଡେରି ତବ ଆଗମନ
ପଦକ୍ଷେପ ଶୁଣି ପରା ଭଜିବ ନିର୍ବାଣ !

ଏହିପରି ଏହି ମୋର ନିଭୃତ ନିକୁଞ୍ଜେ
ଜାଗ୍ରତେ ଯାପିଛି ନିଶା, ନିତି ବସି ସଞ୍ଜେ
ଅନିଭା ରହିଛି ବତୀ କେତେ ଝଞ୍ଜାବାତେ !
ଅଛୁଆଁ ରହିଛି ତବ ପୂଜା ସଞ୍ଜା ଯେତେ।

ଭାଙ୍ଗୁନି ଆଶା ବିଳମ୍ବେ ହୁଏ ଦୃଢ଼ତର
ପାଇବାଯାକେ ଅପେକ୍ଷା କରିବି ଏଥର।

ବ୍ୟର୍ଥ-ଅଶ୍ରୁ

କେତେ ଦିନ ହେ ଦେବତା ! ପାଷାଣ ପୁରୀର
ନିର୍ମ୍ମମ ପାଷାଣ-ପ୍ରାଚୀ ରୋଧିବ ମୋ ପଥ ?
କେତେ ଦିନ ବେଦନାରେ ନତ କରି ଶିର
ଫେରୁଥିବ ଶୂନ୍ୟ ହସ୍ତେ ନେତ୍ର କରି ସିକ୍ତ ?

ତୁମର ମନ୍ଦିର ଦ୍ୱାରେ କେତେ ପୂଜାରିଣୀ
ହସି ହସି ଯାନ୍ତି ଚାଲି ଘେନି ପୂଜା ଡାଲା,
ଅବଶ ମୁଁ କଣ୍ଠୁ ମୋର ଫୁଟେ ନା ଯେ ବାଣୀ
ବ୍ୟର୍ଥ ହୁଏ ଦେବତା ଗୋ ତବ ପୂଜା ମାଳା !

ତୁମରି ଖିଆଲ ସୃଷ୍ଟି ଘୃଣ୍ୟ କରି ଯେବେ
ଗଢ଼ିଛି ଏ ଦୀନ ହୀନେ ନିଃସହାୟ କରି,
ବାଜେ ନାହିଁ କାନେ କିମ୍ବା ଡାକ ତା'ର ତେବେ
ମନ୍ଦିର ଦୁଆରେ ତବ ? ବୁକୁ ଉଠେ ଥରି;

ଗ୍ଲାନି ଅବସାଦ ମେଳେ କେତେ ଦେବ ଜ୍ୱାଳା
କେତେ ଦିନ ବ୍ୟର୍ଥ ହେବ ମୋ ଲୋତକଧାରା ?

ସୁଧାଂଶୁ ଶେଖର ରାୟ

ତୁମ ଦାନ

ତୁମେ ହିଁ ତ ଦେଲ ପ୍ରଭୁ କୁସୁମରେ ମୋ ଅଞ୍ଜଳି ଭରି,
ପ୍ରିୟାର ଚୁମ୍ବନେ ଦେଲ ଜୋଛନାର ସୁସ୍ନିଗ୍ଧ ମାଧୁରୀ;
ପୂର୍ଣ୍ଣିମାର ପୂର୍ଣ୍ଣରୂପ ଫୁଟାଇଲ ମୋ ଆଖି ସମ୍ମୁଖେ,
ପଥ ଚାଲୁଁ ଚାଲୁଁ ମୋତେ ପରଶିଲ ଗଭୀର ପୁଲକେ।

ବାତାୟନେ ତରୁଣୀର ଚାହାଣୀର ଅମିୟ ନିଃସ୍ୱନେ,
ଧୂଳି ଧୂସରିତ କ୍ଲାନ୍ତ ବାଳକର ଦରୋଟି ବଚନେ,
ମୁକ୍ତ ଆକାଶର ତଳେ କେତେଥର କୋଳେ ନେଲ ଟୋଳି
ଶ୍ୟାମ ଶଷ୍ପ ଶିହରଣ ତୃଷିତ ମୋ ଅଙ୍ଗେ ଅଙ୍ଗେ ବୋଳି।

ତମେହିଁ ତ ଦେଖା ଦେଲ ମାତୃରୂପେ ଦୀର୍ଘ ପଥଶେଷେ
କ୍ଲାନ୍ତି ମୋ ହରିଲ ବନ୍ଧୁ ଜନନୀର ବାତ୍ସଲ୍ୟ ଆବେଶେ,
ପ୍ରିୟା ଅଙ୍ଗ ସ୍ପର୍ଶ ସୁଖେ ବିନିଦ୍ର ଆଖିରେ ଦେଇ ନିଦ
ତୁଟାଇଲ ସବୁ ବ୍ୟଥା ଅନ୍ତରର ସବୁଦୁଃଖ ଖେଦ।

କହ ତେବେ କିପରି ବା କହିବି ମୁଁ ମିଥ୍ୟା ଏ ଧରାକୁ
ଯେ ଧରା ତୁମରି ଦାନେ ପୂର୍ଣ୍ଣ କରେ ନିତ୍ୟ ମୋର ବୁକୁ।

ସେ ପ୍ରେମ ଯେ ପ୍ରେମର ମରଣ

ମରଣର ମହାପଥ ରୁଦ୍ଧ କରେ ଯେ ଜୀବନ ସେ ଜୀବନ ମୃତ୍ୟୁ ହିଁ ଭୀଷଣ;
ଯେ ପ୍ରେମ ପ୍ରାଣକୁ ଛଳି ଚିର ପଙ୍ଗୁ କରିଦିଏ ସେହି ପ୍ରେମ ପ୍ରେମର ମରଣ।
ଝଡର ମାଦଲ ତାଳେ ପ୍ରାଣର ବାଦଲ ଯେଉଁ ଭୈରବର ନୃତ୍ୟ ଯାଏ ରଚି,
ମଉଳା ପଦ୍ମର ପ୍ରାଣ୍ଡୁ ସୁରଭିର ଯେ ବାର୍ତ୍ତାଟି ସନ୍ଧ୍ୟାରାଣୀ ଧୀରେ ରଖି ସଞ୍ଚି,

ନକ୍ଷତ୍ର ଲୋତକ ହୋଇ ନିଖିଳର ଯେ ବ୍ୟଥାକୁ ସୁପ୍ତି-ବୀଣା ଗଭୀର ନିଃସ୍ୱନେ
ସ୍ୱପନର ଶାନ୍ତ ଛନ୍ଦେ ରଚେ ଧୀରେ ସ୍ପଷ୍ଟ କରି ନୀରବତା-ହୃଦୟ କମ୍ପନେ,
ତା'ରି ଛନ୍ଦେ ଯେଉଁ ପ୍ରେମ ଜାଗେନା ନିର୍ଭୀକ ହୋଇ ସେ ପ୍ରେମ ଯେ କଙ୍କାଳର ପ୍ରେମ
କାମନାର ବନ୍ଧୁ ତା'ର ଜାଣିବାର ଶକ୍ତି ନାହିଁ, ଶକ୍ତିନାହିଁ ହେବାକୁ ନିଷ୍କାମ;

କଙ୍କାଳର ରିକ୍ତ ପ୍ରେମ କରେ ଭୟ ମୁକତିରେ - କରେ ଭୟ ଜୀବନ-ସୌନ୍ଦର୍ଯ୍ୟ,
ଗତି-ଛନ୍ଦେ କରେ ଭୟ, କରେ ଭୟ ବିସ୍ମୃତିରେ, ସ୍ମୃତିର ଲୋତକ-ପୂତ ଶୌର୍ଯ୍ୟେ।
ଲୋଭ ତା'ର ଜୀବନକୁ କରେ ହୀନ ଅସୁନ୍ଦର, ମରଣକୁ କରେ କ୍ଷୋଭ ତା'ର
ଅମୃତ ଆଶିଷ-ହୀନ ଧରାର କଳଙ୍କ-କ୍ଲିନ୍ନ ଯନ୍ତ୍ରଣାର ଉଚ୍ଛିଷ୍ଟଉଦ୍‌ଗାର।

ମରଣର ପଥେ ମୋର ଜୀବନ ସୁନ୍ଦର ହେଉ ତ୍ୟାଗ-ପୂତ ଉଦାର-ମହାନ୍
ମୁକତିର ମହା ସତ୍ୟେ ମୋ ପ୍ରେମ ତେଜସ୍ୱୀ ହେଉ ସୌନ୍ଦର୍ଯ୍ୟର ରଶ୍ମି କରିପାନ।

କୃଷ୍ଣମୋହନ ପଟ୍ଟନାୟକ

କାହିଁ ସେ

ସମୟେ ମେଲିଲି ଆଖି, ଅନାନ୍ତେ ପୁରତେ
ଛଳ ଛଳ ଦୃଷ୍ଟି ମୋର, ଛଳ ଛଳ ଦୃଶ୍ୟ;
ଅପ୍ରସନ୍ନ ସବୁ, ଯାହା ଆସେ ନେତ୍ର-ପଥେ,
ରାତିକେ ପୂର୍ଣ୍ଣ ବିକୃତି, ନାହିଁ ତା ସାଦୃଶ୍ୟ।

ପୂରବେ ପ୍ରତ୍ୟୁଷ-ଛବି-କାହିଁ ତହିଁ ଶୋଭା,
ଦିବା-ଦୂତ କୋଳାହଳେ କାହିଁ ସେ ଲାଳିତ୍ୟ,
ନିସର୍ଗରେ ସେ ରୂପଶ୍ରୀ କାହିଁ ମନୋଲୋଭା,
କାହିଁ ସେ ସମସ୍ତ, ହସେ ହସାଏ ଯା ନିତ୍ୟ।

ସେହି ସେ ବିଜୟା ଆଜି ଆନନ୍ଦ-ଉତ୍ସବ,
ଦିଗେ ଦିଗେ ଗୀତବାଦ୍ୟନୃତ୍ୟ ହାସ୍ୟରୋଳ,
ନବସାଜେ-ତେଜେ ଭରା ଚିତ୍ତ-ଅବୟବ,
ନୀରସ ନୀରସ ମାତ୍ର, ନୀରସ ମୋ ଡ଼ୋଳ।

କାହିଁ ଆହା, କାହିଁ ଆଉ, କାହିଁ ସେ ସୁଷମା
ଜ୍ୟୋତିର୍ମୟୀ ସୁଧାମୟୀ ପ୍ରିୟା ନିରୁପମା !

ଅତୀତର ସୁଖ-ସ୍ମୃତି

ପୌଷର ଶେଷାର୍ଦ୍ଧ ଭାଗ, ଅଷ୍ଟମୀର ନିଶି
ଯାମେ ମାତ୍ର ଶଶଧର ଯାପିଛି ଆକାଶେ,
ଶୀତ ନାହିଁ, ଅଳ୍ପେ ଅଳ୍ପେ ହିମ ସଙ୍ଗେ ମିଶି
କୋମଳ ବସନ୍ତ କାହୁଁ ଧୀରେ ଭାସିଆସେ,

ପୁରୁଣା ପଥରଗଢ଼ା କାଠଯୋଡ଼ି ବନ୍ଧେ
ଦେଖାଦେଖି ବନ୍ଧୁଯୁଗ ବହୁଦିନ ପରେ,
ଅତୀତର ସ୍ମୃତିଗାଥା ସ୍ଫୁରି ନାନା ଛନ୍ଦେ
ସୁମଧୁର ସମ୍ଭାଷଣେ ତୋଷେ ପରସ୍ପରେ।

କ୍ଷୀଣ ନୀରଧାରେ ଭେଦି ବାଲୁକା-ପଟାଳି
ଢଳ ଢଳ ଶୁଭ୍ରାମଳ ଚନ୍ଦ୍ରିକା ମଣ୍ଡନେ,
ପର ପାର୍ଶ୍ୱବନ ଗ୍ରାମ ଦୂର ନଗାବଳୀ
ନଭୁ ବାଲିଯାଏ ଘେରା ହିମ-ଆବରଣେ।

ଏସନ ସମୟେ ଆହା ଯୁବାହୃଦ ବେନି
ସ୍ଫୀତମତ୍ତ କେତେ ଶତ ଗତ ସ୍ୱପ୍ନ ଘେନି।

କୃଷ୍ଣଚନ୍ଦ୍ର ତ୍ରିପାଠୀ

ତୁମେ ଗୋ ରହିଚ !

ଆଖି ଆଗେ କିଏ କାହିଁ ଚାଲିଗଲେ ମମ
ପାଇଲି ନାଇଁ ତ କା'ର ଦେଖା ଦରଶନ !
ତୁମେ ତ ରହିଲ ହୋଇ ଏକାନ୍ତ ନିଜର,
ତୁମେ ତ ରହିଲ ହୋଇ ଆଶାର ନିର୍ଝର,

ତୁମେ ତ ରହିଲ ହୋଇ ସ୍ୱପ୍ନ ଜୀବନର,
ତୁମେ ତ ରହିଲ ହୋଇ ପ୍ରାଣର ଦୋସର !
ତୁମରେ ଚାହିଁଲେ ସବୁ ଭୁଲିଯିବି ବ୍ୟଥା !
ତୁମଠୁ ଶୁଣିଲେ ପଦେ ଅମୃତ ବାରତା ।

ମଣିବି ଜୀବନ ମୋର ଆନନ୍ଦର ଘର,
ସବୁ ତ ଯାଇଚି ତୁମେ ରହିଚ ନିଜର !
ଯେତେ ଦୂର ଯାଏ ମୁହିଁ, ଯାଏ ତୁମ ଲାଗି,
ତୁମଲାଗି ଶ୍ୟାମ ଦୂର୍ବା ଉଠେ ସିନା ଜାଗି ।

ଏ ମରୁ ଅନ୍ତର ତଳେ ସବୁଜ ସମ୍ଭାରେ !
ତୁମେ ଗୋ ରହିବ ସବୁ ସମ୍ପଦ ଦେବାରେ ।

କି ମଧୁ ସମ୍ପଦେ ଭରିଉଠେ ମୋ ଅନ୍ତର

ନଈ ଯେବେ ବହିଯାଏ କଳତାନ କରି,
ଫୁଲ ଯେବେ ମହକାଏ ଖିଳ ବସୁନ୍ଧରୀ
ସୂର୍ଯ୍ୟ ଯେବେ ବୁଡ଼ିଯାଏ ଦିଗନ୍ତ ସେ ପାରେ
ପୃଥିବୀ ସନ୍ତରେ ଯେବେ ଜ୍ୟୋସ୍ନା ପାରାବାରେ

ଧୂସର ଶଇଳଚୂଳେ ସନ୍ଧ୍ୟାତାରା ଉଇଁ
ଥିରି ଥିରି ଯାଏ ଯେବେ ଦିଗ୍‌ବଳୟ ଛୁଇଁ,
ନିଶୀଥ ନୀରବ ନଭେ ମହାନିସ୍ତବ୍ଧତା
କାନେ କାନେ କହେ ଯେବେ ଅନନ୍ତ ବାରତା

ପ୍ରାଚୀଚକ୍ରବାଳ ତୀରେ ସିନ୍ଦୂର ଲହରୀ
ଖେଳି ଖେଳି ଯାଏ ଯେବେ, ମଧୁର କାକଳୀ -
ସୋହାଗେ ନଚାଇ ଯେବେ ବିଲ ପଦା ବନ
ରଚଇ ବିମୁଗ୍ଧ ପୁରୀ ସ୍ୱପ୍ନ-ନିକେତନ,

ଏ ସବୁ ଭିତରେ ତୁମେ ନିତ୍ୟ ମନେପଡ଼
କି ମଧୁ ସମ୍ପଦେ ଭରିଉଠେ ମୋ ଅନ୍ତର।

ଯିବି କେଉଁ ଆଡ଼େ ?

କେତେ ପରିଚୟ କେତେ ମଧୁ ଆଳାପନ,
ଆପଣାର କରି କେତେ ଲୋଡ଼ିବାରକ୍ଷଣ,
ଚାହିଁ ବସିବାର କେତେ ଉଷ୍ମଅଶ୍ରୁ ଢାଳି,
ଡାକିବାର ପ୍ରିୟ ବୋଲି ବୁକୁତଳୁ ବାଢ଼ି -

ସୀମାହୀନ ମମତାର ପ୍ରାଣବୋଳା ମାୟା
ମନେ ମୋର ପଡ଼ିଗଲେ ଏ ସକଳ ଯାହା -
ବିଚାରେ ଏ ପୃଥିବୀରୁ ଯିବି କେଉଁଆଡ଼େ ?
କାହିଁକି ବା ଯିବି ? କେଉଁ ସମ୍ପଦ ଆଶାରେ,

କା' ଓଠ ବଚନ ଏତେ ଲାଗିବ ଲୋ ମିଠା ?
କା' ଚାହାଣୀ ଫିଟାଇବ ଅମୃତ କବିତା
ଏ ମୋର ମରମ ତଳେ ? କାହା ସ୍ପର୍ଶଟିକ
ଲାଗିବଲୋ ପ୍ରାଣୁବଳି ଅଧିକୁ ଅଧିକ ?

ବୁକୁକାଟି ରକ୍ତ କିଏ ଟୋପା ଟୋପା କରି
ଦେବ ଲୋ ମୁଁ ପଡ଼ିଥିଲେ ଜୀବନ୍ମୃତ ପରି ?

କୁଞ୍ଜବିହାରୀ ଦାଶ

ମଳାଜହ୍ନ

କିଏ ଚନ୍ଦ୍ର ନେଲା ତବ ଜ୍ୟୋସ୍ନା ଭୂଷା ଟାଣି ?
କାହା ତେଜ କି ଦୁର୍ଯୋଗେ କିମ୍ବା ଥିଲ ଆଣି ?
ଅବସ୍ଥାର ବିପର୍ଯ୍ୟୟେ ଅମୀର ଫକୀର
ମୃତ୍ୟୁ ସମ କି ମଳିନ ଦିଶ ଅରୁଚିର !

ମଞ୍ଜୁଳ ପ୍ରଭାତେ ଆଜି ମଳୟ ଝଙ୍କାରେ
ଅରୁଣ କିରଣ ରଙ୍ଗା ସୁବର୍ଣ୍ଣ ସଂସାରେ
ପକ୍ଷ ରୁତେ, ନଦୀ କୂଳେ ଚିରାନନ୍ଦମୟ
ସଙ୍ଗୀତର ଧ୍ୱନି ଭେଦି ସରସ ହୃଦୟ

ଧାଏଁ ଶୂନ୍ୟ ଶୂନ୍ୟେ; ଜ୍ୟୋସ୍ନା ଯାମିନୀ ସ୍ୱପନ
ନିଦ୍ରା ସଙ୍ଗେ ଗଲା କାହିଁ ? ଦେଖେ ମଳା ଜହ୍ନ
ଭୁଲ ପ୍ରୀତି, ଅଭିସାର ସ୍ମୃତି, ସୁଖ ଦୁଃଖ
ସବୁ ଯେହ୍ନେ ଗିଳିଅଛି ସୂର୍ଯ୍ୟର ମୟୂଖ !

ତେଣୁ ସେ ଆଦିତ୍ୟ କ୍ରମେ ଦିଶେ ଭୟଙ୍କର
ଝଲସାଏ ଚକ୍ଷୁ, ଜାଳେ ଅବନୀ ଅମ୍ବର !

ଅନନ୍ତ ପ୍ରେମ

ହେ ପ୍ରେମ, ଅନନ୍ତ ପ୍ରେମ, ହେ ମହା ଦେବତା,
ହେ ସୁନ୍ଦର, ହେ ମଧୁର, ନିର୍ମଳ ଉଦାର,
ହେ ବିରାଟ, ହେ ଶାଶ୍ୱତ ସୁଧା ପାରାବାର
ସିଂହ ପଶୁ ପ୍ରାଣୁଁ ତୁମେ କାଢ଼ ହିଂସ୍ରକତା

ଦେଶପ୍ରେମୀ ବଇକୁଣ୍ଠ ମଣେ କାରାଗାର
ପଥର ଭିକାରୀ ତା'ର ଭୁଲେ ଦରିଦ୍ରତା
ପ୍ରେମୀ ଗଢ଼େ ତୁମ ବଳେ ବିଶ୍ୱପରିବାର
ତରୁଣ ତୁମରି ସ୍ୱପ୍ନେ ଭୁଲେ କାତରତା ।

ରବି ଚନ୍ଦ୍ର ତାରା ତବ ଆନନ୍ଦେ ମଗନ
ବିଶ୍ୱର ମଙ୍ଗଳ ଶଙ୍ଖ ବଜାନ୍ତି ଗଗନେ
ତବ ସ୍ନେହେ ସୁଶୀତଳ ସୁରଭି ପବନ
ଆଲିଙ୍ଗେ ଧରଣୀ ନଭ ହୃଦେ ହୃଦେ ଭ୍ରମେ

ଢେଉ ଚୁମ୍ବେ ଢେଉ ଗିରି ଚୁମ୍ବଇ ଗଗନ
ଫୁଲ ଚୁମ୍ବେ ପତ୍ର, ପତ୍ର ଚୁମ୍ବେ ଶାଖା ବନେ ।

କବି

କୌମୁଦୀସଉଧେ ପୁଷ୍ପ ଝାଲର ଝରକା
ପୁଷ୍ପ-ରେଣୁ ସିଂହାସନେ କବିଙ୍କ ଆସନ
ସ୍ୱପ୍ନ ଢଳା ପଥ ବିଶ୍ୱେ ଚଳେ ବଙ୍କା ଢଙ୍କା,
କଳ୍ପନା ଅପ୍‌ସରୀ ଧରି ମଳୟ ବ୍ୟଜନ
ବିଞ୍ଚେ, ଋତୁ ବସିଛନ୍ତି କବି ଚଉପାଶେ
ଭେଟନ୍ତି କେ ଫୁଲ ଫଳ ମଧୁ ଗନ୍ଧ ଗାନ
ଊଷା ସନ୍ଧ୍ୟା ବେନି ପାଶେ ରଙ୍ଗାଧର ହାସେ
ଗିରିନଦୀ ସିନ୍ଧୁ ଗୀତେ ଭରୁଛନ୍ତି ପ୍ରାଣ।

ରବି ଶଶୀ ତାରା ଜ୍ୟୋତି ମାଳା ଦେଇ ଗଳେ
ବନ୍ଦନ୍ତି; କରୁଣା ସ୍ନେହ ପ୍ରେମ ଆଦି ଭାବ
ତରଳନ୍ତି କବି ମନ ଯହିଁ ଯେବେ ଭଳେ
କବି ହୃଦୁଁ ସୁଧା ଘେନି ଚଳେ ଗୀତିନାବ
ଦେଶୁଁ ମହାଦେଶେ ଶେଷେ ବିଶ୍ୱମୟ ଘୂରେ
ଆଲୋକାଇ ପୁଲକାଇ ବିଶ୍ୱ ଅନ୍ତଃପୁରେ।

ଗୁରୁପ୍ରସାଦ ମହାନ୍ତି

ଚମ୍ପାଫୁଲ

ଚମ୍ପାଫୁଲ ମହକରେ ବାଟଭୁଲି ସମୁଦ୍ରର ଢେଉ
ଆସିଥିଲା କୂଳ ଡେଇଁ ଶୁଖିଥିଲା ଭରାନଈ ଛାତି
ପଥର ତରଳି ଥିଲା, ମଶାଣିର ଭୂତପ୍ରେତ ଛାଡ଼ି
ରଜବତୀ କନ୍ୟା ଲାଗି ଯୋଗୀ ଥିଲା ମଦନରେ ମାତି ।

ଚମ୍ପାଫୁଲ ହାତେ ଧରି ମନାସିଲା ଯାଦୁକରୀ ଥରେ
ପଥର ପାଲଟି ହେଲା ରାଜାପୁଅ, ହାଡ଼ସବୁ ହେଲା ମୁକ୍ତାଫୁଲ
ରାଜା ଝିଅ ବେଣୀଫୁଲ ଖସିଗଲା ସୁଏ ସୁଏ ଭାସି
ଗୋଟିଏ ଫୁଲରେ ପୁଣି ହେଲା କୋଟି ମଣିଷର ମୂଳ ।

ଚମ୍ପାଫୁଲ ମହକରେ ଏଡ଼େ ସେ ଯେ ଦାରୁଣ କୁହୁକ
ରକ୍ତେଯାଏ ନିଆଁ ଲାଗି, ଛାତି ଆଉ ନିଶ୍ୱାସରେ ନିଆଁ
ଛାତି ଆଉ ନିଶ୍ୱାସରେ ନିଆଁ ସେ ଯେ ଦେହେ ଦେହେ ବିଜୁଳି ଚମକ
ବିଜୁଳି ଚମକ ସେ ଯେ ବଣ ନିଆଁ, ସବୁଯାଏ ଛିନ୍ନ ଭିନ୍ନ ହୋଇ,

ପୃଥିବୀ ଛାତିରେ ଲୋଟି ପୋଡ଼ିଯାଏ ଜଣାଯାଏ ସବୁ
ମାଂସ ଫୁଟେ ହୋଇ ମନ ପଡ଼େ ରୋମାଞ୍ଚରେ ଶୋଇ ।

ସନେଟ୍

(ଏକ)

ଅସଂଖ୍ୟ ଦେହର ସ୍ୱପ୍ନ ଭାସିବୁଲେ ଏ ରାତିର ସପନ ଭିତରେ
ତାରାରେ ତାରାରେ କ୍ଲାନ୍ତି ସୁପ୍ତି ଆଉ ଅନ୍ୟମନସ୍କତା
ଆଜି ତେଣୁ ଏ ବାଲିରେ ଅନୁର୍ବର ବିଜନ ଦେହରେ
ପବନ ଥରାଇଯାଏ ନଷ୍ଟ କେତେ ଦେହର କବିତା।

ଆଖିର ପାଖୁଡ଼ାତଳେ ହିମହେଲା ତିକ୍ତ କେତେ ରାତିର ଶିଶିର
ଫୁଟି କେତେ ଝଡ଼ିଗଲା କ୍ଲାନ୍ତ କେତେ ଓଠ ଉପକୂଳେ
କେତେ ରକ୍ତ ତଳେ ତଳେ ଜଳି ପୋଡ଼ି ନିଭିଗଲା ବସନ୍ତର ତାତି
କେତେ ଜହ୍ନ ମ୍ଲାନ ହେଲା କେତେ ଛିନ୍ନ ଅଳକ ଭିତରେ।

ବିବର୍ଣ୍ଣ ଦେହର କେତେ ସ୍ୱପ୍ନମରେ ସମୟର ହାତ
ଆଜିଯାଏ କାଟି କାଟି କେତେ ଦେହ ଓଠର ଫସଲ
କେତେ ମାସଂ ଚମ ଗଲା ଜୁର ହୋଇ ମାଟିରେ ମାଟିରେ
ଏ ବାଲିରେ ମରିଗଲା କେତେ ରୂପ ଦେହର ଜଙ୍ଗଲ।

ମୁଁ ଯଦି ତୁମକୁ ପାଏ ପାରିହୋଇ ମନ ଆଉ ଦେହ
ପାରି ହୋଇଥାନ୍ତି ଯେତେ ସମୟର ସୀମା ଓ ସନ୍ଦେହ ?

(ଦୁଇ)

ତୁମେ ଯଦି ବୁଝୁଥିବ ମୋ ମନର ଏ ସନ୍ଦେହ ଅନ୍ୟମନସ୍କତା
ଅନ୍ଧାର ରାତିର ଯେତେ ବିସ୍ମୟ ଓ ଯେତେ ଅବିଶ୍ୱାସ ...
ଆଷାଢ଼ର ମେଘ ଯଦି ଆସୁଥିବ ନଇଁ ଗାଢ଼ ହୋଇ
ଦେହର ପୃଥିବୀ ଘେରି ତୁମ ମନର ଆକାଶ ....

ତୁମେ ଯଦି ବୁଜୁଥିବ ଏ ବାଟର କ୍ଳାନ୍ତ ଇତିକଥା
ଯେତେ ଦିନ ହଜିଗଲା ଅସରନ୍ତି ଦୁଇ କରେ କରେ ...
ଆଷାଢ଼ରେ ମେଘ ଯେବେ ଗାଢ଼ ହୋଇ ଆଜି ନଇଁ ଆସେ
ତୁମରି ବିଛଣାପରେ ଅବା ଶୀର୍ଣ୍ଣ ତୁମର ଦେହରେ ... ॥

ଆକସ୍ମିକ ଦେହ ମୋର ପୃଥିବୀର ଘଟଣା ଜନିତ
ଆକସ୍ମିକ ଘଟଣାରୁ ଉପଜାତ ତୁମର ଏ ଦେହ
ଅସରନ୍ତି ଏ ବାଟରେ ତୁମେ ଓ ମୁଁ ସମୟର ହାତ
ମୋର ଭଲ ପାଇବାର ଯୁକ୍ତି ଆଉ ତୁମର ସନ୍ଦେହ....।

ମୁଁ ତୁମକୁ ଭଲପାଏ ଜନ୍ମମୃତ୍ୟୁ ସମୟର କ୍ଷୟ କ୍ଷତି ଯଦି
ତୁମକୁ ଘେରାଇ ଦିଏ ଡେଇଁ ମୋର ଏ ଦେହର ସୀମିତ ପରିଧି।

ରମାକାନ୍ତ ରଥ

ଲଣ୍ଠନ

କିରାସିନୀ, କିଛି ଧୂଆଁ, ବତୀଶିଖା ଏବଂ କିଛି କୀଟ
ଏ ସମସ୍ତ ଏକାକାର ଏ ଧାତବ ପରିବେଷ୍ଟନୀରେ,
ଏ କଲେଇଛଡ଼ା ଟିଣ ପେଟତଳେ ଅଗ୍ନିର ସମୁଦ୍ର
ଢେଉ ଭାଙ୍ଗି ଜଳୁଅଛି ଭୟଙ୍କର କୃଷ୍ଣ ରଜନୀରେ।

ନିଆଁ ଜଳେ ପୋଷା ମାନି, ମାନି ଏଇ ଟିଣର ପରିଧି
ସର୍କସର ବାଘପରି ଏ ଦୁର୍ଦ୍ଦାନ୍ତ ନିଆଁ ସୁନାପିଲା,
ସତେ ବା ଏ କଳାକଳା ଟିଣ ସାଙ୍ଗେ ପରିଚୟ ନାହିଁ,
ସତେ ବା ସେ ଜାଣେ ନାହିଁ କିପରି ଏ ଲଣ୍ଠନ ତାତିଲା !

ତମେ ଯିଏ ମୌସୁମୀର ଆଳସ୍ୟକୁ ପତା ତଳେ ଖୁନ୍ଦି
ଡୋଳା ସଞ୍ଚାଳନ ପାଇଁ ପ୍ରାଣପଣେ ପରିଶ୍ରମ କର
ଏବଂ ଗହଳ ବାଳତଳେ ଲେସି ଦେଇଚ ଚମ୍ପକ
ତମେ କେବେ ଦେଖିପାର ପ୍ରଜ୍ୱଳିତ ଅସ୍ତିତ୍ୱ ମୋହର ?

ଅନୁମାନ କରିପାର, ମୁଁ ଜଳୁଚି ଓ ଜଳୁଚି ତୀବ୍ର ଦରଜରେ
ମିଡ଼ିୟମ ଧୋତି ଏବଂ ଇସ୍ତ୍ରୀକରା ଅଧା କମିଜରେ ?

ବିଭୁଦତ୍ତ ମିଶ୍ର

ମହା ଅଭିସାର

ମରଣ-ମଦିରା ଚାଖିବାର ପାଇଁ ମନପ୍ରାଣ ଆଜି ଛନଛନ
ଶେଷ ପ୍ରେମିକାର ସାଥେ ଭେଟପାଇଁ ଲୋମେ ଲୋମେ ଆଜି ଶିହରଣ,
କିପରି ଆସିବ, କେଉଁ ବେଶ ସାଜି, କେଉଁଠି ତା' ସାଥେ ହେବ ଭେଟ
କି କଥା କହିବ ଚୁପି ଚୁପି ଅବା, ଚମକାଇ ଦେବ ରାଜପଥ ।

କିପରି ପୂଜିବି ଶେଷ ପ୍ରେମିକାକୁ ଫୁଲହାରେ ଅବା ମଧୁଧାରେ
କିପରି ଗାଇବି ଜୟଗୀତି ତା'ର କବିତାରେ ଅବା ବୀଣା-ତାରେ
ବାହୁବନ୍ଧନେ ଜଡ଼ାଇବି ଅବା ପାହୁଡ଼ାଇବି ମୋ' ବୁକୁପରେ
ପ୍ରଥମ ଚୁମା ତା' ଅଧରେ ଦେବି ନା, ବକ୍ଷ କମଳେ, ନାଭିମୂଳେ ।

ଏଡ଼େ ନିବିଡ଼ ସେ' ବାହୁବନ୍ଧନ ଫିଟିବନି ସତେ ଫିଟିବନି
ଥରେ ଛୁଇଁଦେଲେ ଓଠରେ ସେ ନିଆଁ ତୁଟିବନି ସତେ ତୁଟିବନି ।
ଶେଷ ପ୍ରେମିକାର ଥରଟେ ଡାକରେ, ପଛକୁ ଫେରିବା ମିଛକଥା ।
ଏ ଧୂଳି-ଧରଣୀ ସବୁଜ-ସରଣୀ ସବୁ ପାଲଟିବ ବିଷପିତା ।

ସେ 'ଆସିଲାବେଳେ ଆଡ଼େଇଯିବ ଏ' ଧରଣୀର ମିଛ ଉପଚାର
ସବୁଦିନ ପାଇଁ ସବୁ ହେବ ଶେଷ, ଆଗେ ଖାଲି 'ମହା ଅଭିସାର' ।

ନର୍କ ପାଇଁ ....

ହେ ଧାର୍ମିକ ! ହେ ପଣ୍ଡିତ ! ଯେତେ ନୀତି ବାଗୀଶର ଦଳ
କେତେ ଦୂରେ ନର୍କ ତୁମ, କେତେ ଦୂରେ କେତେ ଦୂରେ ଥାଉ
ସ୍ୱର୍ଗ ତ ମୋ ପାଇଁ ସ୍ୱପ୍ନ ମୁଁ ଭୁଲିଛି ଲକ୍ଷ୍ୟ ଧ୍ରୁବତାରା
ସ୍ୱର୍ଗେ ମୋର ଲୋଭ ନାହିଁ ନର୍କଲୋକେ ଥାନ ଟିକେ ଥାଉ ।

ପୁରାଣ ଲେଖିଲ ତୁମେ ବ୍ୟାଖ୍ୟା କଲ ପ୍ରଚାର ବି କଲ
ଧର୍ମ ନାମେ ନୀତି ନାମେ, ସଂସ୍କୃତି ଓ ସମାଜର ପାଇଁ
ତୁମେ ସବୁ ସ୍ୱର୍ଗ ନେଲ, ଆମ ଭାଗ୍ୟେ ନର୍କବାସ ଯଦି
ସେଇ ସ୍ଥାନ ବରଣୀୟ, ସେଥିଲାଗି ଦୁଃଖ ତିଳେ ନାଇଁ ।

ସ୍ୱର୍ଗେ ଖାଲି ତୁମଭଳି ନୀତି ଛାପ ଧର୍ମଧ୍ୱଜୀ ଦଳ
ସେଠି ତ ନଥିବ ପ୍ରାଣ, ଛଳଛଳ ଉଦ୍ଦାମ ଚଞ୍ଚଳ
ପ୍ରେମ ପାଇଁ ପ୍ରିୟା ପାଇଁ ବରିଲେ ଯେ ଉଗ୍ର ଅଭିଶାପ
ଜୀବନର ଜୟ ଗାଇ, ପିଇଲେ ଯେ ପାପର ଗରଳ ।

ନର୍କେ ଯଦି ପ୍ରେମ ଅଛି, ପାପ ଅଛି, ଅଛି ଅପବାଦ
ସେଇ ନର୍କ ଲୋଡ଼େ କବି, ସେଇ ତା'ର ପରମ ଆସ୍ୱାଦ ।

ପ୍ରୀତିର ସୌରଭ

ତୁମକୁ ପାଇବା ପାଇଁ ଧୂଳି-ଧୂମ-ଧୂସର ଧରାରେ
ଜନ୍ମନେବି ବାରବାର, ସହି ସବୁ ଜୀବନର ଭାରା,
ତୁମକୁ ପାଇବା ପାଇଁ, ଏଡ଼ି ମୁକ୍ତି ନିର୍ବାଣର ଲୋଭ
ଥରେ ନୁହେଁ, ଲକ୍ଷେ ବାର ବରିନେବି ସଂସାରର କାରା।

ଗାଇବାକୁ ତୁମ ରୂପ, ଶୋଭା, ଶିରୀ, ଯଶ ଗଉରବ
ମୁଁ ହେବି ବିଦଗ୍ଧ କବି, କୋଟି କାବ୍ୟ କରିବି ରଚନା,
ତୁମରି ପ୍ରୀତିର ଲାଗି, ଧରିତ୍ରୀର ମାୟା-ମୋହ ଭୁଲି
ନିରବେ, ନିଭୃତେ ବସି ଯୋଗୀ ସମ କରିବି ସାଧନା।

ତୁମରି ପ୍ରୀତିର ଲାଗି, ବରିନେବି ଶତ ଅପବାଦ
ଧରଣୀର ନିର୍ଯାତନା, ଅପମାନ, ନିର୍ମମ ଲାଞ୍ଛନା,
ଜୀବନ-ଜଞ୍ଜାଳ-ବିଷ ସୁରାସମ ପିଇବି ଆଦରେ
ହୃଦୟର-ବୀଣାତାରେ ଖେଳାଇବି ମଧୁର ମୂର୍ଚ୍ଛନା।

ସ୍ୱର୍ଗ ନାହିଁ ମାଗେ କବି, ନାହିଁ ଚାହେଁ ବିଭବ, ଗୌରବ
ନିତ୍ୟ ତା'ରେ ମୁଗ୍ଧ କରୁ ଖାଲି ତୁମ ପ୍ରୀତିର ସୌରଭ।

ଚିନ୍ତାମଣି ବେହେରା

ଶେଷକଥା

ମୁଁ ଯଦି ତୁମରି ଆଗେ ଧରଣୀରୁ ଘେନିବି ବିଦାୟ
ପୋଛିଦେବେ ତୁମ ମନୁ ଯେତେ ଯାହା ରୂପ, ରସ, ରାସ
ଭୁଲିଯିବ, ଭୁଲିଯିବ ସେତେବେଳେ ଅୟି ସୀମନ୍ତିନୀ,
ଜୀବନର ପୁଷ୍ପମେଘ, ପ୍ରଣୟର ସ୍ୱପ୍ନ-ଇତିହାସ।

ସେତେବେଳେ କାହିଁ ଯଦି କେ କରେ ମୋ କବିତା ଆବୃତ୍ତି
ଶୁଣି କେହି ଦିଏ ଯଦି ଉଚ୍ଛ୍ୱସିତ ଅନୁକୂଳ ମତ
ତୁମେ ତେବେ ସେ କଥାର ପ୍ରବାହରେ ଭାସିଯିବ ନାହିଁ
ବରଞ୍ଚ କହିବ, "ତାଙ୍କ କବିତାର କିବା ବିଶେଷତ୍ୱ?"

ସେତେବେଳେ ଅବା କେହି କରେ ଯଦି ସ୍ମୃତି ଆୟୋଜନ
ସେଥିରେ ନେବନି ଭାଗ, ଲେଖିବ ନି ମୋ ପାଇଁ କବିତା
ଅତର୍କିତେ ନୟନରୁ ଝରିଗଲେ ଦୁଇଟୋପା ଅଶ୍ରୁ
ଅଞ୍ଚଳରେ ପୋଛିନେବ - "ପୁଣି କିଆଁ ପୁଣି ଦୁର୍ବଳତା -

ପ୍ରେମ ମିଥ୍ୟା, ଅଶ୍ରୁ ମିଥ୍ୟା, ପରିଣୟ ସତ୍ୟ ଓ ସଫଳ।"
କାମ୍ୟ ମୋର ସେଇ କଥା, ଶେଷ କଥା, ବାସ୍ତବର ସ୍ୱର।

ଉଦ୍‌ଭିଦ୍

ମୃତ୍ତିକାର ସ୍ତର ଭେଦି ଉଠିଛି ମୁଁ ଜୀବନ୍ତ ଉଦ୍‌ଭିଦ
ଆକାଶ ଆଲୋକପାନେ। କିଏ ତୁମେ ହତ୍ୟାକାରୀ ଦଳ
ଚକ୍ରାନ୍ତ କରୁଛ ବସି ଶ୍ୱାସ ମୋର ରୁଦ୍ଧ କରିବାକୁ
ସବୁଜ ସତେଜ ମୋର ପଳାଶରେ ବିଷବାଷ୍ପ ଶ୍ୱସି।

ବିକାଶର ପଥେ ମୋର ତୁମେ ଯେଉଁ ଆବର୍ଜନା ରାଶି
କରୁଅଛି ସ୍ତୂପୀକୃତ, କ୍ଷତି ମୋର କି କରିବ ତାହା
ମୁଁ ତ ତାହା ଦୀର୍ଣ୍ଣ କରି, ଭିନ୍ନ କରି ପ୍ରକୃତିର ଶିଶୁ
ମର୍ମେ ମର୍ମେ ଜାଣୁଅଛି, ତୋଳିବି ମୁଁ ଜୀବନର ଶିଖା।

ତୁମେ କି ପାରିବ ମାରି ମୁକ୍ତିକାମୀ ଉଦ୍ଭିଦର ମନ
ମହାକାଳ ବିମ୍ବ ଯିଏ ବକ୍ଷେ ଧରି ପ୍ରତି ମୁହୂର୍ତ୍ତରେ
ଚାହୁଁଚି ଏ ରୁକ୍ଷ ମାଟି କରିବାକୁ ସବୁଜ ସଫଳ
ତୁମର ସେ ଅଭିସନ୍ଧି ହୋଇପାରେ କି ତା' ଅନ୍ତରାୟ ?

ତୁମର ସେ ଆବର୍ଜନା ପଚି ସଢ଼ି ନୂଆ ପ୍ରାଣ ପାଇ
କରିବ ମୋଅରି ସେବା ଜାଣୁଚ କି ତୁମେ ଆତତାୟୀ ?

କବିର ବ୍ୟଥା

ଏକାନ୍ତ ଯା' ବ୍ୟକ୍ତିଗତ ଅଟେ ତାହା ପବିତ୍ର ସ୍ୱର୍ଗୀୟ
ହୋଇଥାଉ ସେ ପଛକେ ଇନ୍ଦ୍ରିୟର କୁତ୍ସିତ ବାସନା
କବିର ପ୍ରଶାନ୍ତ ବକ୍ଷେ, ମହକଇ ହୋଇପାରେ ହେୟ
ତୁଚ୍ଛତମ ହୋଇପାରେ କବିପକ୍ଷେ ଅମୃତ ସାଧନା -

କରିବାକୁ ତା' ଅତ୍ମୀୟ, କବିର ଯେ ଏଇ ଦୁଃଖାନଳ
ଅହରହ ଜଳେ ପ୍ରାଣ, ଭସ୍ମୀଭୂତ କରେ ତା'ର ଚିତ୍ତ
ଏକାଧାରେ ଦ୍ରାକ୍ଷାଫଳ ବକଯନ୍ତ୍ର, ଶୁଣ୍ଢି ନିଶାଖୋଇ
କବି ଅଟେ ଚିରକାଳ, ସେ ଏକାଠି ପିଏ ବିଷାମୃତ ।

ଦୁଷ୍ଟ ଗ୍ରହ ଅଧିବାସୀ କେ ନିର୍ମମ ଶୟତାନ ଯେବେ
କବି ଲୁହେ ହୋରି ଖେଳି ପ୍ରାଣେ ଖୋଜେ ଦୁରାରୋଗ୍ୟ କ୍ଷତ
ସେ କ୍ଷତେ ଆତ୍ମୀୟ କରି ସୃଜନର ଦେବଶକ୍ତି ତେବେ
ଫୁଟାଏ କବିର ହୃଦେ ଫାଲ୍‌ଗୁନୀର ଫଗୁଲ ପ୍ରଭାତ ।

ଅନନ୍ତ ନର୍କେ ମୁଁ ସଢ଼େ, ହତ୍ୟା ପଛେ କରୁ ମୋତେ ବ୍ୟଥା
କବି ହୋଇ ନାହିଁ ଗାଇବାକୁ ସ୍ୱର୍ଗ-ନର୍କ ସଂଗ୍ରାମର ଗାଥା ।

ଜାନକୀ ବଲ୍ଲଭ ମହାନ୍ତି

ଆମର ନିୟତି

ଏଠି ଗୋଡ଼ ଖସିଯାଏ ଗାଧୋଇବା ବେଳେ
ଅକସ୍ମାତ୍ ଆକାଶରୁ ହୁଏ ବଜ୍ରପାତ
ଆଞ୍ଜୁଳା ଆଞ୍ଜୁଳା ଦୁଃଖ ମିଳୁଥାଏ ଖାଲି
ସୁଖ ଆଶାକରି ଏଠି ବଢ଼ାଇଲେ ହାତ ।

ଅନ୍ଧକାର ଡାକେ ଏଠି ଗୋଟିଏ ପଟରୁ
ଅନ୍ୟପଟୁ ଆସୁଥାଏ ଆଲୋକ-ଆହ୍ୱାନ
ଏହାରି ଭିତରେ ହୋଇ ସନ୍ତୁଳି କେବଳ
ଚାହୁଁଚାହୁଁ ବିତିଯାଏ ଆମରି ଜୀବନ ।

ଏଠି .... ଯେ ବିଲକୁ କୋଡୁ ଆମେ ତାହାକୁ ହିଁ ମାଡୁ
ନ ହେଉ ସଫଳ କେବେ ବିଡ଼ା ବାନ୍ଧିବାରେ
ପାଣି ପାଖେ ଓଠ ନେଲେ ତାହା ଘୁଞ୍ଚିଯାଏ
ଅବଶେଷେ ରହୁ ଆମେ କାତର ଶୋଷରେ ।

ଆମ ଚାରିପଟେ ଖାଲି ପଙ୍କର କିଆରି
ହୋଇ ତହିଁ ଲଟପଟ ଚଳିବାକି ନିୟତି ଆମରି ?

ସିଂହାବଲୋକନ

ଘନ ଅନ୍ଧାର ଘନାଏ ଦିଗ୍‌ବିଦିଗେ ...
ଦିଗେ ଦିଗେ ଶୁଭେ କ୍ଷମାହୀନ ଗୁରୁଗମ୍ଭୀର ଚିତ୍‌କାର
କା'ର ଲାଗି ହସ ଫୁଟିଉଠେ ମୁଖେ, କ୍ଷଣକେ ମଉଳି ନିଭେ
ନିଭେ ଦେହତଳେ ସଂଚିତ ପୂତ ହୋମାନଳ ସଂଭାର।

ଭାରବାହୀ ପଶୁ ଆର୍ତ୍ତ-ଆକୁତି ଶୁଣ
ଶୁଣ ଗର୍ଜଇ ପରମାଣୁ ବୋମା କମ୍ପେ ବାନାନୀ ତୃଣ।
ତୃଣ-ଶଯ୍ୟାର ବ୍ୟର୍ଥତା ଦେହେ ବହି
ବହିଥିଲି ଶିରେ ପାପ-ପୁଣ୍ୟର ଶୂନ୍ୟ ପସରା ଯେତେ

ଯେତେ ନିଷ୍ଫଳ ସାଧନା ବାସନା ଝଞ୍ଜା ନେଇଛି ସହି
ସହି ସହି ଛାତି ପଥର ହେଲାଣି କୂର୍ମ ହେଲିଣି ସେତେ।
ସେତେ ମନେହୁଏ ଜାଗନାହିଁ ଆଉ ନିଦ୍ରିତ ଭଗବାନ
ବାନର ମନର କଳ୍ପନା ଗଢ଼ା ଶବରୂପୀ ସୟତାନ।

ତାନେ ମାନେ ଅର୍ଥ-ନିକିତିରେ ହୁଏ ପରିମାପ ମଣିଷର
ଶର-ସନ୍ଧାନୀ ଜାଗ ଫାଲ୍‌ଗୁନୀ ଖାଣ୍ଡବ ଦହନର।

ବ୍ରହ୍ମୋତ୍ରୀ ମହାନ୍ତି

ହଠାତ୍ ଗୋଡ଼ ଖସିଯିବା ପରେ

ଚମକି ଅନାଇ ଦେଲି ଦୃଶ୍ୟ କେହି ଦେଖୁତ ନାହାଁନ୍ତି ?
ହୁଏତ ବା ଦେଖୁଥିବେ ସେମାନଙ୍କୁ ମୁଁ ବୋଧେ ଦେଖୁନି ।
ଭୀଷଣ ସ୍ପନ୍ଦନ ବୁକେ ମନତଳେ ଅସୀମ ସଂଶୟ,
କେହି ବି ନ ଦେଖୁଥିଲେ ଦେଖୁବାକୁ ଆସିବେ ନିଶ୍ଚୟ ॥

ତା' ପରେ କି ଉତ୍ତର ମୋ ? ମିଥ୍ୟା କିଛି କହିବାକୁ ହେବ,
ଅଧୂକ ତଦନ୍ତ ପରେ ଧରା ପଡ଼ିଯିବା କିଛି ଅସମ୍ଭବ ନୁହେଁ ।
ଆତ୍ମରକ୍ଷା କରିବାର କି ଉପାୟ କି ଉପାୟ ତେବେ ?
କପୋଳେ ସ୍ୱେଦର ସତ୍ତା, ରକ୍ତ ମୁହଁ, କର୍ଣ୍ଣେ ଝିଲ୍ଲିରବ ॥

ଆକସ୍ମିକ ଏ ପତନ ଜାଣିଶୁଣି ନୁହେ ତ କଦାପି
ତେବେ ଏ ଲଜ୍ଜାର ଲହୁ ? ତର୍କରେ କି ମନ ମାନେ କେବେ ?
ମୋ ମନକୁ ଦେଖୁଲି ମୁଁ ଯେତେପାରେ ନିଖାରି ନିଖାରି
ତଥାପି ସ୍ୱରୂପ ତା'ର ଦେଖୁବିତ ଦେଖୁ ହେଲା ନାଇଁ ।

ଲୁଗା ଚିରୁ, ଗୋଡ଼ଛିଡୁ, କିଛି ଭାଙ୍ଗୁ, ତଥାପି ମୁଁ ପଡ଼ିନି ପଡ଼ିନି,
ପଡ଼ିଲି ମୁଁ କେତେବେଳେ ? ତୁଚ୍ଛା ମିଛ, ଚାଲୁ ଚାଲୁ ଡେଇଁ ମୁଁ ପଡ଼ିଲି ॥

ପ୍ରତ୍ୟୟ

ବିବାହର ଆଗୁଁ ଯଦି କେବେ କା'ରେ ପାଇଥାଅ ଭଲ,
ପରିଣୟ ପରେ ମଧ୍ୟ ଯଦି ସେଇ ସ୍ମୃତି ଅନିର୍ବାଣ ଥାଏ,
ଅଥବା ମୋ ସାନ୍ନିଧ୍ୟ ସତ୍ତ୍ୱେ
ନୂତନ ଆସକ୍ତି କିଛି ଇନ୍ଦ୍ରଧନୁ ସୃଜିଥାଏ ମନେ

ସେ ଲାଗି ମୋ' ଦୁଃଖ ନାହିଁ ମାତ୍ର ମୋର ଏତିକି ମିନତି
ଚିରଦିନ ସେ ରହସ୍ୟ ମୋ ନିକଟେ ଅପ୍ରକାଶ ରହୁ
(ଅଯଥା ଔତ୍ସୁକ୍ୟ ମୃତ୍ୟୁ) ତୁମ ପରେ ବିଶ୍ୱାସ ମୋ ଅବ୍ୟାହତ ରଖ।
ସୁନାର ସଂସାର ମୋର, ହୀରା, ନୀଳା, ମୋତିର ସଂସାର

ମୁ ତହିଁ ସାମ୍ରାଜ୍ଞୀ ମୋର ନିଃସଂଶୟ, ନିରୁଦ୍‌ବିଗ୍ନ ମନ,
ଅଯଥା ସନ୍ଦେହେ ରୁଗ୍‌ଣ ମନସ୍ତତ୍ତ୍ୱ ବିକୃତ ବିଚାରେ
କି ଲାଗି ଜାଳିବି ତା'ରେ – ମୋତେ ତୁମେ ଖୁବ୍ ଭଲ ପାଅ
ଏତେ ବେଶୀ ଭଲ କେହି କେବେହେଲେ ପାଇଛି କି କାରେ ?

ଭୟାନକ ଭୁଲ କରି ଘରେ ଫେରି ଗଭୀର ରାତ୍ରିରେ
ମୋତେ କିନ୍ତୁ କୁହ ତୁମେ ମନ୍ଦିରରେ ରାମାୟଣ ବ୍ୟାଖ୍ୟା ଶୁଣୁଥିଲ।

ଭିଡ଼

ମୁଁ ଆଜି ଏଠାରେ ଏକା ଦୋତାଲାର ନିର୍ଜ୍ଜନ କକ୍ଷରେ,
ନିମ୍ନରେ ମଣିଷ ଭିଡ଼, ରାଜପଥେ ଜନତାର ସୁଅ,
ଅଜସ୍ର ଗୁଞ୍ଜନ ହେଇ ଊର୍ଦ୍ଧ୍ୱେ ଉଠେ, ଏକ ବହ୍ନି ଶିଖା
ମୁଁ ଏଠି ମରୁଛି ହାୟ, ଆପଣାକୁ ଧୋଇନେବି ଅଗ୍ନିର ଦହନେ।

ଦୋତାଲାରୁ ଝାମ୍ପ ଦେବି ଏ ତୀର୍ଥର ସାଗରର ବୁକେ,
ଅସଂଖ୍ୟ ସ୍ପନ୍ଦନ ଚିନ୍ତା ସମାହାର, ଅସମ୍ଭବ ଏଠି କି ପାଇବି
ଦୁର୍ଲ୍ଲଭ ସେ ସମଷ୍ଟିକୁ? ସ୍ଥିତିବାନ ଉପେକ୍ଷା ସତ୍ତ୍ୱେ ବି ବୁଡ଼ ଦେଇ ମୁଁ ଖୋଜିବି
ଏବଂ ଲଭିବି ଯାହା ମିଳେନାହିଁ ଏ କକ୍ଷର ଅପେକ୍ଷାର ଅଶ୍ୱସ୍ତି ଭିତରେ।

ଦୁଇକାନେ ହାତ ଦେଇ ବ୍ୟସ୍ତ ହୁଅ, କ୍ଳାନ୍ତ ହୋଇପଡ଼,
ଆତ୍ମରକ୍ଷା ଲାଗି ଦ୍ରୁତେ ଅସ୍ତବ୍ୟସ୍ତେ ଦୂରକୁ ପଳାଅ
ମାତ୍ର ପରେ ଚାହିଁନିକି ଫେରିବାକୁ ପୁନଶ୍ଚ ଏ ବ୍ୟସ୍ତତା ମଝିକୁ,
ଯଦିବା ବୁଝୁଛ ବେଶ୍ ପରିଚିତି, ଆତ୍ମୀୟତା ଏଠି ହାଇମାରେ।

ଅନେକ ଶୂନ୍ୟତା ତଳେ ଆମେ ଦେଖୁ ଅକସ୍ମାତ୍ ପୂର୍ଣ୍ଣ ଏ ପ୍ରାଣକୁ,
ତେଣୁ ଏ ଗହଳି ଭିଡ଼, ମୋତେ ଆଜି ନିଜପରି ଖୁବ୍ ଭଲ ଲାଗେ।

ସୌଭାଗ୍ୟ ମିଶ୍ର

ବସନ୍ତ

(ଏକ)

ବସନ୍ତରେ ମନେପଡ଼େ ପାଣୋରା ନଈର ବାଙ୍କ, ହଳଦୀ ବସନ୍ତ
ଦୂର ଗାଁ ଶଗଡ଼ଗୁଳା, ଗୋଡ଼ଘଷା ତୁଠର ପଥର
କାନଦୁଲ୍ ପରି ଝୁଲେ ଆକାଶରେ ଗୋରା ଦି'ପହର
ପବନରେ ଭାରି ଗନ୍ଧ ଦୂର ତୋଟା ଆମ୍ବ ବଉଳର।

ଏ ସ୍ୱପ୍ନ କାହିଁକି ଆସେ ଆମର ଏ ନିର୍ଜନ ଗଳିରେ?
ତମର ବାଳରେ କୁଟା କେତେ ଧୂଳି ତମରି ଆଖିରେ
ତମରି ଦେହର ରଙ୍ଗ ଏ ଖରାରେ ଧୋଇଯିବା ପରେ
ଏ ସ୍ୱପ୍ନ କାହିଁକି ଆସେ ଅଳସୁଆ, ଉଦାସ ମନରେ?

ମୁଁ ତୁମକୁ ଚାହେଁ ଯଦି ପୃଥିବୀର କ'ଣ ଯାଏ ଆସେ
ଦେହ ଯଦି ଭାଙ୍ଗିଯାଏ ଏ ଦେହକୁ ଗଢ଼ିବ କିଏସେ?
ପୃଥିବୀର ଏତେ ଦୟା, ଏତେ କ୍ଷମା, ସ୍ୱପ୍ନ ଉତ୍ତାରୁ ବି
ସମୟର ହାହାକାରେ ଏ ଦେହର କ୍ଷୋଭ ଯାଇ ମିଶେ।

ସମୟ ବସନ୍ତ ଯଦି ତମେ ଆସ ଗାଧୁଆ ତୁଠରେ।
ହଜାଇ କାନର ଦୁଲ୍ ପୁଣି ଖୋଜ ମୋ ମ୍ଳାନ ଦେହରେ।

(ଦୁଇ)

ବସନ୍ତ ଭୟର ଋତୁ ପବନରେ ଗୋପନ ଯନ୍ତ୍ରଣା
ମୋ ଦେହରେ ଗାଁ ମୁଣ୍ଡ ନିଛାଟିଆ ମଶାଣିପଦାର
ଛିଣ୍ଡା ସଉପ ଓ କୁଲା ଭଙ୍ଗାହାଣ୍ଡି ହାଡ଼ ଓ ଖପରା
ମୋ' ଆଙ୍ଗୁଠି ସବୁ ଯେହ୍ନେ ସମୟର ତୀକ୍ଷ୍ଣ କ୍ଷୁରଧାର।

ତମର ଭୟ ଯେ ମୋର ଦେହର ଏ ବିବର୍ଣ୍ଣ ପାଉଁଶ
କେବେ କି ଫୁଟାଇପାରେ କଇଁଫୁଲ ତମ ପୋଖରୀରେ
ମୋର ଭୟ ତମର ସେ କଇଁଫୁଲ ତୀକ୍ଷ୍ଣ ପାଖୁଡ଼ାରେ
ସତେ ବା ରକ୍ତାକ୍ତ ହେବି ଏ ବିବର୍ଣ୍ଣ, ମ୍ଳାନ ଦି' ପହରେ।

ଭୟ ଆସୁ, କ୍ଳାନ୍ତି ଆସୁ ତମେ ଆସ ମୋ' ଲୋଭୀ କୋଳକୁ
ମୋ' ଦେହରେ ତମେ ଶୁଣ ସମୟର ଯନ୍ତ୍ରଣା ଓ ଶୋକ
ମୁଁ ପଢ଼େ ତୁମରି ଦେହେ ମୋ ଉତ୍ତରସୂରୀଙ୍କ ଦୁର୍ଦ୍ଦଶା
ମୁଁ ଡେଇଁ ପାରିବି ନାହିଁ ଜାଣେ ଜାଣେ ସେମାନଙ୍କ ଛାଇର ବାଡ଼କୁ।

(ନଇ ! ଟୋପେ ପାଣି ଦେବ ?) ତମେ ଆସ ସଂଜ ମରିଗଲେ
ସକାଳର ଭୋକ ନେଇ ତମର ସେ ଭୟାର୍ତ୍ତ ଆଖିରେ।

ସ୍ମୃତି ! ତୁମେ ....

ସ୍ମୃତି ! ତୁମେ ମୁଖଶାଳା । ତୁମ ଛାଇ ଆଲୁଅର ହିଡ଼
ପାରି ହେଲେ ଧାନ କ୍ଷେତ, ଓସ୍ତଗଛ, ଫୁଲର ଅନ୍ୱୟ
କିଶୋରୀର କାନ ପାଖେ ଛୋଟ ଛୋଟ କଥାର ଧ୍ରୁପଦୀ
ଲୋଚାକୋଚା ସପନର ଆଦରିଣୀ ବେଦନା, ବିସ୍ମୟ ।

କଇଁଫୁଲ ପୋଖରୀର ତାରା ଭରା ଉଦାର ଆକାଶ
ନିଛାଟିଆ ଦି'ପହର ତୋଟାମାଳେ ଚଢ଼େଇର ଡାକ
ଅଲାଜୁକ ପବନର ଦେହଘଷା ଥଟ୍ଟା ପରିହାସ
ତା'ପରେ ହୃଦୟଭରା ପ୍ରାଣମୟ ଶାନ୍ତିର ପ୍ରତୀକ ।

ତୁମେ ଯେବେ ଭୁଲ୍ ବୁଝ ସଳିତାରୁ ତେଲ ସରିଯାଏ
ଅଚାନକ ବିଜନତା ମାଡ଼ିଆସେ କଳା ନାଗ ପରି
ଘୋଷାରି ଘୋଷାରି ପାଦ ଦି' ପାହୁଣ୍ଡ ଆଗକୁ ଚାଲିଲେ
ଅଭୟ ବାଣୀ ବା ଶୁଭେ ପ୍ରତିକାର ତୁମେଇ ତୁମରି ।

ଏକୁଟିଆ ଧାଇଁ ଧାଇଁ ଗୋଟାଇଛି ଯେତେକଟି ଦିନ
ସ୍ମୃତି, ତୁମେ ମହୀୟସୀ ସକଳେ ତ ତୁମରି ସନ୍ତାନ ।

ବିବେକ ଜେନା

ସନ୍ଧ୍ୟା

ବସନ୍ତର ପ୍ରଥମ କୁହେଳି ଯେବେ ପବନରେ ଖେଳେ
ସନ୍ଧ୍ୟା ଆସେ ହାତେ ସୂର୍ଯ୍ୟାସ୍ତର ଦୀପ ନେଇ,
ବାତାୟନ ଫାଙ୍କ ଦେଇ ଯେତେ ବା ଆଲୋକ ଆସେ
ପ୍ରକୋଷ୍ଠ ଭିତରୁ ଅନ୍ଧାର କିନ୍ତୁ ମୋଟେ ଘୁଞ୍ଚେ ନାହିଁ।

ସାଇପ୍ରେସ୍ ଗଛର ଚୂଡ଼ାରେ ଦେଖେ ଅଧେ କାଚ ଜହ୍ନ
କେଉଁ ଏକ ଶିଶୁଦ୍ୱାରା ପରିତ୍ୟକ୍ତ ଫଳ ଖଣ୍ଡେ ପରି,
ଆଉ ତଳେ ଏଇ ରାଜପଥ ଦୁଇଧାରେ ଦୁଇଧାଡ଼ି ଗଛ
ଅନାଇ ରହନ୍ତି ଖାଲି ଆଉ ଏକ ରୂପାନ୍ତର ପାଇଁ।

ଦିନାନ୍ତର ଛାଇ ଯେବେ ଚାଲିଯାଏ ଦୂରରୁ ଦୂରକୁ
ସମାନ୍ତର ଦୁଇଧାଡ଼ି ସାଇପ୍ରେସ୍ ଉଚ୍ଚ ଶାଖା ଦେଇ
ମୁଁ ଚାହିଁ ରହେ ପୁଣି ତିନି ମହଲାରୁ ସବୁଦିନ ପରି;
ଏକ ଦୀପ ଲିଭି ଯେବେ କେତେ ଦୀପ ଜଳେ, ଦେଖେ,
ପଶ୍ଚିମ ଆକାଶ ପୁଣି ସବୁଥର ପରି ଲାଲ୍
ବିଚ୍ଛେଦର ଦୋ'ଛକି ରାସ୍ତା ପାଖର ପଳାଶ ଯେପରି।

ଅନ୍ୟ ଚନ୍ଦ୍ରାଲୋକ

ଚିତ୍ରିତ ଜ୍ୟୋସ୍ନରେ ବନ୍ଦୀ ଭୂଚିତ୍ରର ଚାପାକାନ୍ଦ ଶୁଭିଲା ବେଳରେ
ତୁମର ନିଶ୍ଚଳ ଦେହ ଦିଗନ୍ତରେ ସମକୋଣେ ଭାସୁଥିବା ବେଳେ,
ନିକ୍ଷିପ୍ତ ଛାଇରେ ଆଉ ମେଘରେ ଓ ଅବିଶ୍ୱାସୀ ରାତ୍ରିର ପବନେ
ମୁଁ ଖୋଜୁଛି ପରିଚିତ ଅନୁକ୍ତ ମୁହୂର୍ତ୍ତ ଆଉ ସ୍ମୃତିର ଜ୍ୟୋସ୍ନାରେ,

କିଏ ମୋତେ ଘୋଡ଼ାଇବା ଚନ୍ଦ୍ରାଲୋକ ଭୂଚିତ୍ରକୁ ଆବୋରିଲା ପରି
ଏବଂ ଖଣ୍ଡ ଖଣ୍ଡ ହୋଇ ଯାଉଥିବ ଗଳିତ ସତ୍ତାକୁ ମୋର ନେଇ
ଜୀବନ୍ୟାସ ଦେବ ତା'ର ଶୀତଳ ଓ ଅନାବୃତ ଦେହରେ ମିଶାଇ
କୁହୁଡ଼ି ଭିତରେ ପରିବ୍ୟାପ୍ତ ଭୂଚିତ୍ରର ମୃତଦେହ ମିଶିଗଲା ପରି;

ଏବଂ ଚନ୍ଦ୍ରାଲୋକ ଯେବେ ଫେରିଯିବ ସନ୍ତର୍ପଣେ ନିଃଶବ୍ଦ ପାଦରେ
ମୋ ସତ୍ତାର ଅଂଶ ସବୁ ଫିଙ୍ଗି ଦେଇ କୁହୁଡ଼ିର କୋଣେ କୋଣେ
ଓ ଦୀପଟି ଜଳୁଥିବ ଶେଷଥର ପଶ୍ଚିମ ଚନ୍ଦ୍ରର ଫିକା ଆଲୁଅରେ
ଚାପାକାନ୍ଦେ କିଏ ମୋର ଦେହ ଘୋଡ଼ାଇବ, ଦୀପଗୋଟି ଲିଭିଗଲା ପରେ

ଭାଙ୍ଗି ଯାଉଥିବା ମୋର ଅସ୍ତିତ୍ୱକୁ ତେଣୁ ଧରିରଖ କିଛିକ୍ଷଣ ପାଇଁ
ଏବଂ ଚନ୍ଦ୍ରାଲୋକେ ଅବଲୁପ୍ତ ହେବା ଆଗୁ, କ୍ଷମା କର ଶେଷଥର ପାଇଁ।

ପଳାଶର ନିଆଁ

ମୁଁ ତୁମକୁ କହି ପାରି ନାହିଁ କେବେ, ଏଠି ଆସି ବସ,
କିଛି ଭଲ ଲାଗୁନାହିଁ, କରିସାରି ଅନେକ ଉଦାସ
ବସନ୍ତ ପବନ ଏଇ ଫୁଲ ସମସ୍ତଙ୍କୁ ଆଉ ମୋତେ
ଧରି ରଖୁନାହିଁ କିନ୍ତୁ ତଥାପି ବି ଛାଡୁନାହିଁ ମୋତେ,

ଛାଲିଯିବା ଅନେକ ଦୂରକୁ ବରଂ ଆଉ ଅନ୍ଧାରରେ
କେଉଁ ଦୂର ଅରଣ୍ୟର ଭୟଘେରା ଶାମିଆନା ତଳେ
ପରସ୍ପର କ୍ଷୁଧା ଆଉ ଯନ୍ତ୍ରଣାର ସ୍ପନ୍ଦନ ମାପିବା
ଚାରିଆଡ଼େ ପତ୍ର ପଡୁଥିବା ଶବ୍ଦ ଶୁଣିବା ଭିତରେ

ତଥାପି ବି ତୁମର ପଳାଶ ଦେହ, ସେ ଯେମିତି ଥରେ
ତୁମ କାନ୍ଦ ପବନରେ, ଦେଖଛି ମୁଁ ଅନେକ ଦୂରରେ
ଏବଂ ମୁଁ ଜଳୁଛି ତା'ର ସାନ୍ନିଧ୍ୟର କାମନା ନିଆଁରେ
ଏଇ ମୋର ଅତିକ୍ରାନ୍ତ ହେମନ୍ତର ଶୁଖିଲା ପତ୍ରରେ ।

ପଙ୍ଗୁ ମୁଁ ଲଙ୍ଘୁଛି ଗିରି ଆରପାଖେ ବଣ ପଳାଶର
ଅନେକ ଦୂରରେ ଅଛି ତଥାପି ବି ଶୀର୍ଷ ପର୍ବତର ।

କମଳାକାନ୍ତ ଲେଙ୍କା

ଭଙ୍ଗାଘର

ସପନର ପକ୍ଷୀ ଆସି ମନ ବୃକ୍ଷେ ଥିଲା ବସି
କାଇଁ କେବେ ଉଡ଼ିଗଲା ଫୁରୁକରି ଗୁପତେ,
ତା'ମନର କଥା କାଇଁ କେବେ ମୋତେ କହି ନାଇଁ
ମୋ ମନର କଥା ଅବା ନ ଆସିଲା ତା' ମନକୁ ପରତେ।

ଦୂରେ ଗଲା ଉଡ଼ି ଉଡ଼ି କଳ୍ପନାର ପରଝାଡ଼ି
କେଉଁ ନୀଳ ଦରିଆରେ ଛାଇ ତା'ର ଖେଳାଇ,
ପଦ୍ମଫୁଲୁ ମଧୁ ପିଇ, କେଉଁ ଯୁଗେ ପକ୍ଷୀ କାଇଁ
ମଧୁ ପିଏ? - ଏ ସବୁ ତ ମନ ଗଢ଼ା ଗଳପ -

ସ୍ୱପନର ପକ୍ଷୀ ଆସି ହେଲା ପୁଣି ପରବାସୀ
ହତାଶାର ଆକାଶରେ ଆହୁଲାଇ ଡେଣା ତା'ର ଅଳପ।
ଆକାଶଟା ବାହୁନଇ ନୀଡ଼ କାନ୍ଦେ କଇଁ କଇଁ
ଏ ବୃକ୍ଷର ଶାଖା ପରେ ଆଉ ଏକ ପକ୍ଷୀ ଆସି ବସିଚି,

ଆଖିରେ ଆଖିଏ ହସ କୁଲୁ କୁଲୁ ଗୀତ ଗାଇ
ଡେଣା ଝାଡ଼ି ଅଣ୍ଟା ତା'ର ସଯତନେ ଘଷୁଚି।

ନୃସିଂହ କୁମାର ରଥ

ଗୋଟିଏ ଦୁବଘାସର କବିତା

ସେ ଯେମିତି ବହୁଦିନୁ ସଢ଼ିସଢ଼ି ବହଳ-ଅନ୍ଧାରେ
ନିର୍ବାକାର ପଡ଼ିରହେ ଭୁଲି ତା'ର ସ୍ଥିତି ଓ ବିକାଶ
ସେ ଦେଖିନି ଦିବସର ସୂର୍ଯ୍ୟ ଦେହେ ବର୍ଣ୍ଣାଢ଼୍ୟ-ବିଭବ
ରାତ୍ରିର ତମିସ୍ରା କାଟି ହସେ ଯେବେ ପୃଥିବୀ ଆକାଶ।

ପଥରରେ ଚାପି ହୋଇ ତା' ଦେହଟା ଶେତା ହୋଇ ଆସେ
ତଥାପି ତଥାପି ସିଏ ମୁଗ୍‌ଧ ହୁଏ ଆଲୋକ ଆଶାରେ
ପୁଞ୍ଜୀଭୂତ ବେଦନାରେ ରାତିଦିନ ଗୁମୁରି ଗୁମୁରି
ବ୍ୟାକୁଳେ ଲୋଡ଼ଇ ମୁକ୍ତି ପ୍ରାନ୍ତରର ନୀଳିମ-ବିସ୍ତାରେ।

ମୁଁ ବି ବନ୍ଧୁ ଜୀବନର ସଂଘର୍ଷ ଓ ପ୍ରତିଯୋଗିତାରେ
ଅନ୍ତଃସାରଶୂନ୍ୟ ହୁଏ ଶ୍ୱାସରୁଦ୍ଧ ସ୍ତିମିତ-ଚେତନା
କ୍ଳାନ୍ତି ଏବଂ ବ୍ୟର୍ଥତାର ଶତଚିହ୍ନ ଅଙ୍ଗେ ଅଙ୍ଗେ ବହି
ସାର ହୁଏ ମନସ୍ତାପ, କ୍ଷୋଭ ଆଉ ଦୁର୍ବହ ଯନ୍ତ୍ରଣା।

ତଥାପି ଭୁଲେ ମୁଁ ସବୁ ମୁକ୍ତିକାମୀ ବିପୁଳ ଧରାର
ଭବିଷ୍ୟ-ଜୀବନ-ସ୍ୱପ୍ନେ ମୁଗ୍‌ଧ ପ୍ରାଣ, ଆଶାୟୀ ଦୁର୍ବାର।

ଚଲାପଥ (୧)

ସେଇପାଖ ରାସ୍ତାଦେଇ ଗଲାବେଳେ ଚାହୁଁଥାନ୍ତ ତୁମେ
ବାର ବାର ଫେରି ଫେରି ଅନ୍ୟକିଛି ବାହାନା ଦେଖାଇ
ଢଳଢଳ ଦୁଷ୍ଟ ଆଖି ଏଣେ ତେଣେ ବୁଲି ଯାଉଥାନ୍ତା
ଗପ କିଛି କରୁଥାନ୍ତ ସାଙ୍ଗ ସାଥୀ ଗହଣରେ ଥାଇ।

ପାଖରେ ସାକ୍ଷାତ୍ ହେଲେ ଆଉ ପୁଣି ଛାଡ଼ିବାକୁ ସତେ
ମନ ଜମା ବଳନ୍ତାନି, ମେଣ୍ଟନ୍ତାନି ତୃଷ୍ଣା ସେ ଆଖିର
ସଫା ନେଳୀ ଆକାଶର ସୂର୍ଯ୍ୟତାପ ବାଧୁ ଥିଲେ ଯେତେ
ସରମେ ଝାଉଁଳି ଯାଇ କରନ୍ତନି ଟିକିଏ ଖାତିର୍।

ଆଜି ଗୋଟେ ଗପ ବହି, କାଲି ପୁଣି କବିତା ବହିର
ବରାଦ କରନ୍ତ କେତେ, କେତେ ରାଣ ଆକୁଳ ଆକୁତି
ରୁମାଲ୍‌ରେ ଫୁଲ କାଟି ଜନ୍ମଦିନ ଉପହାର ଦେଇ
'ଭୁଲିବନି' 'ମୋ ରାଣ' କେତେ କ'ଣ କହୁଥାନ୍ତି ନିତି।

ସେ ରାସ୍ତାର ଧୂଳି ମାଟି ସବୁ ତୁମ ଚିହ୍ନ ରଖିଥାଏ
ଯେମିତି କି ଆଜି ପୁଣି କାନେ କାନେ କେତେ କଥା କହେ।

ଚଲାପଥ (୨)

ତୁମରି ସନ୍ଧାନେ ତେଣୁ ଏ ଆସକ୍ତି ଅୟୁତ ପ୍ରତୀକ୍ଷା
ଯୋଜନ ଯୋଜନ ବ୍ୟାପୀ ଯାତ୍ରା ମୋର ନିଷ୍ପ୍ରାଣ ମରୁରେ।
ତେବେ ବି ପ୍ରତ୍ୟୟ ଜାଣେ ସର୍ବସ୍ୱାନ୍ତ ହୃଦୟ ଅତଳେ
ଅନାଗତ ସ୍ୱପ୍ନ ଦେଖି ମୁଗ୍ଧ ହୁଏ କେତେ ଯେ ଭାବରେ।

ଯଦି ବା ସରେ ଏ ପଥ ଦୂର କେଉଁ ନିଘଞ୍ଚ ଅରଣ୍ୟେ
ସତେ ତୁମେ ରହିଅଛ ବାଟଭୁଲି ପାହାଡ଼ୀ ଝରଣା
ସୁମଧୁର କଳତାନେ ମିଳନର ଆବାହନୀ ଗାଇ
ଉଦାସେ ଯାଉଛି ଲୋଟି ଅକସ୍ମାତ ହେବ କି ସାକ୍ଷାତ।

ମରୁ ପଥିକର ତୃଷ୍ଣା ଶାନ୍ତ ହେବ କ୍ଳାନ୍ତ ଏ ଆଖିର
ଝାପ୍‌ସା ଦୃଷ୍ଟି ସୀମାନ୍ତରେ ମୁଁ ଦେଖିବି ବିଚିତ୍ର ବର୍ଣ୍ଣର
ଫୁଲ ସବୁ ଝରିଯାଏ ଛାୟା ଘନ ଗଛର ଶାଖାରୁ
ତୁମରି ଦେହର ବାସ୍ନା ଅନୁସରି ଉନ୍‌ମତ ବିଭୋର।

ଏଠି ତେଣୁ ବରିନିଏ ଯେତେ ଝଡ଼ ଝଞ୍ଜାର ପ୍ରହାର
ମୁହୂର୍ତ୍ତ ସ୍ୱପ୍ନରେ ଦେଖି ଦିବ୍ୟଜ୍ୟୋତି ଦୀପ୍ତି ଆଲୋକର।

ପରେଶ ରାଉତ

ସେ ଦିନ ଆସିଲା ଝଡ଼

ସେ ଦିନ ଆସିଲା ଝଡ଼, ଚୁପ୍‌ଚାପ୍ ଅତିକ୍ରମି ଯାହା ଯେତେ କାରଣର ସୀମା,
ତମେ ଥିଲ ସମୟର ସ୍ୱର୍ଣ୍ଣବୃତ୍ତେ ମୂର୍ତ୍ତ ଏକ ମୁକ୍ତାର ପ୍ରତିମା,
ଆଉ ମୁହିଁ ଆସିରେଟ୍ କାମିଜରେ ଅଶରୀରୀ ମେଘର ମଣିଷ,
କିପରି ବା ବୁଝିଥାନ୍ତି ଅଦିନିଆ ଆଷାଢ଼ରେ ଜିଜୀବିଷୁ ପ୍ରାଣର ଉଚ୍ଛ୍ୱାସ।

ନଥିଲା ମନରେ କିଛି ଚେତନା ବା ନିଜର ବ୍ୟକ୍ତିତ୍ୱ
ରାଜି ଆଉ ଅରାଜିର ଅନଧିତ ପ୍ରଶ୍ନ ପୁଣି ଉତ୍ତର ଦାୟିତ୍ୱ।
ତମେ ଖାଲି ସ୍ମିତା ଥିଲ ଆଉ ଲାଜେ ନୁଆଁଇଲ ମଥା,
ମେଘର ମଣିଷ ମନେ ସୃଜି କ୍ଷଣେ ଶୃଙ୍ଗାରର ବ୍ୟଥା,

ଧୀରେ ଯେବେ ଥମିଗଲା ଝଡ଼ ପୁଣି ଝଡ଼ ଆଉ ରାତ୍ରି,
ତମେ ହେଲ ସଂଜ୍ଞାପୂର୍ଣ୍ଣା ରାଣୀ ଆଉ ପ୍ରିୟତମା ପ୍ରିୟ ପୁଣି ଦେବୀ ଅଧିଷ୍ଠାତ୍ରୀ,
ପ୍ରଳୟର ଛାଇ ତଳେ ସାତରଙ୍ଗ ସଙ୍ଗୀତର ଇନ୍ଦ୍ରଧନୁ ଜୁଡ଼ା
ଆକାଶର ମାୟାମୃଗ ଫୁଲ ଆଉ କାଗଜର କଳାପ ପାଖୁଡ଼ା

ଚେତନାର ଭବିଷ୍ୟତେ ଝଲକାଏ ମିଛ ମୁକ୍ତା ସ୍ମୃତି
ମେଘ ବା ମଣିଷ ନୁହେଁ, ରୂପହୀନ, ଗନ୍ଧହୀନ ସୃଷ୍ଟି ପୁଣି ଦୃଷ୍ଟିର ବିକୃତି ॥

ମୋ ଆଖିର ବ୍ୟଥା ଯେତେ

ମୋ ଆଖିର ବ୍ୟଥା ଯେତେ ଦୂର ଦୂର ଦିଗନ୍ତରେ ଚାହିଁ,
ମୋ ମନର କଥା ଯେତେ ତୁମ ମନ ଆକାଶର ପାଇଁ
ତୁମ ଦେହ କୂଳ ଲାଗି ମୋ ଦେହର ଏ ଲକ୍ଷ ଜୁଆର
ତୁମ ଦେହ ପୃଥିବୀର ତୃଷ୍ଣା ଯେତେ ମୋର ଏ ଦେହର ।

ଆଜିର ଏ କ୍ଷୁଧା ଯେତେ, ଖେଦ ଯେତେ, ଯେତେ ପୁଣି କ୍ଷତି,
ତୁମେ ତ ଆରମ୍ଭ ସବୁ, ଏ ସବୁର ତୁମେଇ ତ ଇତି ।
ତୁମକୁ ଖୋଜିଲି କେତେ ରୂପେଲି ଏ ସକାଳର ଇନ୍ଦ୍ରଜାଲ ଦେହେ,
ନିଛାଟିଆ ନିଦାଘର ନିସଂଗ ସୁରାରୁ ପୁଣି, ମୋ ମନର ସୂର୍ଯ୍ୟ ଅସ୍ତ ଯାଏ ।

ତୁମକୁ ଖୋଜିଲି କେତେ ରାତିର ଏ ବର୍ଷା ତଳେ କଳା କଳା ଝଡ଼ର କୁହୁକେ,
ଚକୋର ଚକୋରୀ ଯେତେ ପ୍ରଣୟ ପ୍ରତୀକ ପୁଣି, ମୋ ମନର ରାଜହଂସ ଡାକେ,
ତୁମକୁ ପାଇଲି ଯଦି କବିର ଲେଖାରେ ଖାଲି କଳା ଆଉ କାମନାର ଛଂଦେ,
ମୋ ଦେହର କ୍ଲାନ୍ତି ଆଜି, ମୋ ଦେହର ଅବସାଦ, ଖୋଜିବା ଓ ପାଇବାର ଦ୍ୱଂଦେ ।

ଏ ଜୀବନ ପୂର୍ଣ୍ଣ କରି ତୁମେ ଯେ ଆସିବ ଦିନେ, ଏ ଦେହର ବେଳାଭୂମି ଛୁଇଁ,
ଆଜିର ଏ ଉଜାଗର, ଆଜିର ଏ ପୂଜାଫୁଲ, ସବୁ ତୁମ ପରଶର ପାଇଁ ।

ଦେବଦାସ ଛୋଟରାୟ

ଭୟ

ବରଂ ଚାଲ ବୁଲିଯିବା ମଟରର ମାଇଲେଜ ଗିଳି
ଝାଉଁବଣ ଛାଇବାଟେ, ମକ୍‌ଚିଦେଇ ରାସ୍ତାର ଶିଉଳି
ସଫେଦ ସ୍ଲିପର ପିନ୍ଧି କେତେ ଗ୍ଲାସ ଆକାଶ ପିଇବା
ବରଂ ଚାଲ ବୁଲିଯିବା ଦିଗବଳୟ ସରିଯିବା ଯାକେ।

ତମେ ଏକ ପ୍ରାଚୀନ ଓ ଅଭ୍ୟସ୍ତ ପ୍ରେମିକା କେତେ ମଟରର
ମୁଁ ତୁମର ପୁରୁଣା ପ୍ରେମିକ, ଆଉ ଏମିତି ବୁଲିବା
ବୁଲୁ ବୁଲୁ ତୁମ ଆଖି ଲାବଣ୍ୟବତୀରୁ ପୃଷ୍ଠାଏ ପଢ଼ିବା
ଝାଉଁବଣ ଉହାଡ଼ରେ, ଏ ଆମର ପୁରୁଣା ଅଭ୍ୟାସ

ଆଜି ଏଇ ନୂଆ ନୀଳ ନୂଆ ହେନା ବାସ୍ନାର ଭିଡ଼ରେ
ସତେ କିନ୍ତୁ ଭୟ ଲାଗେ ବୁଲିବାକୁ ପୁରୁଣା ରାସ୍ତାରେ
କାଳେ ତୁମେ ହେଇଯିବ ହଳଦିଆ ପୁରୁଣା କାଗଜ
କାଳେ ମୋ ପକେଟ କିଏ ଭରିଦେବ ଜାଲ ପ୍ୟାକେଟରେ

କିଛି ଗୋଟେ ନୂଆ ହେଲାବେଳେ, କାହିଁକି କୁହତ
ଦମ୍‌ବନ୍ଦ ହୋଇଯାଏ ମୋର, ବାଟ ନ ମିଳିବା ଆଶଙ୍କାରେ।

କଥାବାର୍ତ୍ତା ନିଜ ସହିତ

ତମର ତ ମନେଥିବ, ଯେଉଁମାନେ ତିନି ବର୍ଷ ତଳେ
ତମକୁ ପାର୍ବଣ ଦିନେ ଦେଉଥିଲେ ପ୍ରଜାପତି ଧରି
ରଙ୍ଗରେ ଭିଜଉଥିଲେ। ସେଇମାନେ ଅନ୍ୟସହରକୁ
କେବେଠୁ ଗଲେଣି ଚାଲି। ତମର କି ଅମେଳ ଘଟିଚି ?

ଶୁଣିଲି ମୁଁ ସଡକ୍‌ରେ ତମେ ଯେତେ ଶାରୀ ପୋଷିଥିଲ
ସରାଗର ମିହିଦାନା, ଏପରିକି ସର୍ବସ୍ୱ ଦେଲେବି
ସେମାନେ ହଠାତ୍ ଦିନେ ପଞ୍ଜୁରୀର ଘେର ଫାଙ୍କାକରି
କୁଆଡ଼େ ଉଭେଇଗଲେ ଲକ୍ଷେ ଲାଞ୍ଜ ଯାଚିଲା ସତ୍ତ୍ୱେବି।

ଛାଡ଼ ଭାଇ ଜାଣିଚ ତ ଜୀବନଟା ଶସ୍ତା ବଣ ଭୋଜି
କୁସୁମ ପରଶେ କିଛି ପଟ ଟିକେ ନିସ୍ତରିଲା ପରି
ଆମେ ସବୁ ବଞ୍ଚୁ, ଛାଡ଼, ଜାଣିଚ ନା ବିଚିତ୍ର ତ୍ରିପାଠୀ
ବହୁଚେଷ୍ଟା ପରେ ପୁଣି ସେଇଠାରେ ବାହା ହେଲା ଆସି।

ଆଚ୍ଛା ଭାଇ ଦେବଦାସ, କହ ସବୁ କେମିତି ଚାଲିଚି
ଶୁଣୁଚି ମୁଁ ଆଜିକାଲି ମନ ତୁମ ଖରାପ ରହୁଛି।

ସାଧାରଣ

ଆଜି ଏ କାର୍ତ୍ତିକ ମାସେ, ମୋ ଦେହର ଉଷୁମ ଶେଯରେ
ବହୁଚି ଅତର ସ୍ରୋତ, ହାଲ୍କା ନୀଳ ଆଲୁଅ ଲହରୀ
ଆଉ ମୋର ଚାରିପଟେ ତ୍ରିକୋଣ ଓ ଚତୁଷ୍କୋଣ କରି
ଲମ୍ବା ଲମ୍ବା ବର୍ଚ୍ଛା ସବୁ, ଥାକ ଥାକ ଉନ୍ନିଦ୍ର ପ୍ରହରୀ ।

ମୁଁ ଆଜି ପାଇଚି ତାକୁ ମୋ ଜ୍ୟୋତିଷ୍କ ମୋ ଭାବପ୍ରତିମା
ବାଜିଜିତି ବହିପଢ଼ି ଚଶମାର ପାଓ୍ୱାର ବଢ଼େଇ
ମୁଁ ଜାଣେ ସେ ମୋର ନୁହେଁ, ତଥାପି ଆଣିଚି ତାକୁ
ନିଶ୍ୱାସ ନିଶବ୍ଦ କରି, ପାପୁଲିରେ ସମୟ ଗଡ଼ାଇ

ମତେ ସବୁ ହାଲ୍କା ଲାଗେ, କାର୍ତ୍ତିକ ମାସର ଜହ୍ନ
ଅଭ୍ର ପରି କିରଣ ଓ ତାରା ସବୁ କାଶଫୁଲ ପରି
ମତେ ଭାରି ନମ୍ର ଲାଗେ ଯେମିତି ମୁଁ ପବନର ବାସ୍ନା
ତା' ଛାଇକୁ ଚୁମା ଦେଇ ମୋ ଓଠକୁ ଅନୁଗ୍ରହ କରି

ମୁଁ ଜାଣେ ସେ ବହିଯିବ ଯେମିତି ସେ ମହମର ନଦୀ
ଆଉ ଥରେ ସରିଯିବ ସାଧାରଣ ଗୋଟିଏ କାହାଣୀ ।

ପ୍ରହରାଜ ସତ୍ୟନାରାୟଣ ନନ୍ଦ

ଭୁଲିଯାଅ ସମସ୍ତ ବସନ୍ତ ଦିନ .....

ଭୁଲିଯାଅ ସମସ୍ତ ବସନ୍ତ ଦିନ ବୈଶାଖର ଦ୍ୱାରେ
ଭୁଲନାହିଁ ଗୋଟିଏ ସୂର୍ଯ୍ୟର ସ୍ଥିତି ଗୋଟିଏ ଯନ୍ତ୍ରଣା,
ଯାହା ଜଳେ ରହି ରହି ମଣିଷର ହୃତ୍‌ପିଣ୍ଡ ସମାନ
ଶୂନ୍ୟର ବନ୍ଧନୀ ତଳେ ଭାସମାନ ସନ୍ଧ୍ୟା ଓ ସକାଳେ।

ଭୁଲିଯାଅ ଯେତେ ସ୍ୱପ୍ନ ଆଶା ଅବା ପ୍ରାର୍ଥନା ମନର
ଆକାଂକ୍ଷା ଓ ଉତ୍ତେଜନା ଅବିଭକ୍ତ ରକ୍ତ କୋଠରୀର,
ଅଜଣା ଫୁଲର ନକ୍‌ସା ବିବର୍ତ୍ତିତ ଋତୁର କମ୍ପନ
ଭୁଲ ନାହିଁ ଗୋଟିଏ ସୂର୍ଯ୍ୟର ସତ୍ତା ଜ୍ୱଳମାନ ଯାହା ଚିରଦିନ।

ଗୋଟିଏ ଆକାଶ ତଳେ ଅଗଣିତ ରୂପ ପ୍ରତିରୂପ
ତା' ମଧ୍ୟ ବିନ୍ଦୁରୁ ବ୍ୟକ୍ତ ବଳୟ ଓ ବୃତ୍ତ ଓ ପରିଧି,
ସମୟ ଯନ୍ତ୍ରଣା ସ୍ମୃତି ମରଣର ସ୍ଥିତି ନିରବଧି
ଆମକୁ ଜାଗ୍ରତ ରଖେ ପ୍ରତ୍ୟୟର ପଦ୍ମପାଖୁଡ଼ାରେ,

ଆଙ୍ଗୁଠିଏ ଜ୍ୟୋତି ଚାହେଁ ଢାଙ୍କିବାକୁ ଛାତ ଓ ଫଳକ
ଆମେ ଯେବେ ଏକା ଏକା ପ୍ରତ୍ୟାଗତ ବୈଶାଖର ଦ୍ୱାରେ।

ତୁମେ ଯଦି ଦୁଃଖ ପାଅ ....

ତୁମେ ଯଦି ଦୁଃଖ ପାଅ ସେ ଦୁଃଖର ସଂଜ୍ଞା ଜାଣ ନାହିଁ
ଅବା ପ୍ରଶ୍ନ କର ନାହିଁ କିଏ ସୃଷ୍ଟି କରେ ଲୁହ ଲହୁ,
କିଏ ବଂଶୀ ବାଏ ପୁଣି ଛପିଯାଏ ଦେଖିବା ଆଗରୁ
ନିର୍ଜନ ଗୁମ୍ଫାରେ ଅବା ତୁମ ମନ ଅମୁହାଁ ହେଉଲେ ?

କିଏ ଲୁଚି ରହେ ଅଜ୍ଞାତରେ, ନିର୍ବାସିତ ସମୟ ଭିତରେ
କିଏ ବନ୍ଦୀଶିଳା ମୂର୍ତ୍ତି ବାରମ୍ବାର ରୂପ ବଦଳାଏ,
କିଏ ପ୍ରଶ୍ନ ଶୁଣେ ନାହିଁ, କିଏ ପୁଣି ବୁଝେନା ଉତ୍ତର
କିଏ ସେ ସହଜେ ଭାଙ୍ଗେ; ଭାଙ୍ଗି ଦିଏ ଗାମ୍ଭୀର୍ଯ୍ୟ ମନର ?

ତୁମେ ଦୁଃଖ, ପାଅ ଯଦି ସେ ଦୁଃଖର ପ୍ରତିଛବି କାହିଁ
ଦିନର ଦର୍ପଣେ ଅବା ପରିବ୍ୟାପ୍ତ ରାତିର ଅନ୍ଧାରେ,
ଆକାଶର ନୀଳ ହ୍ରଦେ ଘୂର୍ଣ୍ଣାୟିତ ପୃଥିବୀ ଛାତିରେ
ସେ ଦୁଃଖର ସ୍ମୃତି ନାହିଁ, ଜ୍ୱଳନ ବା ସ୍ୱାକ୍ଷର ବି ନାହିଁ !

ତୁମ ଦୁଃଖ ପାଇବାରେ ରୂପାନ୍ତର ଯେଉଁ ଯନ୍ତ୍ରଣାର,
ତୁମେ ନିଜେ ଜାଣିନାହଁ ସେ ଯନ୍ତ୍ରଣା ନୁହଁଇ ତୁମର ।

ମୁଁ ତା'ର ପବିତ୍ର ସୂର୍ଯ୍ୟ

ମୁଁ ତା'ର ପବିତ୍ର ସୂର୍ଯ୍ୟ ତା' ହାତର ଅର୍ଘ୍ୟ ଅଞ୍ଜଳିରେ
ଦେଖେ ମୋର ପ୍ରତିବିମ୍ବ ସ୍ଥିର ଦର୍ପଣରେ,
ମୁଁ କେଉଁ ଧ୍ରୁପଦ ଶ୍ଳୋକ ସଙ୍ଗୀତର କୋମଳ ସଞ୍ଚାର
ମୁକ୍ତି ଖୋଜେ ତା' ଓଠରେ ଉଜ୍ଜଳ ସକାଳେ।

ଅସଂଖ୍ୟ ଘୂର୍ଣ୍ଣିତ ଗତି, ଚଳମାନ ସମସ୍ତ ବୃତ୍ତର
ମୁଁ ଜ୍ୱଳନ୍ତ ମଧ୍ୟବିନ୍ଦୁ କ୍ଷୁଧା ତୃଷା ସ୍ଥିତି ଓ ଧ୍ୱଂସର,
ଅଥବା ସମୁଦ୍ର ମାଟି ଧୂମକେତୁ ଉଲ୍‌କାର ତାଡ଼ନା
ଅଭେଦ୍ୟ କୌଣସି ସତ୍ତା ତା' ଦେହ ବା ମନ ବା ବୁଦ୍ଧିର।

ମୁଁ ଏକ ଏକାଗ୍ର ଚେଷ୍ଟା ଜୀବନର କ୍ରମିକ ଯନ୍ତ୍ରଣା
ପରିବ୍ୟାପ୍ତି ହୋମାନଳ ନିରର୍ଥକ କୋଟି ସମ୍ଭାବନା,
ତା' ଆଖିରେ ଭିନ୍ନ ହୁଏ ତା' ଆଖିରେ ଦିନ ପୁଣି ରାତି
ସେ ନିଜ ଛାୟାରେ ବସି ଭୁଲିଯାଏ ସମୟ ବିସ୍ମୃତି।

କ୍ଷଣିକ ବିସ୍ମୃତି ତାକୁ ଅକସ୍ମାତ କରଇ ବିବ୍ରତ,
ସେ ଦେଖେ ଆତ୍ମାରେ ତା'ର ଭିନ୍ନ ଛବି ଜ୍ୱଳନ୍ତ ଜାଗ୍ରତ।

ଡକ୍ଟର ବନବିହାରୀ ପଣ୍ଡା

ଜୀବନର ଅବୁଝା କାହାଣୀ

ଏଠି ସାଗରର ଢେଉ, ଅଦୂରରେ ଖାଲି ବାଲିଚର
ଏଠି ମମତାର ସ୍ପର୍ଶ, ସେଠି ଖାଲି ମୃତ୍ୟୁର ସହର,
ସାଗର ଢେଉର ସ୍ୱପ୍ନ, ବାଲିଚର କାରୁଣ୍ୟ ଭିତରେ
ମୁଁ ଖୋଜେ ନିଜର ଛାଇ, ଜନ୍ମ ଆଉ ମୃତ୍ୟୁର ହସରେ,

ବେଳେ ବେଳେ ଏ ଜୀବନେ ଖେଳିଯାଏ ଢେଉ ମମତାର
ଶାନ୍ତ ସ୍ନିଗ୍ଧ କୋମଳତା ଉଚ୍ଛୁଳାଏ ମୋ-ମନୁ କବିତା,
ପ୍ରୀତିର କାହାଣୀ ଝରେ ସବୁ ପତ୍ର ସମସ୍ତ ଫୁଲରୁ
ପୃଥିବୀର କୋଣେ କୋଣେ ମାଦକତା ଖାଲି ମାଦକତା ।

ବେଳେ ବେଳେ ଝଡ଼ ଆସେ ଦୋହଲାଇ ମନର କିଆରି
ଲୁଚି ଯାନ୍ତି ସବୁ ସ୍ୱପ୍ନ ଦିଗନ୍ତର ବେଣୀ ଉହାଡ଼ରେ,
ମୋ ମନର ଚାରିଦିଗେ ହେମନ୍ତର ସବୁ ଝରାପତ୍ର,
ହସିଉଠେ ବାଲିଚର ମୋ ମନର ପ୍ରତ୍ୟେକ କୋଣରେ ।

ଅବୁଝା ଏ ଜୀବନକୁ ବୁଝିନି ମୁଁ ବୁଝି ପାରିବିନି
କହିଦିଅ ତୁମେ ଆଜି ଜୀବନର ଅବୁଝା କାହାଣୀ ।

ସ୍ୱପ୍ନ ଓ ଅନୁଭୂତିର ସନେଟ୍

ସ୍ୱପ୍ନ ଆଉ ଅନୁଭୂତି, ଏ ଦୁଇଟି ନଦୀର ଭିତରେ
ମଣିଷ ଜୀବନଟିର ନଉକାଟି ଖେଳିଖେଳି ଯାଏ,
କେତେବେଳେ ସ୍ୱପ୍ନଖେଳେ ତା' ଓଠରେ ଓଦାଓଦା ହସ
କେତେବେଳେ ଅନୁଭୂତି ଅନ୍ଧାରର ଲୁହ ଢାଳିଦିଏ।

ମନ ଗୋଟିଏ ବାଦଲ ତା' ଭିତରେ ଅନେକ ବରଷା
କେତୋଟି ସୁଖର ବିନ୍ଦୁ, କେଇଗୋଟି ଜଳନ୍ତା ଲୁହର।
ଅତୀତର ଇତିହାସ କିଏ ଲେଖେ କିଏ ଲେଖେନାହିଁ
କିନ୍ତୁ କେବେ ଲିଭେ ନାହିଁ ସ୍ମୃତି ଦୀପ ମଣିଷ ମନର।

ଫୁଲ କେବେ ସ୍ୱପ୍ନ ହୁଏ, ସ୍ୱପ୍ନ କେବେ ଫୁଲ ହୋଇଫୁଟେ
ଜହ୍ନ କେବେ ସୂର୍ଯ୍ୟ ହୁଏ, ସୂର୍ଯ୍ୟ କେବେ ଜହ୍ନ ହୋଇଯାଏ,
ଜୀବନ ପୃଷ୍ଠା ଉପରେ କିଏ ଲେଖେ ପ୍ରେମର କବିତା
ଅସ୍ତରାଗର କବିତା ଆଉ କିଏ ଖାଲି ଲେଖିଯାଏ।

ସ୍ୱପ୍ନ ହୁଏ ଅନୁଭୂତି, ଅନୁଭୂତି ସ୍ୱପ୍ନ ହୋଇଯାଏ
ସମୟ ଅନେକ ଗାର ତା' ଉପରେ କାଟି ଦେଇଯାଏ।

ତୁମ ପ୍ରେମ

ଏ ପାଶେ ଆଲୋକ ବନ୍ୟା, ଆରପାଶେ ନିରନ୍ଧ୍ର ଅନ୍ଧାର
ଏ ପାଶେ ହସିଲା ନଦୀ, ଆରପାଶେ ଖାଲି ମରୁବାଲି,
ଏ ପାଶେ ଭରା ଶ୍ରାବଣ, ଆର ପାଶେ ବିବର୍ଣ୍ଣ ବୈଶାଖ
ଏ ପାଶେ ପ୍ରେମିକ ଜହ୍ନ, ଆର ପାଶେ ଉଦାସ ଗୋଧୂଳି।

ଦେଖୁଛି ମୁଁ ଏ ଦୁନିଆକୁ, କେତେ ତା'ର ଭିନ୍ନ ଭିନ୍ନ ରୂପ
କେତେ ତା'ର ଭରା ହସ, ଆଉ କେତେ ବିବର୍ଣ୍ଣ ଚାହାଣି,
କେତେ କେତେ ଝରା ପତ୍ର, ଆଉ କେତେ ଆଶାଭରା ଫୁଲ
କେତେ ବ୍ୟଥିତ ହୃଦୟ, ଆଉ କେତେ ପ୍ରୀତିର କାହାଣୀ।

ଓଲଟାଇ ଦେଇଯାଏ ଜୀବନର ପୃଷ୍ଠାପରେ ପୃଷ୍ଠା
ଦେଖିଯାଏ ସେଥିରେ ମୁଁ ଛଳନାର ଅନେକ ପଳାଶ,
ଭାସି ଉଠେ ସେତେବେଳେ ତୁମ ମୁହଁ, ଖାଲି ତୁମ ମୁହଁ
ନିରାଶା ପ୍ରାଚୀର ଭାଙ୍ଗି ଖେଳିଯାଏ ଆଶାର ବିଶ୍ୱାସ।

ବଦଳୁଛି ଏ ଦୁନିଆ ବଦଳୁଛି ତା'ର ରଙ୍ଗ ରୂପ
ବଦଳିବ ନାହିଁ ତୁମେ ତୁମ ପ୍ରେମ ସତ୍ୟର ପ୍ରତୀକ।

ବନଜ ଦେବୀ

କାଲିରାତି

କାଲିରାତି ଚନ୍ଦ୍ରାଲୋକେ କରିଗଲୁ ମତେ ଅସ୍ୱୀକାର
କାଲିରାତି ତୋ'ଲାଗି ମୋ ପ୍ରାଣଥିଲା ଏକାନ୍ତ ଆକୁଳ
ବିପୁଳ ନିଃସ୍ୱତା ନେଇ ପାତିଥିଲା ଏ ଶୂନ୍ୟ ଅଞ୍ଜଳି
ଫୁଲ ପତ୍ର ଡାଳ ନୁହେଁ ଚେର ସୁଦ୍ଧା ଦେଲୁ ତୁ ଉପାଡ଼ି।

ଇୟେ ମୋ ଜୀବନ ନଈ ଜାଣେ ଜାଣେ ସୁଅ ତା' ବିଷମ
ତା ତହୁଁ ବିଷମ ଅତି ଏ ମଣିଷ ତା' ଅବୁଝା ମନ
ତହିଁରୁ ଗହନ ଅତି ତୋ' ମୋ' ଲୁଚକାଳି ଖେଳ
କାଳ କାଳ ଧରି ଯାହା ହୋଇଅଛି ସମୟ ନୂପୁର।

ପତଙ୍ଗ କରେ କି ଭୟ? ଅନଳର ତୀବ୍ର ହୁତାଶନେ
ଆତ୍ମାହୁତି ଦେଇ ସେ ଯେ ଧନ୍ୟହୁଏ ବିଜୟୀ ମରଣେ
ପାଇବାକୁ ଧାଇଁଥାଏ ପାଏ ନାହିଁ ହୁଏ ଖାଲି ଶେଷ
ଇୟେ ତା'ର ପ୍ରୀତିଧର୍ମ ଇୟେ ତା'ର ପଥ ଓ ବିଶ୍ୱାସ।

କାଲିରାତି ଚନ୍ଦ୍ରାଲୋକେ କରିଗଲୁ ମତେ ଅସ୍ୱୀକାର
ପଳପଳ ଜ୍ୱଳନରେ ମୁଁ ପାଳୁଛି ପ୍ରୀତିଧର୍ମ ମୋର।

ଭିଟାମାଟି

ବହୁଦିନ ଭୁଲିଲିଣି ଗାଆଁ ମାଟି ତୋଟାବଣ ବିଲ
କଇଁର ନୟନଜୋରୀ ଅନ୍ତରଙ୍ଗ ସ୍ମୃତିର ସହର
ବଉଳ ଫୁଲର ଋତୁ ପ୍ରାଣମୟ ଅନ୍ୟମନସ୍କତା
ଏକାନ୍ତ ପ୍ରିୟ ଯେ ମୋର ସ୍ୱପ୍ନମୟ ଭୂମିର କବିତା ।

ତୁମ ଇଙ୍ଗିତରେ ସବୁ ଗୋଟି ଗୋଟି ଗଲି ତ ବରଜି
ମୋ ଇଚ୍ଛାରେ ସାତରଙ୍ଗ ଜହ୍ନରାତି ସନ୍ଧ୍ୟାକାଶ ଆଦି,
ମାଟିରୁ ଆକାଶ ଆଉ ଯେତେ ଦୃଶ୍ୟ ଦୃଶ୍ୟାନ୍ତର ଯାଏଁ
ତମ ଇଙ୍ଗିତରେ ଚର ଛାଇପରି ପଛେ ପଛେ ଧାଏଁ ।

ମୁଁ ଆଜି ଏକାକୀ ଏଥି । ଏକାନ୍ତରେ ହୋଇଅଛି ଠିଆ
ଅସ୍ତରାଗ ତୋରଣରେ ଦୋଳି ଖେଳେ ସୂର୍ଯ୍ୟଚିତା ନିଆଁ
ନିଜ ଶବ କାନ୍ଧେ ବହି ଅତିକ୍ରମ କରେ ଏଇ ପଥ
ନିଜକୁ ଖୋଜୁଛି ଏବେ ମହାଜନେ କରିବି ପଇଠ ।

ଆଣିଥିଲି ବହୁଚିଜ ଜୀବନରେ ନରଖିଲି ଧରି,
ବାହୁଡ଼ା ପଥରେ ଆଜି ନିଃସ୍ୱ ହୋଇ ଯାଉଛି ମୁଁ ଫେରି ।

ଘାସଫୁଲ

ଘାସ ଫୁଲ କହିଥିଲା ମୁଁ ତୋହର ପ୍ରିୟ ଖେଳସଙ୍ଗୀ
ସମୟର ଆବର୍ତ୍ତରେ ରହିଥିବି ଚଲାପଥ ଜଗି
ଏ କଅଁଳ ମନଛୁଆଁ କଥାଟିରେ ଚପଳ ଝିଅଟି
ତା' ସବୁଜ ପଣତରେ ଲୁଚାଇଲା ସରାଗେ ମୁହଁଟି ।

କେତେ ଯୁଗ କଥା ଇଏ ? ତୁଳୀ ଧରି କାଳଚିତ୍ରକର
ଗୋଟି ଗୋଟି ଚିତ୍ର ଆଙ୍କି ଚିରୁଥାଏ ବିଚିତ୍ର ଖିଆଲ
ସେ ରଙ୍ଗର ଖେଳେ କିଏ ହାରେ କିଏ ଲଭଇ ବିଜୟ
ତିଳ ତିଳ ସଂଘର୍ଷରେ କିଏ ଭୋଗେ ଆତ୍ମ ଅବକ୍ଷୟ ।

ଆଜି ଏଇ ଅପରାହ୍ଣେ ନାରୀଟିଏ ଚାହେଁ ଅସ୍ତାଚଳେ
ଭ୍ରମଣରେ ଯାଉଁ ଯାଉଁ କାନିଟାଣି କିଏ ଭିଡ଼ିଧରେ
ଅଝଟ ଶିଶୁଟି ସମ ମମତାର ମଧୁଭରା ସ୍ପର୍ଶେ
ଦିନ ଦିନ ସଞ୍ଚିତ ତା' ସୋହାଗର କଥା କହି ବସେ ।

ବନ୍ଧୁ ମୋର ! ଚାହିଁ ଦେଖ ଭୁଲିନାହିଁ ତତେ ଭୁଲି ନାହିଁ
ତୋ ଚିତା ଲିଭିଲା ପରେ ପାଉଁଶକୁ ଥିବି ମୁଁ କୋଳେଇ ।

ଗିରିଜାକୁମାର ବଳୀୟାରସିଂହ

ପ୍ରକୃତି : ପୁରୁଷ

ପାଶବଦ୍ଧ ପୁରୁଷ ମୁଁ। ପଂଚାଂଗରେ ପାଶବ ପିପାସା
ପ୍ରେମ ପୁଣି ପ୍ରତ୍ନତତ୍ତ୍ୱ: ପ୍ରକୃତିର ପ୍ରେତକୃତ୍ୟ ପରା
ବିପନ୍ନ ମୋ' ବାଲୁଚରେ - ବହିଆସ ବୟସୀ ବିପାଶା,
ମନରେ ମର୍ମରିଉଠୁ ମୋକ୍ଷଦାର ମନ୍ତ୍ର ମଧୁକ୍ଷରା !

ପ୍ରାଚୀନ ଏ ପ୍ରାୟଶ୍ଚିତ୍ତ, ପ୍ରାତ୍ୟହିକ ପ୍ରାଣପୀଡ଼ା ପରେ
ପଥର ମୋ' ପାରମିତା। ପଂଚଭୂତ ପରାଭୂତ ତେଣୁ
ଫେରିଆସ ଗୋଚରେ ମୋ' ସୁରଭି କି ନଂଦିନୀ ରୂପରେ
ପ୍ରାଣରେ ପୂରବୀଟିଏ ପୂରିଉଠୁ, ଅୟି କାମଧେନୁ !

ସମୟ ସେଦିନ ଥିଲା ଦିବାତୀତ, ରଜନୀରହିତ
ଆମେ ଥିଲେ ଅତୀତର ଅନାଗତ ଅର୍ଦ୍ଧନାରୀଶ୍ୱର
ପୁନଶ୍ଚ ପୁନ୍ନାଗ ହେବି - ହେ ପ୍ରକୃତି, ଥାଅ ମୋ' ସହିତ
ଆତ୍ମାରେ ଉଜାଣିଉଠୁ ସରିଥିବା ଶୁଆଶାରୀ ସ୍ୱର !

ଅପ୍ରାକୃତ ଅନୁରାଗ ଅର୍ପିବି ଏ ପ୍ରାକୃତ ବଂଧରେ
ପ୍ରକୃତିସ୍ଥ ପୁରୁଷ ମୁଁ ପ୍ରେମପ୍ରାର୍ଥୀ ପ୍ରଳୟାଂତ ପରେ ॥

ଶ୍ରୀରାଧା

ଆଜି ବୋଧେ ମେଘମାନେ ନାଚିଯିବେ ମଲ୍ଲାର ରାଗରେ
ଗୋଧୂଳିର ଗଳିମୋଡ଼େ ଦିଶିବନି ଗୋକୁଳର ଗାଆଁ .....
ଆଜି ବୋଧେ ସବୁ ନଈ ହାରିଯିବେ ଯମୁନା ଆଗରେ
ବଇଁଶୀ ମୋ ଭୁଲିଯିବ – ମୋ ନିଜସ୍ୱ ନକ୍ଷତ୍ରର ନାଆଁ !

ଆଜି ବୋଧେ କୁଂଜବନ ତୋଳିବନି ଗୁଂଜନ କଦାପି
ଶୁଣିବନି ଗୋପଦାଂଡ ଗୁଜବର ନିଷ୍ଠୁର ନାଗରା ....
ଆଜି ବୋଧେ ସବୁ ଫୁଲ କଦମ୍ବଠୁ ମାଗିନେବେ ମାଫି
ଯାଦବ ଯୁବତୀବୃନ୍ଦ ବୃନ୍ଦାବନେ ଛୁଇଁବେନି ଗରା !

ଆଜି ବୋଧେ ବର୍ଷା ହେବ ସର୍ବାଧିକ ବାତ୍ୟାର ବେଗରେ
ଅଷ୍ଟପାଟବଂଶୀ ମୋର – ଚାହିଁଥିବେ ସଜଳ ସତୃଷ୍ଣ
ଆଜି ବୋଧେ ସବୁ ନାରୀ ରାଧା ହୋଇ ରହିଯିବେ ଘରେ
ତୁମେ କିନ୍ତୁ ନାରୀ ହୋଇ ଉଚ୍ଚାରିବ: ଆସିଚି ମୁଁ, କୃଷ୍ଣ !

ହେ ରାଧା, ରମଣ ଆମ – ମରଣକୁ କରିବ ମଳିନ ...
ଶିଆଳୀଶଯ୍ୟାରେ ମୋର ଶେଷଦିନ ... ହେବ ଶ୍ରେଷ୍ଠଦିନ ॥

ଅଗୀତ ଗୋବିଂଦଚନ୍ଦ୍ର

କହରେ କୁମର, କହେ କି ଗୁମର କଳା ସେ ହରିଣୀଡୋଳା ?
କଟାକ୍ଷର ସେ କଟାଳଯାକ ତ କଳାବିଜୁଳିରେ ବୋଳା ।
ମେଘର ମୁକୁଳା ମିଥୁନମାସରେ ବେଘର ହେବାକୁ ମନ
ଯେଉଁଠି ନମିଳେ ମାଳଟେ ସେଠି କି ଥାଳ ଧରେ ଯୌବନ ?

ସନ୍ୟାସୀ ହୁଏ ସକାଳ ଯଦି ତୋ ସଂଜ ଉଦାସୀ ହୁଏ
ଆହା ରଂଗିଲା ଯାହା ତୋ ସ୍ୱପ୍ନ ରାତ୍ରିଚର କି ନୁହେଁ ?
କୁଆଡ଼େ କୁମର, ଉଆଁସୀ ଉମର ଉଡ଼ାଳୁଚି ଉଡ଼ାପର ?
ଯେଉଁଠି ନ ବାସେ ବଉଳ ସେଠି କି ବୟସଟା ବୁଢ଼ାବର ?

ବହୁତ ବହୁତ ଭଲପାଇବୁ ତ ବାଇଆ ବୋଲିବେ ପ୍ରାଣୀ
ପାଟଣାରେ ଥାଉ ପାଟରାଣୀ ଆଉ ବାଟରେ ବାଉଁଶରାଣୀ ।
କିଆଁରେ କୁମର, ନିଜକୁ ତୋ ଡର ? ନିଆଁକୁ ତ ନଡରୁ ତୁ ?
ଯେଉଁଠି ନ ଜୁଟେ ଯୋଗିନୀ ସେଠି କି ବର୍ଷ ଭୋଗିନି ଋତୁ ?

କାକରର କଇଁପୋଖରୀ ପାଖେ ତ କୁହୁଡ଼ିର କୋଜାଗର
କୁହୁକୁହୁକା ମୋ କୁହୁକଟାପୁରେ – କି ଗୀତ ତୋ ଖୋଜାଘର ?

ବୋଉ

ପଦକରେ ପତିଆରା । ପଣତରେ ପତାକାର ପଣ
ସେ ଏକ ସୀମାଂତହଜା ସ୍ୱଦେଶ ମୋ ପ୍ରାର୍ଥନା ପାଖରେ
ଆଖିର ତାରା ମୁଁ ତା'ର ଉଆଁସରେ ଉଏଁ ଅକାରଣ
ଆ' ଜହ୍ନମାମୁ ପୁଣି ଶୁଣିଚି ତା' କୋଳରେ କାଖରେ !

ଚାଲ ଭାଇ, ମାଲଭାଇ ! ଅନଉଥା ଏକ ଅପରକୁ
ଏ ବାଟରେ ବାଂକରେ ହିଁ ବଉଳାର ବାଘଗାଆଁ ଗସ୍ତ
କୁଟୁଆଉ ଖଇବର୍ଷା କଉଡ଼ିର କୁଆପଥରକୁ
ଚୁଲିନିଆଁ ଚାଲିଯିବ ଚଉରାରୁ ଚଂଦନବନସ୍ତ !

ହଜିଯାଏ ହାଂଡିଶାଳୁ ହସଖୁସି ହିସାବନିକାଶ
ଆଖିର ପାଣିରେ ଆହା ଅକାତ ମୁଁ ଆତ୍ମା ଧୋଉଧୋଉ
ସ୍ୱର୍ଗକୁ ଦୁଆର ଦିଶେ । ଦୁଇଝର୍କା: ସମୁଦ୍ରଆକାଶ
ବହିତ୍ର ନା ବିମାନରେ ବୈକୁଂଠକୁ ବାହୁଡୁଚି ବୋଉ ?

ବିବିଧ ମୋ ବିଚ୍ଛେଦର ବ୍ୟଥାସବୁ ବିଦାୟବହୁଳ
ବହୁବହୁ ବିଦାୟରେ ବାସି ନୁହେଁ ବୋଉର ବଉଳ !

ହେ ବଂଶଭାରତବର୍ଷ

ହେ ବଂଶଭାରତବର୍ଷ ! ବସୁମାତା ଭ୍ରୂଣହତ୍ୟା କରେ
କନ୍ୟାକୁମାରିକାକୂଳେ କୁଳବର୍ଗ କୁଳାଂକୁରକାମୀ
ଗୋପର ଗୋହତ୍ୟା ଏବଂ ବଦ୍ରିକାର ବ୍ରହ୍ମହତ୍ୟା ପରେ
ଦିଅ ମତେ ଫାଶୀଦଂଡ - ମୁଁ ତୁମର ଆଜନ୍ମ ଆସାମୀ !

କବଜରେ କପିଧ୍ୱଜ । ଏ କବଚ - କୁଂଡଳ କାହାର ?
ମୋ ଶରବର୍ଷାର ରତୁ ଭୋଗୁଛି ମୁଁ ଭଂଗାଧନୁମେଳେ
ଅକ୍ଷମ ଏ ଅକ୍ଷୌହିଣୀ ଆସୁରିକ ଆଁ'ର ଆହାର
ମୁଁ ଖୋଜୁଛି କୁଟାଖଣ୍ଡେ ଘଟଗାଆଁ ଘରପୋଡ଼ିବେଳେ !

ମୋ କୁଳର କୋକେଇକୁ କୁଟୁମ୍ବରୁ କାନ୍ଧେଇବ କିଏ ?
ସହଳ ମୁଁ ଶୋଇପଡ଼େଁ, ଶେଷଥର - ହେ ଶିଆଳିଲଟା,
ମୋ ମାୟାସଂଧ୍ୟାର ମୃତ ମୁହୂର୍ତ୍ତକୁ ମାଫି ମାଗିନିଏ
ତୁଂଡର ଏ ତିରଣ ନା ମୁଂଡର ସେ ମୟୂର ଚୂଳଟା ?

ହେ ବଂଶଭାରତବର୍ଷ ! ଅଂଶର ଏ ଅବତାର ଅଧା...
ଖାଂଡବର ଖାତକ ମୁଁ ଖରକୁଛି ଖୋଲା ଖତଗଦା !

ସୁରେଶ ପରିଡା

କାହ୍ନୁ (୧)

ଯମୁନାରୁ ସେଇ ଯୋଉ ଦୁଶେନି ପାହାଡ଼ ଧୂସର ଓ ଅଳ୍ପଅଳ୍ପ ନୀଳ !
ସେଇଆଡ଼େ ଚାହିଁଚାହିଁ ବିତିଯାଏ କଠିନ ଓ ଦୀର୍ଘ ଦ୍ୱିପ୍ରହର ।
ଚାହୁଁଥାଏ ଓ ଦେଖୁଥାଏ ପାହାଡ଼ କ୍ରମଶଃ ହୁଏ ନୀଳରୁ ଆହୁରି ନୀଳ, ଗାଢ଼ ନୀଳବର୍ଣ୍ଣ
ତା' ଭିତରୁ ଉଙ୍କିମାର ତୁମେ ମେଘ ଚିରି ଉଙ୍କିମାରେ ଯେଉଁ ପରି ଜହ୍ନ ।

ତମେ ହସୁଥାଅ ଓ ମୟୂର ଚନ୍ଦ୍ରିକା ମତେ ଯାଚୁଥାଅ
ଏଠୁ ସେଠୁ ଫୁଲତୋଳି ମୋ' ଉପରକୁ ତମେ ଫୁଲ ଫିଙ୍ଗୁଥାଅ ।
ଫିଙ୍ଗୁଥାଅ ଓ ବୁଲୁଥାଅ ବୃତ୍ତାକାରେ, ମୁଁ ଥାଏ କେନ୍ଦ୍ରରେ
ଆର୍ଦ୍ର ଓ ଆରକ୍ତ ମୁହଁ ଢାଙ୍କିଥାଏ ହାତପାପୁଲିରେ ।

ପରିବେଶ ଲାଗୁଥାଏ ନିର୍ଜନ ନିର୍ଜନ, ଧୀମା ଧୀମା ବହୁଥାଏ ପବନ
ଓ ଦ୍ରୁତ ଭାବେ ବହୁଥାଏ ଛାତିର କମ୍ପନ ।
ପୁନଶ୍ଚ ବଦଳିଯାଏ ଦୃଶ୍ୟପଟ ... ଅନିନ୍ଦ୍ୟ ଠାଣିରେ ତୁମେ ବସିଥାଅ କଦମ୍ବଡ଼ାଳରେ
ଚତୁଃପାର୍ଶ୍ୱେ ମୋର, ବେଢ଼ିଥାନ୍ତି ଧେନୁପଲ ତୁମ ଆଦେଶରେ ।

କଆଡ଼େ ଯାଆନ୍ତି ଆଉ ! ଚୁପ୍‌ଚାପ୍ ଠିଆ ହୋଇଥାଏ
ଯୁଆଡ଼େ ମୁଁ ଚାହୁଁଥାଏ ଧେନୁଟିଏ ଶିଙ୍ଗ ତା'ର ଝାଡ଼ି ଦେଉଥାଏ ।

କାହ୍ନୁ (୨)

ଝୁଲିପଡ଼ି ଅକସ୍ମାତ୍ ହାତଧରି ଓ ଡେଇଁପଡ଼ି ମୋ' ସାମ୍ନାକୁ।
ଭୁଇଁରେ ଲାଗିବା ଲାଗିବା ମାତ୍ରେ ତୁମ ପାଦ ଘୁଞ୍ଚିଯାଏ ଆଉ ଦୁଇପାଦ ମୁଁ ପଛକୁ।
ଅଞ୍ଜିରୁ ବଢ଼ାଇଦିଅ ଅଳ୍ପହସି ଜାତି ଜାତି କେତେ ବଣକୋଳି,
କୋଳି ମୁଁ ଖାଇବି କ'ଣ ଦେଖୁଥାଏ ରକ୍ତଝରା ତୁମର ଆଙ୍ଗୁଳି।

ଦି' ତିନୋଟି ଆଙ୍ଗୁଳିରୁ କଣ୍ଟାବାଜି ରକ୍ତ ଟୋପା ଝରିଯାଉଥାଏ
ଆଙ୍ଗୁଳିକୁ ଚୁମିବାକୁ ଓଠମୋର ଅଜାଣତେ ସେଇଆଡ଼େ ଲମ୍ବି ଲମ୍ବି ଯାଏ
ଅଚାନକ ମୁଁ ଦେଖେ ରକ୍ତଫକ୍ତ କିଛି ନାହିଁ, କଣ୍ଟାବି ବାଜିବା କଥା ମିଛ
ତମେ ପାଟି କରୁଥାଅ - କ'ଣ ହେଲା, ଆରେ କାହିଁକି ମୋ ଆଙ୍ଗୁଳିକୁ କାମୁଡ଼ି ଧରିଚ ...

ତା'ପରେ ଆରମ୍ଭ ହୁଏ ଯେତେକ ପୁରୁଣା କଥା। ଚାରିଆଡ଼େ ମୁଣ୍ଡ ଟେକି
ଚାହିଁଥାନ୍ତି ସବୁ ଧେନୁପଲ। ସେତେବେଳେ ବେଶୀ ହେଲେ ତୁମେ ଦଶ ହୋଇଥିବ
ମୋ ବୟସ କେବଳ ପନ୍ଦର। ଏମିତି ପ୍ରକାରେ ମୋର କଟିଯାଏ ସାରା ଦ୍ୱିପ୍ରହର,
ପାହାଡ଼ ସହଜେ ଦୂର, ଦ୍ୱିପ୍ରହର ସରିଗଲେ ପାହାଡ଼ ହିଁ କେବଳ ପାହାଡ଼।

ନା' ସେ ଧୂସର ଦିଶେ ନା ଦିଶେ ଅଳ୍ପ ଅଳ୍ପ ନୀଳ, ନା ସେଠି ଜହ୍ନପରି
ତୁମେ ଉଙ୍କିମାର। ଦ୍ୱିପ୍ରହର ସରିଗଲେ କାହ୍ନୁ। ପାହାଡ଼ ହିଁ କେବଳ ପାହାଡ଼

ବୀଣାପାଣି ପଣ୍ଡା

ଜହ୍ନ ବଗିଚା

ଆଲୁଅ ଯେଉଁଠି ଅନ୍ଧାର ସହ ଅନିଚ୍ଛାରେ କରେ ସନ୍ଧି,
ଆକାଶ ଯେଉଁଠି ପୃଥିବୀ ସହିତ ଗାଉଛି ଯୁଗଳବନ୍ଦି,
ଜୀବନ ସହିତ ମରଣ ଯେଉଁଠି ପ୍ରତି ପାଦେ ପ୍ରତିଦ୍ୱନ୍ଦ୍ୱୀ,
ଚତୁର୍ଦ୍ଦଶୀର ଜହ୍ନ ସେଇଠି ମେଘର ନଜରବନ୍ଦୀ ।

ନିଦାଘ ନିଆଁର ନୃତ୍ୟ ନାଟିକା ମୁକ୍ତ ମଞ୍ଚ ପରେ,
ଦେଖାଏ ତାହାର ଅଭିନୟ କଳା ଦର୍ଶକ ଦରବାରେ ।
ବର୍ଷା ବାସର ବ୍ୟଥାରେ ବିଧୂର ବଧୂଟି ଯେଉଁଠି କାନ୍ଦେ,
ଚତୁର୍ଦ୍ଦଶୀର ଜହ୍ନ ସେଇଠି ନିଜ ଭାଗ୍ୟକୁ ନିନ୍ଦେ ।

ହେମନ୍ତ ହାତର ମଞ୍ଜୁଆତିରେ ହଳଦିପତ୍ର ବାସ୍ନା,
ଶରତର ନୀଳ କଇଁ ପାଖୁଡ଼ାରେ ତରଳ ରୂପାର ଜ୍ୟୋସ୍ନା ।
ଫେରାର୍ ଫଗୁଣ ଫେରିବା ବାଟରେ ଯେଉଁଠି ପଡ଼ିଛି ବନ୍ଧା,
ଚତୁର୍ଦ୍ଦଶୀର ଜହ୍ନ ସେଇଠି ମୁଗ୍ଧୀ ଅଳକାନନ୍ଦା ।

ରାତି ଶୋଇଗଲେ ଦୀପ ଲିଭିଗଲେ ଜହ୍ନ ବଗିଚା ବୁକେ,
ଚତୁର୍ଦ୍ଦଶୀର କରୁଣ ଜହ୍ନ ତା'ର ଦିନଲିପି ଲେଖେ ।

ହାରିଯାଇଥିବା ଲୋକ

ଯଦି କେବେ ମତେ ମୁହାଣ ମୁହଁରୁ ଫେରିଆସିବାକୁ ହୁଏ,
କାନି ଗଣ୍ଠିରୁ ଫିଟିଯାଇ ଯଦି ମୁଁ ମାଛର ଆଁ ରେ ରହେ,
ଠିକ୍ ଠିକଣାରୁ ହଜିଯାଇ ହୁଏ ଭୁଲ୍ ଠିକଣାର ଚିଠି,
ସେଦିନ ଜାଣିବ ବାଜି ହାରିଥିବା ପଶାପାଲିର ମୁଁ ଗୋଟି।

ମୋ ଜନ୍ମ ମୋ ହାତରେ ନଥିଲା ମୋ ମୃତ୍ୟୁ ବି ନାହିଁ,
ଚଲାମେଘ ହୋଇ ଚାଲିଯାଉ ଯାଉ କାହା ଲାଗି ହେଲି ଛାଇ।
ହୁଏତ ଦିନେ ଏ ଛାଇର ଛତ୍ର ଅପସରି ଯାଇପାରେ,
ସେଦିନ ଜାଣିବ ମୁଁ ନାହିଁ ଆଉ ମୋ ନିଜ ଆୟତ୍ତରେ।

ଗୋଟିଏ ରାତିର ଆଳାପ ଲାଗି ମୁଁ ଦେଇଥିଲି ଦିନେ କଥା,
ଆଳାପ ଆଗରୁ ବିଳାପ ଶୁଭିଲା ଚରିଗଲା ନୀରବତା।
ଯଦି କାହା ଆଶା ଅକାଳରେ ହେଲା ମୋ ଲାଗି କୀଟଦ୍ରଷ୍ଟ,
ସେଦିନ ଜାଣିବ ମୁଁ ଆଉ ନାହିଁ ଆଗଭଳି ନୀତିନିଷ୍ଠ।

ହାରିଯାଇଥିବା ଲୋକର ନଥାଏ ଜିଇଁବା ମରିବା ଭେଦ,
ମାଟି ଉପରେ ତା' ଗୋଟିଏ ପାଦ ତ ଶୂନ୍ୟରେ ଆରପାଦ।

ସତ୍ୟ ପଟ୍ଟନାୟକ

ଆଜି ସନ୍ଧ୍ୟାର ସନେଟ୍

ତୁମେ ସ୍ପର୍ଦ୍ଧିତ ଚନ୍ଦନବନ ମୁଁ ଯେ ନିଛାଟିଆ ବଣମଲ୍ଲୀ
ତୁମେ ଆଶ୍ୱିନର ମୁଗ୍ଧ ମଳୟ ମୁଁ ଯେ ବୈଶାଖର ଚୋରାବାଲି
ତୁମେ ତ ସାଗର ସୁଦୂର ପ୍ରସାରୀ ମୁଁ ଯେ ଲହଡ଼ିର ଅଳ୍ପାୟୁଷ
ପିୟୂଷ ସମ ତୁମ ପ୍ରୀତି ପ୍ରିୟ: ଦଗ୍ଧ ପ୍ରାଣର ଅଭିଳାଷ।

ତୁମେ ସୂର୍ଯ୍ୟର ଅମ୍ଳାନ ଆଭା ମୁଁ ଯେ ଶରତର ଶେଷ ଜହ୍ନ
କେଉଁ ସ୍ୱପ୍ନର ନୀଳ ସରସୀରେ ଭିଜୁଥାଏ ଏଇ ତନୁ ମନ
ଭଗ୍ନ ହୋଇଛି ମଗ୍ନ ତପସ୍ୟା ବନ୍ଦୀ ହୋଇଛି ଯଉବନ
ସେଇ ନୟନର ତୀକ୍ଷ୍ଣ ତୀରରେ ଅଙ୍ଗେ ଅଙ୍ଗେ ମୋର ଶିହରଣ।

ତୁମେ ଶିଳ୍ପୀର ଶାଣିତ ନିହାଣ ମୁଁ ଯେ କୋଣାରକ ଚାରୁକଳା
ଦିବ୍ୟ ପଥର ଏକଲା ଯାତ୍ରୀ ମୁଁ, ପ୍ରେମ ମୋହର ପାନ୍ଥଶାଳା
ତୁମେ ତାଣ୍ଡବର ରୁଦ୍ରଝଙ୍କାର, ମୁଁ ଯେ ପ୍ରଭାତର ବେଦଧ୍ୱନି
ଜୀବନ ଯେଉଁଠି ଗ୍ରୀଷ୍ମ ପ୍ରବାହ ସ୍ପର୍ଶ ତୁମର ସଂଜୀବନୀ।

ଆଜି ସନ୍ଧ୍ୟାର ବିଭୋର ବିଜନେ ମତୁଆଲା ହୁଏ ଚଇତାଳି
ତୁମ ଶବ୍ଦରେ କରିଦିଅ ମୋତେ ଗୀତଗୋବିନ୍ଦର ପଦାବଳୀ।

ଏଇ ରାତିର ସନେଟ୍

ତୁମରି ଆଖିର କଜଳ ଧାରରୁ ଗା'ରେ କଜ୍ଜ୍ୱଳ ପାଇଁ
ଅମାନିଆ ଏଇ ରାତିଟା ଯେମିତି ଯାଇଛି ପାଗଳ ହୋଇ।
ମନରେ ଫୁଟିଛି ଅସୁମାରୀ ଫୁଲ ଅଭୁଲା ଏ ଅନୁଭବ
ଆଜି ଏ ରାତିର ରଙ୍ଗଶାଳାରେ ପ୍ରଣୟର ମହୋତ୍ସବ।

ତୁମେ ବସିଅଛ ଯୁଗ ଯୁଗ ଧରି ଆଶାର ପ୍ରଦୀପ ଜାଳି
ଜୀବନ ଖେଳୁଛି ତୁମ ସାଥେ କେତେ ମିଛିମିଛି ଲୁଚକାଳି।
ରାତି କରେ ତାକୁ ସ୍ୱପ୍ନ ବିଭୋର, ସ୍ୱପ୍ନ ଆଣଇ ମାୟା।
ଅନ୍ଧାର ଘେରା ଜୀବନରେ ଆଣେ ଇନ୍ଦ୍ରଧନୁର ଛାୟା।

ଯଉବନ ଯେବେ ପାରିଲାନି ଲେଖି ଜୀବନର ମଧୁଗୀତି
ଶତ ସୂର୍ଯ୍ୟର ଆଲୋକଠୁ ସତ ଅନ୍ଧାର ରାତିର ପ୍ରୀତି।
ଆଜି ଏ ରାତିର ପ୍ରଣୟ ବେଳାରେ ନିଶବ୍ଦ ଶଙ୍ଖ ଧ୍ୱନି
ଗାଇଯାଏ କେତେ କାନ୍ତ କୋମଳ ଅପେକ୍ଷାର ଆବାହନୀ।

ତୁମରି ଆଖିର କଜଳ ଧାର ଯେ ଲୁହରେ ଯାଇଛି ଧୋଇ
ପୂର୍ବରାଗର ଲୋହିତ କବରେ ରାତି ଯାଇଅଛି ଶୋଇ।

ଜୀବନର ସନେଟ୍

ଏ ପଟେ ଡାକୁଛି ଜୀବନର ଋତୁ ହାତରେ ଫଗୁଣ ଥାଳି
ମାୟା ମହଲରେ ଦୁଃଖ ପାଉଛି ରାଜକନ୍ୟା ଅଲିଅଳି ।
ତୁମେ ଖୋଜୁଅଛ ଶୀତଳ ସାନ୍ନିଧ୍ୟ ଧୂଆଁର କରୁଣ ସ୍ପର୍ଶ
ଜୀବନ ରଖିଛି ତୁମ ପାଇଁ କେତେ ଚଇତାଳି ମଧୁମାସ ।

ତୁମେ ଲୋଡୁଅଛ କଣ୍ଟକିତ ଛୁଆଁ ଅନ୍ଧାର ରାତିର ସୁର
ଜୀବନ ବସିଛି ଜହ୍ନ ଆଲୁଅରେ ହାତେ ଧରି ଫୁଲଶର ।
ତୁମେ ସଜାଉଛ ସାତଟି ରଙ୍ଗରେ ମରଣର ବାହାବେଦୀ
ଇନ୍ଦ୍ରଧନୁର ଉପତ୍ୟକାରେ ମୁଁ ତୁମକୁ ବସିଛି ଜଗି ।

ଦୁଃଖ ଅଟଇ ମାୟା ମରୀଚିକା ପଦ୍ମପତ୍ରରେ ପାଣି
ସତେ ଅବା କିଏ ସୀମନ୍ତିନୀର ସିନ୍ଦୂର ଦେଇଛି ବୁଣି ।
ଦର୍ପଣ ଦେହରେ ପରସ୍ତେ ଧୂଳିର ଉଜୁଡ଼ା ଅଭିସାର
ଜୀବନ ଆଣିଛି ଚନ୍ଦନବନରୁ ପ୍ରୀତି ଭରା ଉପହାର

ଯନ୍ତ୍ରଣା ଘେରା ରୁଦ୍ଧ କୋଠରୀ ନୁହେଁ କେବେ ତୁମ ପାଇଁ
ଖୋଲା ଆକାଶର ବିହଙ୍ଗୀ ଗୋ'ଯାଅ ଜୀବନର ଗୀତି ଗାଇ ।

ଜ୍ଞାନୀ ଦେବାଶିଷ ମିଶ୍ର

ସେତିକି ଥାଉ

ସବୁରି କଥାରେ ହିଁ ଭରିଭରି ଜୀବନ ପାଲଟିଗଲାଣି ଜାଉ
ତଥାପି ଜଳୁଚି ନିଆଁ ମୋ ପିଠିରେ, ସିଝିସାରିଲାଣି ସେତିକି ଥାଉ।
ଯେତିକି ବଢ଼ିଲା ଶୋଷର ଶିକୁଳି, ସେତିକି ଶୁଭିଲା ପାପ ପାଉଁଜି
ସେତିକିବେଳେ ତ ହାତ ଠାରିଦେଇ କହିଲେନି କେହି ସେତିକି ଥାଉ।

ମନ କି ଏମିତି ସହଜ ଦରବ, ସଭିଏଁ ବୁଝିବେ ମନକୁ ମୋର
ଯାହାକୁ କହିଲି ମନ ବୁଝିବାକୁ, କହିଲା - 'ସୁଆଗ ସେତିକି ଥାଉ'।
ଖରାରେ ଶୁଖେ ମୁଁ ବର୍ଷାରେ ବତୁରେ, ଶୀତଦିନେ ମୋର ଫୁଙ୍ଗୁଳା ଦେହ
ଦିନରାତି ମୁଁ ତ ବିଷରେ ପହଁରେ, କେହି ଡାକେ ନାହିଁ ସେତିକି ଥାଉ।

ସହରରେ ନିଆଁ, ଚାଳ ଘର ମୋର, କଖାରୁ ଡଙ୍କଟେ ଦଉଚି ଛାଇ
ଅମାର ଘରେ ମୋ ପ୍ରାପ୍ତି ପୁଳକ, ଜାଗା ନାହିଁ ଆଉ ସେତିକି ଥାଉ।

ପେଟେ ପୋଡା ତେଲ, ପିଠିର କଳାକୁ ଧରିଧରି ପୁଣି ଚାଲେ କରେଇ
ଛାତିକଳା ମୋର ପରସ୍ତ ପରସ୍ତ କେତେ ଛଡ଼େଇବ ସେତିକି ଥାଉ।

ପିଆଲାରେ ମୋର ବଳକା ରହିବ ଏକଥା ହଜମ ହେଉନି ଜମା
ଆଉ ଟୋପେ ଦିଅ, ମନ ନ ଭିଜିଲେ ଜ୍ଞାନୀ କହିବନି ସେତିକି ଥାଉ।

ହୀନଯାନ

ଘାଟରେ ଲାଗିନି ନାଆ, ନାଉରିଆ ମାଗୁଚି ପାଉଣା
ଭୋଗିଥିବା ସ୍ୱପ୍ନ ତ ମୁଁ ବର୍ଷେ ତଳୁ ବାଣ୍ଟିସାରିଲିଣି
ନୁଖୁରା ଭାଗ୍ୟରେ ମୋର, ତେଲ ନାହିଁ ପାନିଆ ବି ଭଙ୍ଗା
ଅବସୋସ ଏତିକି ଯେ, ଜୀବନ ବି ଶେଷ ଯାଏଁ ଖର୍ଚ୍ଚି ପାରିଲିନି।

କେତେ ବା ଆୟୁଷ ମୋର, ପଚାରୁଛ ପରିଚୟ ମତେ
କାହିଁକି ଖୋଜୁଛି ପୁଣି ଧାଡ଼ିମୁଣ୍ଡ ଶେଷଲୋକ ଭଳି
ଲୁଚିବାକୁ ଦିଅ ମତେ ସୁଷୁମ୍ନାରେ, ଶିରା-ପ୍ରଶିରାରେ
କିଏ ଜଣେ ଖୋଜୁଥାଉ ବୁଲିବୁଲି ଏ ଗଳି, ସେ ଗଳି।

ଯେତିକି ଉଚ୍ଚତା ଚଢ଼େ ସେତିକି ତ ରାତିରେ ଓହ୍ଲାଏ
ଯେତିକି ଲଙ୍ଗଳା ହୁଏ, ସେତିକି ତ ରତିକି ନିଅଣ୍ଟ
ମତେ କିଆଁ ପଚାରୁଚ ରାଜଧାନୀ କଟକ ଖବର
ମୁଁ ପରା ପାଶୋରିଦିଏ ଈଶ୍ୱରଙ୍କୁ ଦେଇଥିବା କଷ୍ଟ।

ଶୀତଳ ହଉ ଏ ମାଟି, ତାତୁ ମୋର ତାଳୁରୁ ତଳିପା'
ନାଚୁଥାଉ ନଗର ବାହାରେ ଡୋମ୍ବୀ, ଗୀତ ଗାଉ ଖିଆଲି କାହ୍ନୁପା।

ଘଟ

ଘଟ ଗଢ଼ି ବସେ ଯେବେ ଚକଟା କାଦୁଅ ଧରି କୁମ୍ଭାର ପ୍ରବର
ବଢ଼ି ଆସେ ଜୀବନରେ ନଇବଢ଼େ କୂଳଖାଏ ଭାଗ୍ୟ ଉଛୁଳାଏ ।
ପୁରୁଣା ଲାଗଇ ଯେବେ, ଜୀବନର ଗଳିକନ୍ଦି ମୋଡ଼ ଓ ବୁଲାଣି
ଶୋଷିଲା ଆଖିରେ କିଆଁ ଜିଇଁବାକୁ ନୂଆ ନୂଆ ସ୍ୱପ୍ନ ପିଛୁଳାଏ

ସତକୁ କରିଛି ମିଛି ନିୟତ ମୁଁ, ମିଛ ପୁଣି ପାଲଟିଛି ସତ
ଘଟିଥିଲା ଯାହା କେବେ ଜୀବନରେ ଆଜିଯାଏଁ ଘା' ହେଇ ଅଛି ।
ପାପନେଇ ଫିଙ୍ଗିଥିଲି ସମୁଦ୍ରର ତଟଠାରୁ ଯୋଜନେ ଦୂରରେ
ସମୁଦ୍ର ବି ଗତକାଲି ସେ ସବୁର ସୁଧମୂଳ ଫେରେଇ ଦେଇଛି ।

କାହାଠୁ ଉଧାର ନେଇ ଧାଡ଼ିଏ ମୁଁ, ଯାହା କେବେ ଲେଖିଦେଇଥିଲି
ପୂରଣ ହେଲାନି ପଦ, ବରଗଛ ଓହଳରେ ଝୁଲୁଛି ବାର୍ଦ୍ଧକ୍ୟ,
କାହାକୁ ଉଧାର ଦେଇ ଡେଣା ମୋର, ଯେତିକି ବା ସ୍ୱପ୍ନ ଉଡ଼ିଥିଲି
ସମ୍ବଳ ସେତିକି ମୋର, ଭାଗଶେଷ ଘରେ ଖାଲି ଅଭାବ ଓ ଭୋକ ।

ଘଟ ଦେହେ ନିତିନିତି ନୂଆକଥା ଏଇମିତି ଘଟି ଚାଲିଥାଏ
ଏ ଦେହରେ ଉତ୍ତେଜନା ତଥାପି ବି ଢେଉ ଖେଳେ, କଡ଼ ଲେଉଟାଏ ।

ସୌମ୍ୟ ସାରସ୍ୱତ ଦାଶ

ଚାଲ ଆମେ

ଚାଲ ଆମେ ଚୁମିଯିବା ପରସ୍ପର ଆଖିର ଇଚ୍ଛାକୁ,
ମୁଁ ଛୁଇଁ ଆସିବି ତୁମ ଓଠ ତଳ କୁନି କଳାଜାଇ,
ପାଦତଳେ ପାରିଦେବ, ପ୍ରତିଶ୍ରୁତି ପ୍ରୀତି ଗାଲିଚାକୁ,
ମୁଁ ତୋଳି ଆଣିବି ଗୋଟେ ତାରାଫୁଲ ତୁମ ତୁନି ପାଇଁ।

ତୁମେ ଟିକେ ନୂଆ ହେବ, ନାଇଦେଇ ନହୁଲି ହଳଦୀ,
ମୁଁ ଆଙ୍କିବସିବି ଆହା, ଚିତ୍ର ତୁମ କୁଙ୍କୁମ ଟୋପାର,
ବସନ୍ତ ବାସ୍ନାକୁ ଭୁଲି ବିଞ୍ଚିହେବ ବର୍ଷାଟୋପା ଯଦି,
ମୋ ଛୁଆଁର ଚିହ୍ନା ଚିହ୍ନ, ଓଦାଓଦା ଓଠେ ଖୋଜିପାର।

ମୁଁ ଧୋଇବି ଦୁଃଖ ତୁମ ଆଞ୍ଜୁଳାଏ ଆଖିର ପାଣିରେ,
ଗଳାରେ ଲମ୍ବେଇଦେବି, ଲାଜକୁରି ହସଫୁଲ ହାର,
ମୁଁ ଯଦି ବାଛିବି ବାସ୍ନା, ବାରମ୍ବାର ବାସନ୍ତୀ ବେଣୀରେ,
କାଗଜ ଫୁଲକୁ ତୁମେ କାଉଁରୀରେ କରବୀର କର।

ଅନ୍ଧାର ଏବେବି ଅଛି, ରଙ୍ଗ ଅଛି ରଂଗଣି ରାତିରେ,
ତୁମେ ଆଉ ମୁଁ ଚାଲ ମିଶିଯିବା 'ଆମେ' ର ଛାତିରେ।

ଶେଷଦ୍ୱାର

ମୋତେ ଜମା ମାଗ ନାହିଁ ସଜଫୁଲ, ସୁନାର ଶଗଡ଼,
ଶେଷନିଦ୍ରା ସାରିବାକୁ ସଜାଉଛି କାଠର ଏ ଶେଯ,
ଯାମିନୀ ହେଉ କି ଦିନ, ଜାଳିଦେବି କ୍ଳାନ୍ତ ଯୂଣ ହାଡ଼,
ତେଣୁ ତା ଆଗରୁ ତୁମେ, ପାପପୁଣ୍ୟ ପାପୁଲିରେ ଖୋଜ ...

ଅଫେରା ବାଟର ବାକ୍ୟ, ଦୁଇ ଧାଡ଼ି ଦୁଇ ନାଆଁ ସତ୍ୟ,
ଖଇ କଉଡ଼ିର ଖେଳ, ଖେଳିଛି ଯେ ଫେରିଛି କେଉଁଠି ?
ପାରିହୋଇ ପରିବାର, ସାରିଦେଇ ଅୟୁତ ଅପତ୍ୟ,
ଆସିଲେ ହିଁ ମିଶିଯିବ, ରକ୍ତ ମାଂସ ପଞ୍ଜରାର କାଠି ....

ଅଙ୍ଗସାରା ବୋଳିଦେବି, ଅଙ୍ଗାର ବି ବିଦଗ୍ଧ ବିଭୂତି,
ନିଆଁ ଏଠି ନୂଆ ନୂଆ, ଧୂଆଁ ସବୁ ଧବଳ ଧବଳ,
କାୟାର ମାୟାରେ ଯଦି କାନ୍ଦେ ବି ଏ କମନୀୟ ରାତି,
ଭୋର୍ ଗୋଟେ ଭାଙ୍ଗିଗଲେ, ପଡ଼ିରହେ ପାଉଁଶ କେବଳ ..

ଦିଅ ନାଆଁ ଖାନନଗର, ସୁକୁମାରୀ ସତୀର ଚଉରା,
ଶେଷଦ୍ୱାରେ ଶୋଷ ଶେଷ, ସତ୍ୟ ଏଠି ଦଉଚି ପହରା ...

ଜହ୍ନ ରାତିର ଚିଠି

ଆଜି ମୁଁ ଆଙ୍କୁଛି ଆହା ଇତିଚିତ୍ର ଅୟୁତ ଅଶ୍ରୁରେ
ମୋ ଲୁହରେ ଲିପିବଦ୍ଧ, ସୁଧାଶବ୍ଦ ଶୋଣିତରେ ସଜା,
ଆଜି ରୁଷେ ରାତିଗନ୍ଧା, ରତ୍ନ ବିନା ବାସେ ବିରହରେ,
ପ୍ରୀତିପଦ୍ମା ପ୍ରତି ଗୀତ, ପ୍ରତି ପଦ ପୟୋଧାରେ ଭିଜା ...

ଶ୍ରାବଣର ସିକ୍ତ ସଞ୍ଜ ଗୀତ ଗାଏ ଗୋଧୂଳି ଲଗ୍ନରେ,
ଶବ୍ଦରେ ଶବ୍ଦରେ ଶୁଭେ ସାତ ଗୋଟି ସୁରଙ୍କ ସିତ୍କାର,
ନିଶା ସିନା ଚାହେଁ ନିତି ନିଦ ଭରୁ ନତ ନୟନରେ,
ହେଲେ ଏ ଜହ୍ନର ଜ୍ୟୋତ୍ସ୍ନା ଦେହେ ଆଣେ ପ୍ରୀତିର ଜୁଆର ...

ଚତୁର୍ଦ୍ଦଶୀ ଚନ୍ଦ୍ର ପାଇଁ ଲେଖୁଛି ମୁଁ ଚଇତି ଚିଟାଉ,
ସେ ଜହ୍ନ ଜୋଛନା ପାଇଁ ଶବ୍ଦ ରାଜି ଥାଉ କି ନଥାଉ,
ଏ ରାକା ରଜନୀ ପାଇଁ ଶବ୍ଦରାଜି ଥାଉ କି ନଥାଉ,
ମୁଁ ଗୁନ୍ଥୁଛି, ଗୁନ୍ଥୁଥିବି ଚୋରାଶବ୍ଦେ ପ୍ରୀତିଫୁଲ ହାର ...

ଚନ୍ଦ୍ରାବଳୀ ! ଚକୋର ମୁଁ, ଚାହିଁଥିଲି ଚିବୁକରେ ଚୁମା,
ତୁମେ ଦେଲ ଲୁହ ଲହୁ, ଅମାବାସ୍ୟା ରାତ୍ରିର କାଳିମା ...

ସୂର୍ଯ୍ୟସ୍ନାତ ତ୍ରିପାଠୀ

ସନେଟ୍ (୧)

ଓଳି ତଳେ, ପାହାଚ ପାଖରେ, ନୀଳ ନୀଳ ପାଦ ହଳେ ଦିଶେ
ଯିଏ ଦିନେ ମନ ପୋଡ଼ିଥିଲା, ସେ ମେଘର ରଙ୍ଗ ପିନ୍ଧି ଆସେ
ଭାଙ୍ଗିଛି ହାତରୁ ପଡ଼ି ଦର୍ପଣ ସକାଳେ, ରକ୍ତ ରଙ୍ଗ ଆଖି
ଭୟରେ ସେ ଚେତା ହାରିବ କି, ମୋ ଛାଇରେ ନିଜ ମୁହଁ ଦେଖି !

ଉତୁରିଛି କୋହ, ନରମ ଆଞ୍ଚରେ ଆଜି କୁହୁଳେ ମରମ
ବିନ୍ଦୁ ବିନ୍ଦୁ ତରଳୁଛି ଦେଖ, ଦେହ ମୋର, ସତେ କି ମହମ
ଭାଙ୍ଗୁଛି ଲାଜର ବନ୍ଧ, ମିଛ ଲାଗେ ସବୁ ସରହଦ ମତେ
କେବେ ତ ନଥିଲା ପିଯ, ନିଆଁ ଧାସ ମୋ ଆଖିକୁ ଏତେ !

ଝରାଫୁଲ ବାସ୍ନା ପିନ୍ଧି ମୋ ଅଗଣାରୁ ଉଡ଼େ ପ୍ରଜାପତି
ଦରମେଲା ଦରଜାରେ ମୋର, ଗୀତ ଗାଏ ଅଦିନ ଚଇତି
ପବନରେ ମିଶିଛି କି ଭାଙ୍ଗ, ପୃଥିବୀ ମୋ ନିଃଶ୍ୱାସରେ ନାଚେ
ସତେ ଆଜି ଦଂଶିବ କି ମୃତ୍ୟୁ, ଜୀବନ ବି ଶେଷ ରାସ ରଚେ !

ଆସ, ପ୍ରିୟ ଆଗନ୍ତୁକ ମୋର, ଦରଜା ମୋ ଭାଙ୍ଗିଦେଇ ଆସ
ତୁମେ ହିଁ ସେ ଅନ୍ତିମ ଅତିଥି, ଯା'ଲାଗି ମୁଁ ଭୋଗିଛି ବିଶ୍ୱାସ ।

ସନେଟ୍(୪)

ଖୋଜିଲା ଖୋଜିଲା ହଳେ ଆଖି, ଛଳଛଳ ବିନ୍ଦୁଏ ପାଣିରେ
ଦେହକୁ ମୋ ତନଖି ଦେଖୁଚି, ସତେ ମାଛରଙ୍କାର ଠାଣିରେ
ତୁମେ ବି ତ ଫେରିନ ଏଯାଏଁ, ଏଇ ମାତ୍ର କହିଗଲା ଶାରୀ
କାହା ପାଇଁ ଲାଜ ଘାରେ ମତେ, ତୁମକୁ ତ କେହି ନୁହେଁ ସରି।

ଲୁଚି ଲୁଚି ଝରକା ଫାଙ୍କରୁ, ଫିଙ୍ଗୁଛି ସେ ଚାହାଣୀର ଧାସ
ଛାଇ ତା'ର ମୋ ଘର କାନ୍ଥରେ, ସତେ କଳାକୁହୁକର ଫାଶ
ରହି ରହି ବଂଶୀ ବଜାଏ ସେ ଡାକେ ମତେ ପଞ୍ଚମ ତାନରେ
ମୋ ନିଦୁଆ ଆଖିର ହସକୁ, ଛୁଇଁ ଦିଏ ଧୀରେ ନିଃଶ୍ୱାସରେ

ଆସେ ନାହିଁ କେବେ ବେଳବୁଡ଼େ, ଲୋଡ଼େନାହିଁ ଚାହା ଓ ଚୁମ୍ବନ
ଡାକେ ନାହିଁ ଆମ୍ବ ବଗିଚାକୁ, ବୋଳେ ନାହିଁ ଛାତିରେ ଚନ୍ଦନ
ଆଙ୍କେ ନାହିଁ ପାନପତ୍ର ଓଦା ଆଖି ଧାରେ, ଗଜଲ ଗାଏନି
ଧାଡ଼ି ଧାଡ଼ି ପ୍ରେମ କବିତାକୁ, ପାଳି କରି ଓଠରେ ନାଏନି।

ତଥାପି ସେ ତୁମ ଭଳି ଅପହଞ୍ଚ ରହେ, ଦହଗଞ୍ଜ କରେ
ତଥାପି ସେ ତୁମ ଭଳି ଆଖିରେ ଆଖିରେ, ଫୁଲଶର ମାରେ।

ସନେଟ୍ (୬)

ଦୂରକୁ, ଦୂରକୁ ଦେଖ ! ହଁ, ଦୂରଠୁ ଆହୁରି ଦୂରକୁ
ଦିଶିବ ଦେଶ ଓ ଦିଗନ୍ତ, ଦୁହିଁଙ୍କ ଧୂସର ଲଲାଟ
ଦିଶିବେ ଭୋକିଲା ଫଉଜ, ବାଟ ଖୋଜୁଥିବେ ଘରକୁ
ଦିଶିବ ମାଟିର ମୁହଁରେ, ମଳିନ ହସର ମଲାଟ ।

ଦୂରକୁ, ଦୂରକୁ ଦେଖ ! ହଁ, ଦୂରଠୁ ଆହୁରି ଦୂରକୁ
ଦିଶିବେ ନିରୀହ କପୋତ, ଖୁମ୍ପୁଥିବେ ଧୂଆଁ ଧାରକୁ
ଦିଶିବ ଦି'ପାଦ ମାଟିରେ, ଦସ୍ତଖତ ବଡ଼ ଦାରୁଣ
ଫୁଲଠୁ ନରମ ହାତରେ, ନିଠୁର ନିଆଁର ନିହାଣ !

ଦୂରକୁ, ଦୂରକୁ ଦେଖ ! ହଁ, ଦୂରଠୁ ଆହୁରି ଦୂରକୁ
ଦେଖିବ ଦି'ହାତ ଲୁଗାରେ, ଦରଜି ଲୁଚାଏ ଡରକୁ
ଲୁଣର ଦଲାଲ୍ ଦିଶିବେ, କୋରି ଖାଉଥିବେ ଛାତିକୁ
ଦିନରେ ସପନ ବେପାର, ନିଦର ନିଲାମ୍ ରାତିକୁ !

ଦୂରକୁ ଦେଖ ହେ ଦାୟାଦ ! ଦୂରଠୁ ଆହୁରି ଦୂରକୁ
ଦିଶିବ ଦୁଃଖର ଦେହୁଡ଼ି ! ଦିଶିବ ଦରଦୀ ଆଖିକୁ !

ଲେଖକ ପରିଚୟ

ଭକ୍ତକବି ମଧୁସୂଦନ ରାଓ - (୧୮୫୩-୧୯୧୨)

ବ୍ରାହ୍ମଧର୍ମାବଲମ୍ବୀ କବି ମଧୁସୂଦନ ରାଓ ଓଡ଼ିଆସାହିତ୍ୟର ନବଜାଗରଣ ଚେତନାର ଅନୁପମ ରୂପକାର। ଓଡ଼ିଆକବିତା ରଚନାର ପ୍ରାଚୀନ ଧାରା ପରିବର୍ତ୍ତନ କରି ନୂତନତ୍ୱର ଆବାହନୀ ପାଠ କରିବାରେ ମଧୁସୂଦନ ନିର୍ଣ୍ଣାୟକ ଭୂମିକା ଗ୍ରହଣ କରିଥିଲେ। 'କୁସୁମାଞ୍ଜଳି', 'ବସନ୍ତଗାଥା', 'ଛାନ୍ଦମାଳା', 'ସଙ୍ଗୀତମାଳା' ଆଦି କବିତା ସଂକଳନ ମାଧ୍ୟମରେ ସେ ନୂତନ ଆଙ୍ଗିକ ଓ ଆତ୍ମିକ ବିଭବ ପ୍ରଦାନ କରି ଓଡ଼ିଆ କବିତା ଧାରାକୁ ବୈଭବାନ୍ୱିତ କରିଥିଲେ।

ସାଧୁଚରଣ ରାୟ- (୧୮୬୦-୧୮୯୭)

ସାଧନା, ତ୍ୟାଗ ଓ ଆତ୍ମୋନ୍ନତି ଭାବନା ସାଧୁଚରଣଙ୍କୁ ସାଧାରଣ ଅବସ୍ଥାରୁ ଉଚ୍ଚସୋପାନର ଅଧିକାରୀ କରିଥିଲା। ଉତ୍କଳ ବ୍ରାହ୍ମସମାଜର ଆଚାର୍ଯ୍ୟ ଭକ୍ତକବି ମଧୁସୂଦନ ରାଓଙ୍କ ନିକଟରୁ ସେ ବ୍ରାହ୍ମଧର୍ମ ଗ୍ରହଣ କରିଥିଲେ। ମୁଖ୍ୟତଃ ସେ ଭାବନାତ୍ମକ ଗୀତିକବିତାର କବି। 'ଭାବକୁସୁମ', 'ଭାବନା' ଓ 'ସାଧନା' ତାଙ୍କର ପ୍ରକାଶିତ କବିତା ସଂକଳନ ଯେଉଁଥିରେ କବିଙ୍କର ଜୀବନ୍ତ ଧର୍ମବିଶ୍ୱାସ, ଗଭୀର ବୈରାଗ୍ୟ, ଉଜ୍ଜ୍ୱଳ ବିଶ୍ୱାସ ଓ ଉଚ୍ଚାଙ୍ଗ କବିତ୍ୱଶକ୍ତିର ନିଦର୍ଶନ ସ୍ପଷ୍ଟ ପ୍ରତିଭାତ।

ବ୍ୟାସକବି ଫକୀରମୋହନ ସେନାପତି (୧୮୪୩-୧୯୧୮)

ଭାଷା, ସାହିତ୍ୟ ଓ ଓଡ଼ିଆର ଆତ୍ମପ୍ରତିଷ୍ଠା କ୍ଷେତ୍ରରେ ସେନାପତି ସମ ଜାତୀୟ କର୍ତ୍ତବ୍ୟ ନିର୍ବାହ କରିଥିଲେ ସଂକ୍ରାନ୍ତିପୁରୁଷ ବ୍ୟାସକବି ଫକୀରମୋହନ। ଓଡ଼ିଆ କଥା ସାହିତ୍ୟର ମୁକୁଟ ବିହୀନ ସମ୍ରାଟ କବି ଫକୀରମୋହନ 'ପୁଷ୍ପମାଳା', 'ଉପହାର', 'ଅବସର ବାସରେ', 'ଧୂଳି' ଆଦି କବିତାସଂକଳନ ମଧ୍ୟରେ ସ୍ୱୀୟ କାବ୍ୟିକ ଚାତୁର୍ଯ୍ୟର ଯଥାର୍ଥ ପରିପ୍ରକାଶ ନିମନ୍ତେ ସମର୍ଥ ହୋଇପାରିଛନ୍ତି।

ସ୍ୱଭାବକବି ଗଙ୍ଗାଧର ମେହେର (୧୮୬୨-୧୯୨୪)

ସ୍ୱଭାବକବି ଗଙ୍ଗାଧରଙ୍କ କାବ୍ୟଧାରା ପବିତ୍ର ଜାହ୍ନବୀ ସମ ପବିତ୍ର ତଥା ଅମୃତପ୍ରଦାୟିନୀ। 'ରସରତ୍ନାକର', 'ଅହଲ୍ୟାସ୍ତବ', 'ଇନ୍ଦୁମତୀ', 'ଉତ୍କଳଲକ୍ଷ୍ମୀ', 'କୀଚକ ବଧ', 'ଅଯୋଧ୍ୟା ଦୃଶ୍ୟ', 'ପଦ୍ମିନୀ', 'ପ୍ରଣୟବଲ୍ଲରୀ', 'ତପସ୍ୱିନୀ' ଆଦି କାବ୍ୟର କବି ଗଙ୍ଗାଧର କବିତାର ପରିଧି ମଧ୍ୟରେ ମଧ୍ୟ ସ୍ୱୀୟ ଶକ୍ତି ତଥା ପାରଦର୍ଶିତା, ପ୍ରଦର୍ଶନ କରିପାରିଛନ୍ତି। 'ଅର୍ଘ୍ୟଥାଳି', 'କବିତା କଲ୍ଲୋଳ', 'କବିତା ମାଳା', 'ମହିମା' ଓ 'ଭାରତୀ ଭାବନା' ଆଦି କବିତା ସଙ୍କଳନ ମଧ୍ୟରେ କବିଙ୍କ ଭକ୍ତିଭାବ, ପ୍ରକୃତିପ୍ରୀତି, ଜାତିପ୍ରେମ ଓ ସଂସ୍କୃତିବୋଧର ବିବିଧ ଆଲେଖ୍ୟ ପରିଦୃଷ୍ଟ।

ପଲ୍ଲୀକବି ନନ୍ଦକିଶୋର ବଳ (୧୮୭୫-୧୯୨୮)

ଓଡ଼ିଆ-ସାହିତ୍ୟର ଇତିହାସରେ ନନ୍ଦକିଶୋର ଏକ ବହୁମୁଖୀ ପ୍ରତିଭା। ଏକାଧାରରେ ସେ ଥିଲେ କବି, ଔପନ୍ୟାସିକ ଓ ସମାଲୋଚକ। ଗ୍ରାମ୍ୟଜୀବନର ଚାରୁଚିତ୍ର ଅଙ୍କନରେ ତାଙ୍କର କବିତ୍ୱ ସମର୍ପିତ ହୋଇଥିବାରୁ, ତାଙ୍କୁ ପଲ୍ଲୀକବିର ମାନ୍ୟତା ପ୍ରଦାନ କରାଯାଇଛି। 'ପଲ୍ଲୀଚିତ୍ର', 'ଚାରୁଚିତ୍ର', 'ନିର୍ମାଲ୍ୟ', 'ତରଙ୍ଗିଣୀ', 'ଜନ୍ମଭୂମି' ଆଦି କବିତା ସଙ୍କଳନ ତଥା 'ଶର୍ମିଷ୍ଠା', 'କୃଷ୍ଣକୁମାରୀ' ସଦୃଶ ଅନୁପମ କାବ୍ୟର ସେ ସ୍ରଷ୍ଟା।

କବିଶେଖର ଚିନ୍ତାମଣି ମହାନ୍ତି (୧୮୬୭-୧୯୪୩)

ଏକାଧାରରେ ଜଣେ କବି, ସଂପାଦକ ଓ ଔପନ୍ୟାସିକ ରୂପେ ଚିନ୍ତାମଣି ମହାନ୍ତିଙ୍କର ବହୁମୁଖୀ ପ୍ରତିଭାର ବର୍ଣ୍ଣାଢ୍ୟ ବିଭା ଅଭିନନ୍ଦନୀୟ। ତାଙ୍କ ମହନୀୟ କବିତ୍ୱର ସ୍ୱୀକୃତି ସ୍ୱରୂପ ଆନ୍ଧ୍ର ବିଶ୍ୱବିଦ୍ୟାଳୟ ତରଫରୁ ତାଙ୍କୁ କବିଶେଖର ଉପାଧିରେ ବିଭୂଷିତ କରାଯାଇଥିଲା। 'ଘୁମୁସର କାବ୍ୟ', 'ମହୋଦଧି', 'ମହେନ୍ଦ୍ର', 'ସିଂହରାଜ', 'ଉତ୍କଳକମଳା', 'ମେଘାସନ', 'ସାଳନ୍ଦୀ', 'ଧରାକୋଟ ଦର୍ଶନ', 'କଙ୍କଲତା', 'ସପ୍ତରଥୀ', ଓ 'ଭାରତ ଭାବନା' ଆଦି କାବ୍ୟକବିତାର ସେ ସ୍ମରଣୀୟ ସ୍ରଷ୍ଟା।

ଉତ୍କଳମଣି ଗୋପବନ୍ଧୁ ଦାସ (୧୮୭୭-୧୯୨୮)

ଆଧୁନିକ ଉତ୍କଳର କର୍ଣ୍ଣଧାର ଓ ପ୍ରାଣପ୍ରତିଷ୍ଠାତା ପଣ୍ଡିତ ଗୋପବନ୍ଧୁ ଦାସଙ୍କ କବିତ୍ୱଶକ୍ତି ଅକଳନୀୟ। ଗଣଜୀବନର ଆଦର୍ଶ ପ୍ରତିନିଧି ରୂପେ ଓଡ଼ିଶା ପ୍ରଦେଶର ସେବା ଥିଲା ତାଙ୍କ ଜୀବନର ଚରମ ସଂକଳ୍ପ ଓ ପବିତ୍ର ବ୍ରତ। 'ଧର୍ମପଦ', 'ବନ୍ଦୀର ଆତ୍ମକଥା', 'କାରାକବିତା', 'ନଚିକେତା ଉପାଖ୍ୟାନ', 'ଗୋ-ମାହାତ୍ମ୍ୟ', 'ଅବକାଶ ଚିନ୍ତା' ପ୍ରକୃତି ଉତ୍କୃଷ୍ଟ କାବ୍ୟକବିତାର ସେ ଯୋଗ୍ୟତମ ପ୍ରଣେତା।

କାନ୍ତକବି ଲକ୍ଷ୍ମୀକାନ୍ତ ମହାପାତ୍ର (୧୮୮୮-୧୯୫୩)

ଓଡ଼ିଶା ପ୍ରଦେଶର ଜାତୀୟ ସଙ୍ଗୀତ 'ବନ୍ଦେ ଉତ୍କଳ ଜନନୀ' ର ପ୍ରାତଃସ୍ମରଣୀୟ କବି ଲକ୍ଷ୍ମୀଧର ଗଦ୍ୟ,ପଦ୍ୟ, ନାଟକ, ଶିଶୁସାହିତ୍ୟ ପ୍ରତ୍ୟେକ କ୍ଷେତ୍ରରେ ଲେଖନୀ ଚାଳନା କରି ସ୍ୱପ୍ରତିଭାର ପାଦଚିହ୍ନ ଅଙ୍କନ କରିପାରିଛନ୍ତି। 'କାନ୍ତ ସାହିତ୍ୟମାଳା' ତାଙ୍କ ସୁବିପୁଳ ସୃଷ୍ଟିର କମନୀୟ ଭଣ୍ଡାର। 'ଜୀବନ ସଙ୍ଗୀତ', 'ଜାତୀୟ ସଙ୍ଗୀତ', 'ଚହଟ ଚନ୍ଦ୍ରହାସ ଚମ୍ପୂ' ଆଦିର ସେ କୃତବିଦ୍ୟ ସ୍ରଷ୍ଟା।

ପଦ୍ମଚରଣ ପଟ୍ଟନାୟକ (୧୮୮୫-୧୯୫୬)

କବି ପଦ୍ମଚରଣ ଓଡ଼ିଆ ଗୀତିକବିତାରେ ଅତି ସଚେତନ ଭାବରେ ଜାତୀୟ ଚେତନା ସହ ବ୍ୟକ୍ତିଧର୍ମୀ ରୋମାଣ୍ଟିକ୍ ଚେତନାର ସମନ୍ୱୟ ଆଣିପାରିଥିଲେ। 'ଧଉଳିପାହାଡ଼' ଓ 'ଖୋରାଧ ପ୍ରଥମ ଦର୍ଶନେ' ସଦୃଶ ଜାତୀୟତାବାଦୀ କବିତା ରଚନା କରିବା ସଙ୍ଗେ ସଙ୍ଗେ 'ପ୍ରୀତିସ୍ମୃତି', 'ବିଜୟିନୀ', 'ରୂପସୀ', 'ଲୋହିତ ଗୋଲାପ' ସଦୃଶ ପ୍ରେମ ଓ ପ୍ରଣୟଧର୍ମୀ କବିତା ତାଙ୍କ କବିତ୍ୱ ଶକ୍ତିର ଯଥାର୍ଥ ନିଦର୍ଶନ। 'ପଦ୍ମପାଖୁଡ଼ା', 'ଗୋଲାପଗୁଚ୍ଛ', 'ଆଶା ମଞ୍ଜରୀ' ଏବଂ 'ସୂର୍ଯ୍ୟମୁଖୀ' କବିତାଗ୍ରନ୍ଥ ତାଙ୍କର କାବ୍ୟସାଧନାର ଉଜ୍ଜ୍ୱଳ ସ୍ୱାକ୍ଷର।

କୁନ୍ତଳା କୁମାରୀ ସାବତ (୧୯୦୦-୧୯୩୮)

କ୍ଷୀଣଜନ୍ମା କୁନ୍ତଳା କୁମାରୀ ଓଡ଼ିଆ କବିତା ଉଦ୍ୟାନର ସହାସ୍ୟ ଶେଫାଳି। ଓଡ଼ିଆ ସାରସ୍ୱତ ଭଣ୍ଡାରକୁ ନିଜସ୍ୱ ସାଧନା ଓ ଐଶ୍ୱରୀୟ ଚେତନାରେ ପୂର୍ଣ୍ଣ କରିବାରେ ସଫଳ ହୋଇଛନ୍ତି କବୟିତ୍ରୀ। ଡାକ୍ତରୀ ବିଦ୍ୟାଧ୍ୟୟନ ଏବଂ ଦିଲ୍ଲୀ ସହରରେ ବୃତ୍ତିଗତ ଅବସ୍ଥାନ ସତ୍ତ୍ୱେ ଓଡ଼ିଆ ସାହିତ୍ୟର ଇତିହାସରେ ଏହି ବିଦୁଷୀ ନିଜର ସ୍ୱତନ୍ତ୍ର ପରିଚୟ ସୃଷ୍ଟି କରିପାରିଛନ୍ତି। ହିନ୍ଦୀ ଭାଷାରେ ମଧ୍ୟ ତାଙ୍କ ରଚିତ କବିତା ବିଭିନ୍ନ ପତ୍ରପତ୍ରିକାରେ ପ୍ରକାଶିତ। 'ସ୍ଫୁଲିଙ୍ଗ', 'ଅଞ୍ଜଳି', 'ଅର୍ଚ୍ଚନା', 'ଉଚ୍ଛ୍ୱାସ', 'ପ୍ରେମ ଚିନ୍ତାମଣି' ଆଦି କବିତା ସଙ୍କଳନ ପ୍ରେମ, ଜାତୀୟତାବୋଧ, ପ୍ରକୃତିପ୍ରୀତି ଓ ମୁକ୍ତିର ମହାମନ୍ତ୍ରରେ ଅଭିଷିକ୍ତ ହୋଇଥିବା ପରି ମନେହୁଏ।

କବି ଗୋଦାବରୀଶ ମହାପାତ୍ର (୧୮୯୮-୧୯୬୫)

ସାରସ୍ୱତ ସାଧନାର ଆଦ୍ୟନୈବେଦ୍ୟ ସ୍ୱରୂପ ୧୯୧୮ ମସିହାରେ ପ୍ରକାଶିତ ହୁଏ ତାଙ୍କର ପ୍ରଥମ କବିତା ସଙ୍କଳନ 'ପ୍ରଭାତ କୁସୁମ', 'ଉଠକଙ୍କାଳ' ର କବି, 'ନୀଳମାଷ୍ଟ୍ରାଣୀ' ର ଗାଳ୍ପିକ, 'ବିଦ୍ରୋହ' ର ଔପନ୍ୟାସିକ ଏବଂ 'ନିଆଁଖୁଣ୍ଟ' ର ସମ୍ପାଦକ ରୂପେ ତାଙ୍କ ପ୍ରତିଭାର ତେଜ ମଧ୍ୟାହ୍ନକାଳୀନ ସୂର୍ଯ୍ୟସମ ଦେଦୀପ୍ୟମାନ। 'ବାଣପୁର', 'ପ୍ରଭାତକୁସୁମ', 'ଆତ୍ମବଳି', 'ଯେ ଫୁଲ ଫୁଟିଥିଲା', 'ବଙ୍କା ଓ ସିଧା', 'କଣ୍ଟା ଓ ଫୁଲ' ଆଦି କବିତା ସଙ୍କଳନ ତାଙ୍କ ଅମ୍ଳାନକବିତ୍ୱର ପ୍ରମାଣ ବହନ କରନ୍ତି।

ଅନ୍ନଦା ଶଙ୍କର ରାୟ (୧୯୦୪-୨୦୦୨)

ଓଡ଼ିଆସାହିତ୍ୟରେ ଆରମ୍ଭ ହୋଇଥିବା ସବୁଜ ସାହିତ୍ୟ ଧାରାରେ ଅନ୍ୟତମ କର୍ଣ୍ଣଧାର। ବଙ୍ଗଳା ସାହିତ୍ୟରେ ବିପୁଳ ସୃଷ୍ଟି ରଚନା କରି ଅକ୍ଷୟକୀର୍ତ୍ତି ରଚନା କରିଥିବା ଏହି ପ୍ରତିଭାଧର ସାହିତ୍ୟିକ ଯୌବନାବସ୍ଥାରେ ମାତ୍ର ପାଞ୍ଚ-ଛଅବର୍ଷ ଓଡ଼ିଆ ସାହିତ୍ୟ ନିମନ୍ତେ ଉତ୍ସର୍ଗ କରିଛନ୍ତି। ତାଙ୍କର ସୃଷ୍ଟିର ପରିମାଣ ସ୍ୱଳ୍ପ ହେଲେ ହେଁ, ଗୁଣାତ୍ମକ ଉତ୍କର୍ଷ ହେତୁ ଓଡ଼ିଆ କବିତାୟନରୁ ତାଙ୍କର ବିଦାୟ ସମ୍ଭବ ହୋଇନାହିଁ।

କାଳିନ୍ଦୀଚରଣ ପାଣିଗ୍ରାହୀ (୧୯୦୧-୧୯୯୧)

ସବୁଜ ଆନ୍ଦୋଳନର ଜଣେ ପ୍ରଭାବଶାଳୀ ଓ ଯଶସ୍ୱୀ ଲେଖକ ରୂପେ ପରିଚିତ। କବିତା, ଉପନ୍ୟାସ, ପ୍ରବନ୍ଧ, ଗଳ୍ପ, ସମାଲୋଚନା, ନାଟକ ଆଦି ସାହିତ୍ୟର ପ୍ରତ୍ୟେକ କ୍ଷେତ୍ରରେ ଲେଖନୀ ଚାଳନା କରି ଉଜ୍ଜ୍ୱଳ ସ୍ୱାକ୍ଷର ପ୍ରଦାନ କରିଛନ୍ତି ଏହି ସର୍ଜନଶୀଳ ସୁପୁରୁଷ। 'ଛୁରୀଟିଏ ଲୋଡ଼ା', 'ମନେ ନାହିଁ', 'ମହାଦୀପ', 'କ୍ଷଣିକ ସତ୍ୟ' ଓ 'ମୋ କବିତା' ଆଦି କବିତା ସଂକଳନ ମଧ୍ୟରେ ମାନବବାଦ, ପଲ୍ଲୀପ୍ରାଣତା, ସୌନ୍ଦର୍ଯ୍ୟପ୍ରୀତି ଓ ପ୍ରଗତିଶୀଳ ଚିନ୍ତାଧାରା ପ୍ରତିଫଳିତ।

ବୈକୁଣ୍ଠନାଥ ପଟ୍ଟନାୟକ (୧୯୦୪-୧୯୭୯)

ପ୍ରେମ, ପ୍ରଣୟ, ସଂବେଗ ଓ ଉଦ୍ଦୀପନାର ମାର୍ମିକ ରୂପକାର କବି ପଟ୍ଟନାୟକ ପରବର୍ତ୍ତୀ ପର୍ଯ୍ୟାୟରେ ରହସ୍ୟବାଦୀ ତଥା ଅତିନ୍ଦ୍ରୀୟ ଚେତନାର ଉପାସନା କରି ଜଣେ ବିଦଗ୍ଧ କାବ୍ୟପୁରୁଷରେ ରୂପାନ୍ତରିତ ହୋଇଛନ୍ତି। 'କାବ୍ୟ ସଞ୍ଚୟନ' ଓ 'ଉତ୍ତରାୟଣ' ସଂକଳନ ମଧ୍ୟରେ ତାଙ୍କ ଲେଖନୀ ନିସୃତ ଶତାଧିକ ସନେଟ୍, ଗାଥା କବିତା ଓ ରହସ୍ୟବାଦୀ କବିତା ସ୍ଥାନିତ।

ପଦ୍ମଶ୍ରୀ ରାଧାମୋହନ ଗଡ଼ନାୟକ(୧୯୧୧-୨୦୦୦)

ପ୍ରଭାଦୀପ୍ତ ପ୍ରତିଭାର ଅନନ୍ୟ ଶିଳ୍ପୀ କବି ରାଧାମୋହନ ଗଡ଼ନାୟକ। 'ଉତ୍କଳିକା', 'ମୌସୁମୀ', 'ପଶୁପକ୍ଷୀର କାବ୍ୟ', 'ଧୂସର ଭୂମିକା', 'ଶାମୁକାର ସ୍ୱପ୍ନ', 'ସୂର୍ଯ୍ୟ ଓ ଅନ୍ଧକାର' ଆଦି ପ୍ରକାଶିତ କବିତା ସଙ୍କଳନ। ୧୯୭୫ ମସିହାରେ 'ସୂର୍ଯ୍ୟ ଓ ଅନ୍ଧକାର' କବିତା ପୁସ୍ତକ ପାଇଁ କେନ୍ଦ୍ର ସାହିତ୍ୟ ଏକାଡେମୀ ପୁରସ୍କାର ଲାଭ କରିଛନ୍ତି।

ପଦ୍ମଶ୍ରୀ ମାୟାଧର ମାନସିଂହ (୧୯୦୫-୧୯୭୩)

ଏକାଧାରରେ ଜଣେ ବିଶିଷ୍ଟ ଶିକ୍ଷାବିତ୍, ବିଚକ୍ଷଣ ସମ୍ପାଦକ, ସାହିତ୍ୟର ଐତିହାସିକ, ପ୍ରାବନ୍ଧିକ, ସମାଲୋଚକ, ନାଟ୍ୟକାର ଏବଂ କବି ରୂପେ ଡକ୍ଟର ମାୟାଧର ମାନସିଂହ ଓଡ଼ିଆସାହିତ୍ୟକୁ ପରିପୁଷ୍ଟ ଓ ଋଦ୍ଧିମନ୍ତ କରିଛନ୍ତି। ବହୁମୁଖୀ ପ୍ରତିଭାର

ବୈଚିତ୍ର୍ୟଧାରୀ ଏହି ଉଜ୍ଜ୍ୱଳ ବ୍ୟକ୍ତିତ୍ୱ ତାଙ୍କ କବିତାର ଦିବ୍ୟଜ୍ୟୋତିରେ ଓଡ଼ିଆ ପାଠକପ୍ରାଣକୁ ଆଲୋକିତ କରିପାରିଛନ୍ତି। 'ଧୂପ', 'ହେମଶସ୍ୟ', 'ହେମପୁଷ୍ପ', 'କୋଣାର୍କ', 'ପ୍ରେମପୁଷ୍ପ', 'ପ୍ରେମଶସ୍ୟ', 'ମାଟିବାଣୀ', 'ଜୀବନଚିତା', 'ବାପୁତର୍ପଣ', 'ଅକ୍ଷତ', 'କୃଶ', 'ସିନ୍ଧୁ ଓ ବିନ୍ଦୁ' ତାଙ୍କ ରଚିତ ଅଦ୍ୱିତୀୟ କବିତା ସଙ୍କଳନ। ୧୯୬୩ ମସିହାରେ ସେ 'ପଦ୍ମଶ୍ରୀ' ଉପାଧିରେ ଭୂଷିତ ହୋଇଥିଲେ।

ପଦ୍ମଶ୍ରୀ ସଚ୍ଚିଦାନନ୍ଦ ରାଉତରାୟ (୧୯୧୫-୨୦୧୪)

ଆଧୁନିକ ଓଡ଼ିଆ କାବ୍ୟଧାରାରେ ଅନ୍ୟତମ ପ୍ରବକ୍ତା ଓ ପଥପ୍ରଦର୍ଶକ କବି ସଚ୍ଚିଦାନନ୍ଦ ରାଉତରାୟ ଉଭୟ ଗଦ୍ୟ ଓ ପଦ୍ୟ ସାହିତ୍ୟର ଧାରାରେ ଜଣେ ଆଦର୍ଶ ସବ୍ୟସାଚୀ। ଗଳ୍ପ, ଉପନ୍ୟାସ, ସମାଲୋଚନା, ପଲ୍ଲୀ କବିତା, ପ୍ରଗତିବାଦୀ ତଥା ପ୍ରୟୋଗବାଦୀ କବିତା କ୍ଷେତ୍ରରେ ସେ ନିଜସ୍ୱ ବୈଶିଷ୍ଟ୍ୟ, ସ୍ୱାତନ୍ତ୍ର୍ୟ ଏବଂ ସାର୍ଥକତାର ସ୍ୱାକ୍ଷର ଲିପିବଦ୍ଧ କରିଯାଇଛନ୍ତି। 'ପାଥେୟ', 'ପୂର୍ଣ୍ଣିମା', 'ପଲ୍ଲୀଶ୍ରୀ', 'ଅଭିଯାନ', 'ଅଭିଜ୍ଞାନ', 'ପାଣ୍ଡୁଲିପି', 'ହସନ୍ତ', 'ସ୍ୱଗତ', 'କବିତା ୧୯୬୨' ଆଦି କବିତା ସଙ୍କଳନ ତାଙ୍କ ଶିଳ୍ପ ଚାତୁର୍ଯ୍ୟର ଯଥାର୍ଥ ପ୍ରତିନିଧି। ୧୯୮୬ ମସିହାରେ ସାରସ୍ୱତ ସାଧନା ନିମନ୍ତେ 'ଜ୍ଞାନପୀଠ' ପୁରସ୍କାର ଲାଭ କରି ସେ ଜାତୀୟ ସ୍ୱୀକୃତି ପ୍ରାପ୍ତ କରିପାରିଥିଲେ।

ନରସିଂହ ଦେଓ (୧୯୨୦ - ୧୯୯୪)

ରାଜ୍ୟସରକାରଙ୍କର ରାଜସ୍ୱ ନିରୀକ୍ଷକ ରୂପେ କାର୍ଯ୍ୟରତ ଏହି ସାହିତ୍ୟିକଙ୍କର ପ୍ରବୃତ୍ତିଗତ ଜୀବନଟି ଓଡ଼ିଆଭାଷା ସାହିତ୍ୟ ନିମନ୍ତେ ସମ୍ପୂର୍ଣ୍ଣ ଉତ୍ସର୍ଗୀକୃତ। ଉଭୟ ଗଦ୍ୟ ତଥା ପଦ୍ୟ ରଚନା ସାଙ୍ଗକୁ 'ରୂପାୟନ' ଏବଂ ଚନ୍ଦ୍ରପ୍ରଭା ନାମକ ଦୁଇଟି ସାହିତ୍ୟ ପତ୍ରିକାର ସେ ଥିଲେ ସୁଯୋଗ୍ୟ ସମ୍ପାଦକ। 'ବିଜୁଳି', 'ବେଦନା', 'ସାତଦରିଆ', 'ଶେଷରାତି', 'କୋଟି ନୟନର ତଳେ', 'ଇଂରେଜର ଷଡ଼ଯନ୍ତ୍ର', 'ଆତ୍ମଘାତୀ', 'ଜୈତ୍ରଗାଥା', 'ବାଳକୁମାରୀ', 'ଶ୍ରୀଜଗନ୍ନାଥ ସହସ୍ର ପ୍ରଣତି', ଏବଂ 'ଶ୍ରୀରାମ ଆହ୍ଲାଦ ମାନସ' ଆଦି ବହୁ ଉପାଦେୟ ଗ୍ରନ୍ଥର ସେ ପ୍ରଣେତା।

ଅନୁପମ ସିଂହଦେଓ (୧୯୩୫)

ଖଡ଼ିଆଳ ରାଜପରିବାରରେ ଜନ୍ମଗ୍ରହଣ କରି, ରାଜନୀତି କ୍ଷେତ୍ରରେ ସକ୍ରିୟ ଥାଇ ମଧ୍ୟ କାବ୍ୟକବିତା ରଚନା ପ୍ରତି ଉନ୍ମୁଖ ହୋଇଥିବା ଏହି ଯଶସ୍ୱୀ ସ୍ରଷ୍ଟାଙ୍କର ପ୍ରକାଶିତ କାବ୍ୟକବିତା ଗ୍ରନ୍ଥଗୁଡ଼ିକ ହେଉଛି 'ଆରତି' (୧୯୪୨), 'ଉର୍ମି' (୧୯୪୫), 'ଲତିକା' (୧୯୪୮), 'ଚୟିତ କୁସୁମ' (୧୯୫୫), 'ମୂର୍ଚ୍ଛନା' (୧୯୫୭), 'ସମୁଚ୍ଚୟ' (୧୯୭୮), 'ତ୍ରିପଦୀ' ଓ 'ବିରହ ବାରିଧି'। 'ନିମକ

ହାରମ' ନାମକ ଏକ ନାଟକର ମଧ୍ୟ ସେ ରଚୟିତା। ୧୯୫୨ ମସିହାରୁ ଏକାଦିକ୍ରମେ ଆଠଥର ଖଡ଼ିଆଳ ନିର୍ବାଚନ ମଣ୍ଡଳୀରୁ ନିର୍ବାଚିତ ହୋଇ ବିଭିନ୍ନ ସମୟରେ ମନ୍ତ୍ରୀମଣ୍ଡଳର ସଦସ୍ୟ ଥିବା ରାଜନୀତିଜ୍ଞ ଶ୍ରୀ ସିଂହଦେଓଙ୍କର ସୁକୁମାର କବିତ୍ୱ ଅତ୍ୟନ୍ତହୃଦ୍ୟ।

ସୁଧାଂଶୁ ଶେଖର ରାୟ (୧୯୧୭-୨୦୧୨)

ଅଧ୍ୟାପକ ସୁଧାଂଶୁ ଶେଖର ରାୟଙ୍କର ବହୁମୁଖୀ ପ୍ରତିଭାର ସ୍ୱାକ୍ଷର ଓଡ଼ିଶା ସାହିତ୍ୟର ବିଭିନ୍ନ କ୍ଷେତ୍ରରେ ଉପଲବ୍ଧ ହେଲେ ହେଁ ଜଣେ କବି ତଥା ସନେଟ୍‌କାର ରୂପେ ତାଙ୍କର ପରିଚୟ ସ୍ୱତନ୍ତ୍ର। ସହକାର, ଶଙ୍ଖ ଓ ନବଭାରତ ପତ୍ରିକାଦିରୁ ନିଜର ସୃଜନ ପ୍ରତିଭାର ପରିଚୟ ଦେଇଥିବା ଏହି କବିଙ୍କର 'ଲୁହର ଫସଲ' ଗୋଟିଏ ସନେଟ୍ ସଙ୍କଳନ। 'ମରାଳ ଓ ମୃତ୍ତିକା'(୧୯୯୦), 'ଗୋଟିଏ ତାରାରାତି'(୧୯୯୩) ଆଦି କବିତା ସଙ୍କଳନ ସହ ସେ ମଧ୍ୟ ଶିଶୁସାହିତ୍ୟ ଓ ଜୀବନୀଗ୍ରନ୍ଥ ପ୍ରଣୟନ କରିଛନ୍ତି।

କୃଷ୍ଣମୋହନ ପଟ୍ଟନାୟକ (୧୮୭୭-୧୯୪୦)

କୃଷ୍ଣମୋହନ ମୁଖ୍ୟତଃ ଜଣେ କବି। ତାଙ୍କର ସଙ୍ଗୀତ ପ୍ରଧାନ କବିତା ଗୁଡ଼ିକ ମଧ୍ୟରେ ନିହିତ ଜାତିପ୍ରୀତି ଓ ବିଭୁପ୍ରୀତିର ପୂତ କଲ୍ଲୋଳ। ଓଡ଼ିଶାର ରାଜନୀତିକ ତଥା ସାଂସ୍କୃତିକ ଅସ୍ମିତା ପ୍ରତିଷ୍ଠା ନିମନ୍ତେ ଆଜୀବନ କ୍ରିୟାଶୀଳ ଏହି ମରମୀ କବିଙ୍କ ସାହିତ୍ୟପ୍ରୀତି ଅତ୍ୟନ୍ତ ପ୍ରଗାଢ଼। ଉତ୍କଳୀୟ କାବ୍ୟିକ ପରମ୍ପରାର ସକଳ ନିର୍ଯ୍ୟାସ ତାଙ୍କ ରଚନାବଳୀରେ ପରିଦୃଶ୍ୟ।

କୃଷ୍ଣଚନ୍ଦ୍ର ତ୍ରିପାଠୀ (୧୯୧୧-୧୯୯୭)

ଜାତୀୟତାବାଦ ଓ ମାନବିକତାବୋଧର ରୂପକାର କବି ତ୍ରିପାଠୀଙ୍କର ସାରସ୍ୱତ ସୃଷ୍ଟି ବିବିଧ ବୈଚିତ୍ର୍ୟରେ ପରିପୂର୍ଣ୍ଣ। ଜଣେ ପ୍ରଗତିବାଦୀ କବି ରୂପେ ମାନବିକତାବୋଧକୁ ଜାତୀୟ ଚେତନାରେ ପରିଣତ କରିବାରେ ସେ ସିଦ୍ଧହସ୍ତ। ଉତ୍କଳୀୟ ପ୍ରକୃତି ଓ ମାଟିପ୍ରତି ଆକର୍ଷଣ ତାଙ୍କ କବିତାର ଅନ୍ୟତମ ଆକର୍ଷଣ। 'ଦୀପ୍ତି', 'ଆହୁତି', 'ଅଗ୍ନିଶଙ୍ଖ', 'ମାଟିଦୀପ', 'ଉତ୍ସ', 'ରୂପାୟନ', 'ସାଧକର ସ୍ୱପ୍ନ', 'ପାଇକ ମାଟିର ଗାଥା', ' ଗୋଧୂଳି', 'ନିଶଦ୍ଦର ଡାକ', 'କୁଟୀର ବଂଶୀ', ' ପଲ୍ଲୀ ପଥିକ', 'ତରୁ ଓ ତୃଣ' ଆଦି କବିତା ସଙ୍କଳନ ଗୁଡ଼ିକ ତାଙ୍କର ମଧୁର କବିତ୍ୱର ଅମ୍ଳାନ ସ୍ୱାକ୍ଷର ବହନ କରେ।

କୁଞ୍ଜବିହାରୀ ଦାଶ (୧୯୦୪-୧୯୯୪)

ବହୁମୁଖୀ ପ୍ରତିଭାର ଅଧିକାରୀ ଶ୍ରୀଯୁକ୍ତ ଦାସ କବିତା, ଲୋକସାହିତ୍ୟ, ଶିଶୁସାହିତ୍ୟ, ଭ୍ରମଣସାହିତ୍ୟ, ପ୍ରବନ୍ଧ, ଆତ୍ମଜୀବନୀ ଆଦି ରଚନା କରି ବିଭିନ୍ନ ଦିଗରୁ

ଓଡ଼ିଆ ସାରସ୍ୱତ ଭଣ୍ଡାରକୁ ପରିପୁଷ୍ଟ କରିଛନ୍ତି। କବିପ୍ରାଣ କୁଞ୍ଜବିହାରୀଙ୍କ ଲେଖନୀରୁ ଜନ୍ମନେଇଥିବା ଅସୁମାରୀ କବିତା 'ପ୍ରଭାତୀ', 'ବୀରଶ୍ରୀ', 'ନବମାଳିକା', 'ମାଟି ଓ ଲାଠି', 'କଙ୍କାଳର ଲୁହ', ' ସେ ଏକ ଲୋମଶ ନୀଳହାତ', 'କଳ କଲ୍ଲୋଳ' ଆଦି ସଂକଳନରେ ସ୍ଥାନିତ।

ଗୁରୁପ୍ରସାଦ ମହାନ୍ତି (୧୯୨୪-୨୦୦୪)

ଓଡ଼ିଆ ପ୍ରୟୋଗବାଦୀ କବିତାଧାରର ପ୍ରମୁଖ ଆବାହକ କବି ଗୁରୁପ୍ରସାଦ ମହାନ୍ତି ଇଂରାଜୀ କବି ଟି.ଏସ୍. ଇଲିୟଟ୍ଙ୍କ କାବ୍ୟ ଚେତନା ଦ୍ୱାରା ପ୍ରଭାବିତ ହୋଇ ଆହରଣ ଓ ସମୀକରଣଗତ ସ୍ୱାତନ୍ତ୍ର୍ୟ ମାଧ୍ୟମରେ ଆଧୁନିକବାଦର ପ୍ରତିଷ୍ଠା କ୍ଷେତ୍ରରେ ଓଡ଼ିଆ କବିତା ଜଗତରେ ଗୁରୁତ୍ୱପୂର୍ଣ୍ଣ ଭୂମିକା ଗ୍ରହଣ କରିଥିଲେ। ତାଙ୍କର 'କାଳପୁରୁଷ' ଇଲିୟଟ୍ଙ୍କର 'The waste land' ଛାୟାରେ ରଚିତା 'ନୂତନ କବିତା', 'ସମୁଦ୍ରସ୍ନାନ', 'ଆଶ୍ଚର୍ଯ୍ୟ ଅଭିସାର' ତାଙ୍କର ଅନନ୍ୟ କାବ୍ୟକୃତି। ୧୯୭୩ ମସିହାରେ 'ସମୁଦ୍ର ସ୍ନାନ' କବିତା ସଙ୍କଳନ ନିମନ୍ତେ ସେ କେନ୍ଦ୍ର ସାହିତ୍ୟ ଏକାଡେମୀ ପୁରସ୍କାର ଲାଭ କରିଛନ୍ତି।

ରମାକାନ୍ତ ରଥ (୧୯୩୪)

ଓଡ଼ିଆ ସାହିତ୍ୟର ସର୍ବାଧିକ ଚର୍ଚ୍ଚିତ କାବ୍ୟପୁରୁଷ କବି ରମାକାନ୍ତ ରଥ 'ଶ୍ରୀରାଧା' ର କବି ରୂପେ ସର୍ବଭାରତୀୟ ସ୍ତରରେ ପରିଚିତ। ତାଙ୍କର ସଫଳ ସାହିତ୍ୟ କୃତିମାନଙ୍କ ମଧ୍ୟରେ 'କେତେଦିନର', 'ଅନେକ କୋଠରୀ', 'ସନ୍ଦିଗ୍ଧ ମୃଗୟା', 'ସପ୍ତମଋତୁ', 'ସଚିତ୍ର ଅନ୍ଧାର', 'ଶ୍ରୀ ପଳାତକ', 'ସୀମାନ୍ତବାସ', 'ନ ଯା ନ ଯା କହୁକହୁ' ଆଦି ଅନ୍ୟତମ। 'ସପ୍ତମ ଋତୁ' ପାଇଁ ୧୯୭୮ ମସିହାରେ କେନ୍ଦ୍ର ସାହିତ୍ୟ ଏକାଡ଼େମୀ ପୁରସ୍କାର ଓ ୧୯୯୨ ମସିହାରେ 'ଶ୍ରୀରାଧା' ପାଇଁ ସରସ୍ୱତୀ ସମ୍ମାନ ଲାଭ ତାଙ୍କ ସୃଷ୍ଟିର ସମ୍ୟକ ସ୍ୱୀକୃତି ମାତ୍ର।

ବିଭୁଦତ୍ତ ମିଶ୍ର (୧୯୩୬-୨୦୦୩)

ମାୟାଧର ମାନସିଂହ ଏବଂ ବିନୋଦ ନାୟକଙ୍କର ଯଥାର୍ଥ ଉତ୍ତରାଧିକାରୀ ହେଉଛନ୍ତି ବିଭୁଦତ୍ତ ମିଶ୍ର। ପ୍ରେମ ଓ ପ୍ରଣୟର ଅଦ୍‌ଭୁତ ବିଳାସରେ ଅଭିଷିକ୍ତ ତାଙ୍କର କବିତା। ସନେଟ୍ ରଚନା କ୍ଷେତ୍ରରେ ରହିଛି ତାଙ୍କର ଚମକପ୍ରଦ ଦକ୍ଷତା। 'ଉର୍ବଶୀର ଚିଠି', 'ହେ ସାରଥୀ! ରଥ ରଖ', 'ଶହେଟି ସନେଟ୍', 'ସୁପର୍ଣ୍ଣର ସଙ୍ଗୀତ' ଇତ୍ୟାଦି ତାଙ୍କର ପ୍ରକାଶିତ କବିତା ସଙ୍କଳନ।

ଚିନ୍ତାମଣି ବେହେରା (୧୯୨୮-୨୦୦୫)

ଆଧୁନିକ ଓଡ଼ିଆ କବିତାର ଇତିହାସରେ ଏକ ଶ୍ରଦ୍ଧାଶୀଳ ନାମ। ରୋମାଣ୍ଟିକ୍ ଚେତନା ସହ କବିତାରେ ଦାର୍ଶନିକତାର ଦିବ୍ୟସ୍ପର୍ଶ ସମନ୍ୱିତ କରି ଏକ ଭିନ୍ନ

କାବ୍ୟଜଗତ ନିର୍ମାଣ କରନ୍ତି କବି ଚିନ୍ତାମଣି। 'ଶ୍ୱେତପଦ୍ମା', 'ସ୍ୱସ୍ତିକା', 'ନୂତନ ସ୍ୱାକ୍ଷର', 'ହେ ବୈଦେହୀ ଭୁଲିଯାଅ', 'ତୃତୀୟ ଚକ୍ଷୁ', 'ନୀଳ ଲୋହିତ', 'ନିଜେ ନିଜର ସାକ୍ଷୀ' ଆଦି କବିତା ସଙ୍କଳନଗୁଡ଼ିକ କବିଙ୍କ ମାର୍ମିକ ମାନବବାଦୀ ଚିନ୍ତନର ସ୍ପଷ୍ଟ ସ୍ୱାକ୍ଷର ବହନ କରେ।

ଜାନକୀ ବଲ୍ଲଭ ମହାନ୍ତି (୧୯୨୫-୧୯୯୯)

ଓଡ଼ିଆ ଭାଷା ସାହିତ୍ୟ ବିଭାଗର ଅଧ୍ୟାପକ ଶ୍ରୀ ମହାନ୍ତି ଏକାଧାରରେ ଜଣେ ସମାଲୋଚକ, ଗବେଷକ, ଶିଶୁ ସାହିତ୍ୟିକ ଏବଂ ଦରଦୀ କବି। ୧୯୫୧ ମସିହାରେ ତାଙ୍କର ପ୍ରଥମ କବିତା ସଙ୍କଳନ 'ତୀର୍ଯ୍ୟକ୍' ପ୍ରକାଶିତ ହୁଏ। 'ଛୋଟ ରୁ ବଡ଼' ଓ 'ବିଚିତ୍ରବର୍ଣ୍ଣା' କବିତା ସଙ୍କଳନ ଦ୍ୱୟ ତାଙ୍କ କବିତାର ଯଥାର୍ଥ ନିଦର୍ଶନ ବହନ କରେ। 'ନବଯୁଗର କବି' ଓ କାବ୍ୟ 'ଓଡ଼ିଆ ଛନ୍ଦର ବିକାଶ', 'କଳା ଓ କଳାକାର' ଆଦି ଅମୂଲ୍ୟ ସମାଲୋଚନା ଗ୍ରନ୍ଥର ସେ ପ୍ରଣେତା।

ବ୍ରହ୍ମୋତ୍ରୀ ମହାନ୍ତି (୧୯୩୪-୨୦୧୦)

ଅବଚେତନ ମନର ସାର୍ଥକ ରୂପକାର କବି ବ୍ରହ୍ମୋତ୍ରୀ ମହାନ୍ତି ଓଡ଼ିଆ କବିତାର ତପଃ କ୍ଷେତ୍ରରେ ଜଣେ ବ୍ରହ୍ମାନନ୍ଦ ସହୋଦର ଆନନ୍ଦ ଦାତ୍ରୀ ସତ୍ କବୟିତ୍ରୀ। 'ଅବତରଣ', 'ଦୃଷ୍ଟିରୁ ଦ୍ୟୁତି', 'ସ୍ତବକ', 'ସେତୁବନ୍ଧ', 'ସ୍ରୋତସ୍ୱିନୀ', 'ଦାୟିତ୍ୱ', 'ପ୍ରଦକ୍ଷିଣ', 'ଉତ୍ତରଣ', 'ଚିରନ୍ତନ' ଆଦି କବିତା ସଙ୍କଳନଗୁଡ଼ିକ ତାଙ୍କ ସୂକ୍ଷ୍ମ କବିତ୍ୱର ସ୍ୱାକ୍ଷର ବହନ କରେ। ନାରୀର ପ୍ରେମାଭିବ୍ୟକ୍ତି କ୍ଷେତ୍ରରେ ସେ ପ୍ରଦର୍ଶନ କରିଛନ୍ତି ଅସୀମ ସାହସ ଓ ଛଳନା ରହିତ ଭାବ।

ସୌଭାଗ୍ୟ କୁମାର ମିଶ୍ର (୧୯୪୧)

ଗଭୀର ଜବନବୋଧ ଓ ନିବିଡ଼ ମାନବିକତାବୋଧର ଜଣେ ନିଖୁଣ ଓ ବିଶ୍ୱସ୍ତ କାବ୍ୟଶିଳ୍ପୀ ରୂପେ କବି ସୌଭାଗ୍ୟ ମିଶ୍ର ସ୍ୱତନ୍ତ୍ର ଆସନର ଅଧିକାରୀ। 'ଆତ୍ମନେପଦୀ', 'ମଧ୍ୟପଦଲୋପୀ', 'ନଈ ପହଁରା' 'ଅନ୍ଧ ମହୁମାଛି', 'ବ୍ରଜଯାନ', 'ଦ୍ୱା ସୁପର୍ଣ୍ଣା', 'ମଣିକର୍ଣ୍ଣିକା', 'ଅନ୍ୟତ୍ର', 'ଚରାଚର', 'ପୁନର୍ବସୁ' ଓ 'ଉଜ୍ଜୟିନୀ' ଆଦି କବିତା ସଙ୍କଳନ ଗୁଡ଼ିକ କବି ସୌଭାଗ୍ୟଙ୍କ ସାରସ୍ୱତ ସାଧନାର ପ୍ରମାଣ ବହନ କରେ। 'ଦ୍ୱା ସୁପର୍ଣ୍ଣା' କବିତା ପୁସ୍ତକ ପାଇଁ ୧୯୮୬ ମସିହାରେ ସେ କେନ୍ଦ୍ର ସାହିତ୍ୟ ଏକାଡ଼େମୀ ପୁରସ୍କାର ଲାଭ କରିଥିଲେ।

ବିବେକ ଜେନା (୧୯୩୭-୧୯୮୫)

କ୍ଷଣଜନ୍ମା କାବ୍ୟସାଧକ ବିବେକ ଜେନାଙ୍କ ଅକାଳ ମୃତ୍ୟୁ କବିତ୍ୱର ବିଶାଳ ସମ୍ଭାବନା କ୍ଷେତ୍ରରେ ପୂର୍ଣ୍ଣଚ୍ଛେଦ ଟାଣି ଦେଇଥିଲେ ହେଁ ତାଙ୍କ ଅନନ୍ୟ କବିତ୍ୱର

ନିଦର୍ଶନ ବହନ କରେ ଦୁଇଟି କବିତା ସଙ୍କଳନ 'ପବନର ଘର' ଏବଂ 'ଦେବୀସ୍ମୃତି କିମ୍ବଦନ୍ତୀ'। ୧୯୭୧ ରେ ପ୍ରକାଶିତ 'ପବନର ଘର' କବିତା ସଙ୍କଳନରେ 'ସନ୍ଧ୍ୟା', 'ହଂସଧ୍ୱନି', 'ଦିଗନ୍ତ', 'ଶୋକ', 'ଅତୀତର ସନ୍ଧ୍ୟା', 'ନାଲିଧୂଳି ରାସ୍ତାର ସନେଟ୍', 'ଅନ୍ୟ ଚନ୍ଦ୍ରାଲୋକ' ଆଦି ସନେଟ୍ ଦୃଷ୍ଟିଗୋଚର ହୁଏ।

କମଳାକାନ୍ତ ଲେଙ୍କା (୧୯୩୫-୧୯୯୯)

ପରୀକ୍ଷାଧର୍ମୀ କାବ୍ୟଶୈଳୀର ଅନ୍ୟତମ ପ୍ରତିନିଧି ଶ୍ରୀଲେଙ୍କାଙ୍କ ସୃଷ୍ଟିରେ ରହିଛି ସମକାଳୀନ ଯୁଗ ଓ ଜୀବନର ବିଭିନ୍ନ ସମସ୍ୟା, ସଙ୍କଟ ତଥା ବ୍ୟକ୍ତିଜୀବନର ଆଶା-ନିରାଶା, ମାନସିକ ଦ୍ୱନ୍ଦ୍ୱ, ପ୍ରଣୟାନୁଭୂତି ଓ ଐଶୀଜିଜ୍ଞାସାର କାବ୍ୟିକ ରୂପାୟନ। ତାଙ୍କର କବିତା ସଙ୍କଳନଗୁଡ଼ିକ ମଧ୍ୟରେ 'ସୁନାର ଫସଲ', 'ପ୍ରୀତି ଓ ପ୍ରତୀତି', 'ଉତ୍ତରଣ', 'ସ୍ମରଣ ବିସ୍ମରଣ', 'ସ୍ରୋତର ନାମ ଋତୁ', 'ଗୀତ ଗା' ନାରେ ପକ୍ଷୀ', 'ଦୁଃଖ ସହ କଥାବାର୍ତ୍ତା' ଇତ୍ୟାଦି ପ୍ରଣିଧାନଯୋଗ୍ୟ।

ନୃସିଂହ କୁମାର ରଥ (୧୯୩୫)

ବିଗତ ଅର୍ଦ୍ଧଶତାବ୍ଦୀ ଧରି ଓଡ଼ିଆ କବିତା ରଚନାରେ ନିୟୋଜିତ ରହି ପାଶ୍ଚାତ୍ୟ କାବ୍ୟଧାରା ସହ ଉତ୍କଳୀୟ ଐତିହ୍ୟର ସମନ୍ୱୟ ମାଧ୍ୟମରେ ଏକ ନୂତନ ଗଢ଼ଣଶିଳ୍ପ ପ୍ରଦାନ କ୍ଷେତ୍ରରେ ପ୍ରୟାସୀ ଏହି କାବ୍ୟପୁରୁଷଙ୍କର ଏଯାବତ୍ ପ୍ରକାଶିତ ସଙ୍କଳନ ଗୁଡ଼ିକ ହେଉଛି, 'ମରୁଦୁର୍ବା', 'ତୃଷିତ ଦିଗନ୍ତ', 'ନିର୍ବାସିତର ସ୍ୱର୍ଗ', 'ଶ୍ରୂୟତାମ୍', 'ଉତ୍କଣ୍ଠାର ମୃତ୍ୟୁ', 'ପୂର୍ବାଶାର ଗୀତ', 'ସମୟର ଧୂସର ବାଲି' ଇତ୍ୟାଦି। ଜୀବନ ଓ ଜଗତର ବହୁବର୍ଣ୍ଣୀ ଅନୁଭବ ତଥା ପ୍ରେମ ଓ ସ୍ମୃତିର ସୂକ୍ଷ୍ମବିଶ୍ଳେଷଣକୁ ମୁକ୍ତଛନ୍ଦର ଗୀତଧର୍ମିତା ମଧ୍ୟରେ ତୋଳିଧରିବା ତାଙ୍କର ବିଶେଷତ୍ୱ।

ପରେଶ ଚନ୍ଦ୍ର ରାଉତ (୧୯୩୬)

ଇଂରାଜୀ ଭାଷା-ସାହିତ୍ୟ ଅଧ୍ୟୟନ ତଥା ଅଧ୍ୟାପନାରେ ନିୟୋଜିତ ଥିବା ଏହି ସ୍ରଷ୍ଟା ବହୁସ୍ରାବୀ ନହେଲେ ହେଁ ଓଡ଼ିଆକବିତାକୁ ଗୁଣାତ୍ମକ ଦୃଷ୍ଟିରୁ ସମୃଦ୍ଧ କରିଛନ୍ତି। ପାଶ୍ଚାତ୍ୟ କାବ୍ୟକବିତାରେ ଅବଗାହନ ତଥା ପାଶ୍ଚାତ୍ୟ କାବ୍ୟତତ୍ତ୍ୱର ଯଥାର୍ଥ ସମୀକରଣ ତାଙ୍କ କବିତାକୁ ପ୍ରଦାନ କରିଛି କଳାତ୍ମକ ଦ୍ୟୁତି। 'ମୃତ୍ୟୁର ପୃଥିବୀ' ତାଙ୍କର ଏକମାତ୍ର ପ୍ରକାଶିତ କବିତା ସଂକଳନ। ମାର୍ମିକ ଶବ୍ଦ ସଂଯୋଜନା, ରୂପକଳ୍ପର ଯଥାର୍ଥ ପ୍ରୟୋଗ ଓ ବ୍ୟଞ୍ଜନାତ୍ମକ ପ୍ରକାଶଭଙ୍ଗୀ ତାଙ୍କ ଲେଖନୀର ସ୍ୱାତନ୍ତ୍ର୍ୟ ବହନ କରେ।

ଦେବଦାସ ଛୋଟରାୟ (୧୯୪୬)

ରେଭେନ୍‌ସା ବିଶ୍ୱବିଦ୍ୟାଳୟର ପୂର୍ବତନ କୁଳପତି ବିଶିଷ୍ଟ ପ୍ରଶାସକ ଶ୍ରୀ ଦେବଦାସ ଛୋଟରାୟ ଓଡ଼ିଆକବିତାର ନାଟ ମନ୍ଦିରରେ ସାଧନାରତ ଜଣେ ଭିନ୍ନ

ଧରଣର ସାହିତ୍ୟଶିଳ୍ପୀ। 'ନୀଳ ସରସ୍ୱତୀ' ଓ 'ହାତୀ ସଜକର' କବିତା ସଙ୍କଳନ ଦ୍ୱୟ ତାଙ୍କ ଅନନ୍ୟ କବିତ୍ୱର ଯଥାର୍ଥ ନିଦର୍ଶନ। 'ଲାଲ୍‌ମାଛ' ଗଳ୍ପ ସଙ୍କଳନରେ ରହିଛି ବ୍ୟକ୍ତିସତ୍ତାର ବହୁ ସୂକ୍ଷ୍ମ ଉପଲବ୍ଧି ତଥା ମନସ୍ତତ୍ତ୍ୱର ରୂପାୟନ। ପ୍ରେମ ପ୍ରଣୟ ଭାବନାର ଜଣେ ଭାବନିଷ୍ଠ ସ୍ରଷ୍ଟା ତଥା ଗୀତିକାର ରୂପେ ସେ ସୁପ୍ରତିଷ୍ଠିତ।

ପ୍ରହରାଜ ସତ୍ୟନାରାୟଣ ନନ୍ଦ (୧୯୪୨)

ନିବିଡ଼ ଜୀବନାନୁଭୂତି ଓ ଦର୍ଶନର ନିର୍ଯ୍ୟାସରେ ପଣ୍ଡିତ କବି ନନ୍ଦଙ୍କର କାବ୍ୟଜଗତ। କିମ୍ବଦନ୍ତୀ, ଇତିହାସ, ପୁରାଣ ଓ ବାସ୍ତବତାର ମଧୁର ସଂଯୋଜନାରେ ସୂରାୟିତ ତାଙ୍କର କବିତାବଳୀ ମଧ୍ୟରେ ରହିଛି ଏକ ଅପୂର୍ବ ପରିପାଟୀ। 'ନୀଳହଂସର ଜ୍ୱାଳା', 'ଅଧଃପତନର ଛନ୍ଦ', 'ସନେଟ୍ ସା', 'ଶବ ସଂଗମ ଓ ଅନ୍ୟାନ୍ୟ କବିତା', 'ସପ୍ତଦ୍ୱୀପା ବସୁନ୍ଧରା', 'ବର୍ଷାର ପାଦରେ ନୂପୁର' ଆଦି କବିତା ସଙ୍କଳନ ତାଙ୍କର ସାର୍ଥକ କୃତି।

ବନବିହାରୀ ପଣ୍ଡା (୧୯୪୦ - ୨୦୧୭)

ବନବିହାରୀ ପଣ୍ଡା ସାହିତ୍ୟର ବିଭିନ୍ନ ବିଭାଗରେ ଚାଳନା କରିଥିଲେ ହେଁ ମୁଖ୍ୟତଃ ଜଣେ କବି ରୂପ ପ୍ରତିଷ୍ଠିତ ହୋଇପାରିଛନ୍ତି। 'ସାଗରତୀରେ' କବିତା ସଙ୍କଳନ ତାଙ୍କ କାବ୍ୟ ପ୍ରତିଭାର ଆଦ୍ୟ ରୂପଦ୍ୟୁତି ବହନ କରେ। 'ସ୍ୱପ୍ନ ଅନେକ ରଙ୍ଗର' ତାଙ୍କ ରଚିତ ଏକଶତ ସନେଟର ଏକ ମନୋଜ୍ଞ ସଙ୍କଳନ। ଏଥିରେ କବିଙ୍କର ପ୍ରେମ ଓ ପ୍ରଣୟଭାବନା ମର୍ମରିତ।

ବନଜ ଦେବୀ (୧୯୪୧)

କବି ଓ କଥାଶିଳ୍ପୀ ବନଜ ଦେବୀ ଓଡ଼ିଆ ସାହିତ୍ୟ ବିତାନର ଅମଳିନ ପାରିଜାତ। ନାରୀ ମନସ୍ତତ୍ତ୍ୱ ତାଙ୍କ କବିତାର ପ୍ରାଣପିଣ୍ଡ ସ୍ୱରୂପ। 'ବନହଳଦୀ', 'ବର୍ଷାର ବଳାକା', 'ଭୂମିଲଗ୍ନା', 'ଦୂରନକ୍ଷତ୍ରରେ ଦୀପ' ଏବଂ 'ସୁନାରେ ଭରିଚି ନାଆ' ତାଙ୍କ ରଚିତ ସୁମଧୁର କବିତା ସଙ୍କଳନ।

ଗିରିଜା କୁମାର ବଳୀୟାର ସିଂହ (୧୯୫୪)

ସତୁରୀ ପରବର୍ତ୍ତୀ ଓଡ଼ିଆ କବିତାଧାରାକୁ ନିଜସ୍ୱ ମୌଳିକତାରେ ସେ ପ୍ରଦାନ କରିଛନ୍ତି ଭିନ୍ନ ପରିପାଟୀ। ଓଡ଼ିଆ ସନେଟ୍‌ର ଭୂମିରେ ସେ ଜଣେ ମଗ୍ନ ମାନ୍ତ୍ରିକ ଓ ପ୍ରେମାର୍ଦ୍ର ତପସ୍ୱୀ ରୂପେ ଭାବ ବିଭୋରଅବସ୍ଥାରେ ବିଦ୍ୟମାନ। ବିଶାଳ ସନେଟ୍ ସାମ୍ରାଜ୍ୟର ସ୍ରଷ୍ଟାଙ୍କ ପ୍ରକାଶିତ ଗ୍ରନ୍ଥଗୁଡ଼ିକ ହେଉଛି 'କାଳିର କବିତା', 'କ୍ରୌଞ୍ଚମିଥୁନ', 'ତୃଷ୍ଣାତର୍ପଣ', 'ଡାଇରୀର ସାଇରୀ', 'ଭାରତବର୍ଷ', ଚିତ୍ରପ୍ରତିମା', 'ଶୀତଶୀର୍ଷକ', 'ଚର୍ଯ୍ୟାଚୟନ', 'ଚତୁର୍ଦ୍ଦଶୀର ଚନ୍ଦ୍ର', 'ଉତ୍ତରମେଘ', 'ନୀଳନିର୍ବାଣ', 'ଚାରଣ

ଚର୍ଯ୍ୟା' ଓ 'କାବ୍ୟପୁରୁଷ'। ଓଡ଼ିଆ ସନେଟ୍‌କୁ ଚଉଦାଳୀରେ ବିବର୍ତ୍ତିତ କରିଥିବା ଏହି ବିସ୍ମୟକର କାବ୍ୟପୁରୁଷଙ୍କର ଅବଦାନ ଏହି ଆକଳନ।

ସୁରେଶ ପରିଡ଼ା (୧୯୫୫)

ହଜିଲା ଫଗୁଣର ଲଳିତ କୁହୁତାନ ପରି କୋମଳ କବିତାର ସ୍ରଷ୍ଟା କବି ପରିଡ଼ା। ସନେଟ୍ ଧାରାରେ ରଚିତ ଦୀର୍ଘ କବିତା 'କାହ୍ନୁ' ରୋମାଣ୍ଟିକ୍ ଭାବବିଳାସର ଏକ ମଧୁର ସ୍ୱାକ୍ଷର। ପ୍ରେମପ୍ରଣୟର ପରିଭାଷା କେତେ ନିବିଡ଼ ଓ କରୁଣ ହୋଇପାରେ ତାହା କାହ୍ନୁର ଚଟୁଳ ଚିତ୍ରଭାଷା ମଧ୍ୟରେ ଲିପିବଦ୍ଧ। 'ରାଜଜେମା ଓ ଚିତ୍ରକର କଥା', 'ଅରଣ୍ୟରେ ପାଦଶବ୍ଦ' ଆଦି କବିତାସଙ୍କଳନର ସେ ମଧ୍ୟ ମରମୀ ସ୍ରଷ୍ଟା।

ସତ୍ୟ ପଟ୍ଟନାୟକ (୧୯୬୨)

ଏକବିଂଶଶତାବ୍ଦୀର ଓଡ଼ିଆସନେଟ୍ ଧାରାରେ ବିଶିଷ୍ଟ କବି, ପ୍ରକାଶକ ତଥା ଓଡ଼ିଆ ପ୍ରାଣ ଶ୍ରୀ ସତ୍ୟପଟ୍ଟନାୟକଙ୍କର ଯୋଗଦାନ ଗୋଟିଏ ଉଲ୍ଲେଖନୀୟ ଅଧ୍ୟାୟର ଅୟମାରମ୍ଭ। ପ୍ରବାସରେ ବିଂଶାଧିକ ବର୍ଷ ଅତିବାହିତ କରିବା ପରେ ମଧ୍ୟ ଓଡ଼ିଆ ଭାଷାସାହିତ୍ୟର ଉନ୍ନତି ନିମନ୍ତେ ଆପଣାକୁ ସମର୍ପିତ କରିଥିବା ଏହି ଯଶସ୍ୱୀ କବିଙ୍କର 'ପାଷାଣର ପ୍ରେମ ସଙ୍ଗୀତ' ଓ 'ଝରକା ଖୋଲା ଥାଉ' ଶୀର୍ଷକରେ ଦୁଇଗୋଟି କବିତା ସଙ୍କଳନ ପ୍ରକାଶିତ। ଉଭୟ ଓଡ଼ିଆସାହିତ୍ୟ ତଥା ଭାରତୀୟସାହିତ୍ୟର ବିକାଶ, ପ୍ରଚାର ଓ ପ୍ରସାର ଉଦ୍ଦେଶ୍ୟରେ 'ବ୍ଲାକ୍ ଇଗଲ୍ ବୁକ୍ସ' ନାମକ ଅଣବ୍ୟାବସାୟିକ ପ୍ରକାଶନ ସଂସ୍ଥା ସ୍ଥାପନ କରି ପ୍ରାଚୀନ ନିଧିର ପୁନଃ ପ୍ରକାଶନ, ରୂପାନ୍ତରଣ, ଅନୁବାଦ ତଥା ସଂପାଦନା କ୍ଷେତ୍ରରେ ତାଙ୍କର ପ୍ରଗତିଶୀଳ ଭୂମିକା ଅଭିନନ୍ଦନୀୟ।

ବୀଣାପାଣି ପଣ୍ଡା (୧୯୫୮)

ଅନନ୍ୟ ପ୍ରାଣପ୍ରାଚୁର୍ଯ୍ୟ ଓ ନାରୀତ୍ୱର ଗରିମାରେ ସଜ୍ଜିତ କବି ବୀଣାପାଣିଙ୍କ କବିତାଜଗତ। 'ନିଜ ନିଜ ଅକାଶ' 'କିଛି ନିରବତା', 'କାକର ବୁନ୍ଦାରେ ସୂର୍ଯ୍ୟ', 'ଭୂଲଗ୍ନା', 'ତନୁତୀର୍ଥ', 'ଦ୍ୱାପର୍ଣ୍ଣା', 'ମିତ୍ରାକ୍ଷର' ଏବଂ 'ଗୋଧୂଳିଗୀତ' ଆଦି କବିତା ସଙ୍କଳନରେ ସଙ୍କଳିତ ତାଙ୍କ ଅନାବିଳ ଅତ୍ମୀୟତାର ମଧୁର ଝଙ୍କାର। 'ଜହ୍ନବଗିଚା' ତାଙ୍କର ସଦ୍ୟତମ ସନେଟ୍ ସଙ୍କଳନ।

ଜ୍ଞାନୀ ଦେବାଶିଷ ମିଶ୍ର (୧୯୮୫)

ସଂପ୍ରତି ରେଭେନ୍‌ସା ବିଶ୍ୱବିଦ୍ୟାଳୟରେ ସ୍ନାତକୋତ୍ତର ଓଡ଼ିଆ ଭାଷା ସାହିତ୍ୟ ବିଭାଗରେ ସହକାରୀ ପ୍ରଫେସର ରୂପେ କାର୍ଯ୍ୟରତ ଡକ୍ଟର ମିଶ୍ର ଓଡ଼ିଆକବିତା ତଥା ସମାଲୋଚନା ସାହିତ୍ୟ କ୍ଷେତ୍ରରେ ଉଜ୍ଜ୍ୱଳ ସ୍ୱାକ୍ଷର ଅଙ୍କନ କରିଛନ୍ତି। ୨୦୧୬ ମସିହାରେ 'ଦାଗ' କବିତା ସଙ୍କଳନ ନିମନ୍ତେ କେନ୍ଦ୍ର ସାହିତ୍ୟ ଏକାଦେମିର

ଯୁବପୁରସ୍କାର ଲାଭ କରିଥିବା ଏହି ଯଶସ୍ୱୀ ଲେଖକଙ୍କର ପ୍ରକାଶିତ କବିତା ସଙ୍କଳନ ଗୁଡ଼ିକ ହେଉଛି '... ତଥାପି ଜୀବନ', 'ଦାଗ' ଏବଂ 'ପୟରେ ନ ଲାଗଇ ଧୂଳି'। 'ଅଭିନୟରେ ଜୀବନଚର୍ଯ୍ୟା' ଓ 'ସମୟ ସହ କେଇ ପାଦ' ତାଙ୍କ ପ୍ରକାଶିତ ଦୁଇଗୋଟି ସମାଲୋଚନା ଗ୍ରନ୍ଥ।

ସୌମ୍ୟ ସାରସ୍ୱତ ଦାଶ (୧୯୮୯)

କେନ୍ଦୁଝର ଜିଲ୍ଲାରେ ଜନ୍ମଗ୍ରହଣ କରିଥିବା ଏହି ପ୍ରତିଭାଦୀପ୍ତ ତରୁଣ କବି ବୃତ୍ତିରେ ଜଣେ ଯନ୍ତ୍ରୀ କିନ୍ତୁ ପ୍ରବୃତ୍ତିରେ ଓଡ଼ିଶାର ସାରସ୍ୱତ ବିଭବକୁ ଶ୍ରେୟ ମନେକରୁଥିବା ଜଣେ ସୌମ୍ୟଦର୍ଶୀ କବି। ପାରିପାର୍ଶ୍ୱିକ ସାମାଜିକ ଅନୁଭବ ସମୂହକୁ ଶବ୍ଦରେ ପ୍ରକାଶ କରିବାରେ ସେ ଲାଭ କରନ୍ତି ଶାଶ୍ୱତ ଆନନ୍ଦ। ୨୦୧୯ ମସିହାରେ ପ୍ରକାଶିତ ହୁଏ ତାଙ୍କର ପ୍ରଥମ କବିତା ସଙ୍କଳନ 'ଝରାଫୁଲ'।

ସୂର୍ଯ୍ୟସ୍ନାତ ତ୍ରିପାଠୀ (୧୯୯୧)

କଟକ ଜିଲ୍ଲାରେ ଜନ୍ମଲାଭ କରିଥିବା ଏହି ତରୁଣ କବି ଇଲେକ୍ଟ୍ରିକାଲ୍ ଇଞ୍ଜିନିୟରିଂରେ ପି.ଏଚ୍.ଡ଼ି. ଲାଭ କରିସାରିବା ପରେ ସଂପ୍ରତି ଆଇ.ଆଇ.ଟି. ହାଇଦ୍ରାବାଦରେ ଗବେଷଣାରତ। 'ହଜାରେ ଜହ୍ନର ରାତି', 'ଏ ସମ୍ପର୍କ ଏମିତି', 'ଗଙ୍ଗଶିଉଳିର ଗପ', 'ଅବୁଝା ଅକୁହା' ଓ 'ମାଟି ମାଟି ଆକାଶ ଆକାଶ' ଆଦି କବିତା ସଙ୍କଳନର ସେ ଭାବସ୍ନାତ ସ୍ରଷ୍ଟା। ୨୦୧୭ ମସିହାରେ 'ଏ ସମ୍ପର୍କ ଏମିତି' କବିତା ସଙ୍କଳନ ନିମନ୍ତେ ସେ ଲାଭ କରନ୍ତି କେନ୍ଦ୍ର ସାହିତ୍ୟ ଅକାଦେମି ଯୁବ ପୁରସ୍କାର।

BLACK EAGLE BOOKS

www.blackeaglebooks.org
info@blackeaglebooks.org

Black Eagle Books, an independent publisher, was founded as a nonprofit organization in April, 2019. It is our mission to connect and engage the Indian diaspora and the world at large with the best of works of world literature published on a collaborative platform, with special emphasis on foregrounding Contemporary Classics and New Writing.